Valerie Lill

hoffnungsvoll

365 Himmelsbriefe für jeden Tag

cap-books

Bestell-Nr. 52 50620
ISBN 978-3-86773-337-3

Oberer Garten 8
D-72221 Haiterbach-Beihingen
07456-9393-0
info@cap-music.de
www.cap-music.de

Umschlaggestaltung: Jan Henkel, www.janhenkel.com
Zeichnungen: Valerie Lill
Satz: Nils Großbach
Printed in Germany

Verwendete Bibelübersetzungen:

Vorwort zum Vorsatz

Mein letztes Jahr begann mit einem guten Vorsatz. Vielleicht war es sogar ein Versprechen. Ich nehme an, dass Gott das jedenfalls so verstanden hat. Seit jeher habe ich ein Problem damit, zu vertrauen. Vor allem Gott, der von sich sagt, dass er wie ein gütiger Vater ist. Auf der anderen Seite habe ich ihn aber erlebt, in seiner endlosen Liebe und Geduld mit mir. **Er wirbt um mein Herz und freut sich über jedes zaghafte Entgegenkommen von meiner Seite.** Am Anfang dieses Jahres stolperte ich über einen Vers:

Es hatte jemand einen Feigenbaum, der in seinem Weinberg gepflanzt war; und er kam und suchte Frucht an ihm und fand keine. (…) Sein Weingärtner aber antwortet und sagt zu ihm: Herr, lass ihn noch dieses Jahr, bis ich um ihn graben und Dünger legen werde; und wenn es etwa Frucht bringen wird, gut, wenn aber nicht, so magst du ihn künftig abhauen. Lukas 13,6+8+9 (ELB)

Ich wusste sofort, dass mein Feigenbaum „Vertrauen" heißt. Er steht schon so lange in diesem Weinberg und bringt doch noch immer nur mickrige Früchte. Darum habe ich diesen Vorsatz gefasst und Gott gebeten:

„Gib ihm dieses Jahr! Ich werde um ihn graben und Dünger legen. Vielleicht muss ich so tief graben, dass der Baum in seiner Festigkeit erschüttert wird. Ich will mein Herz öffnen lassen und mich entscheiden, guten Dünger hineinzulegen. Das ist mein Teil. Dein Teil aber ist das Begießen mit Segen-Regen und das Erleuchten mit der Sonne der Gerechtigkeit, der Hoffnung und der Gnade."

Indem ich das aussprach, mahnte eine hinterlistige Angst in mir: **„Sei vorsichtig, um was du bittest. Es könnte in Erfüllung gehen** – und dir nicht gefallen." Genau das ist das Problem mit dem Vertrauen: das Infragestellen der göttlichen, liebevollen Motive für mein Schicksal! Am Anfang dieses Jahres beschloss ich also, mich gut um diesen feigen Baum „Vertrauen" zu kümmern, ihn zu pflegen, zu beschneiden und zu düngen.

Es ist in Erfüllung gegangen! Was ich befürchtet UND was ich gehofft hatte. Es war ein Jahr voller Rückschläge – und zwar in den verschiedensten Lebensbereichen. Selten fühlte ich mich so angreifbar, so verletzlich und hilflos wie in diesem Jahr. Während ich dieses Vorwort schreibe, ist Stille draußen. Auf unseren Straßen und Plätzen gehen sehr wenig Menschen. Sie tragen aus Angst vor dem Corona-Virus eine Schutzmaske. Es gibt keine geöffneten Straßencafés oder Kinderspielplätze, keine Konzerte, keine Gottesdienste und keine öffentlichen Fußballspiele.

Dass die globale Welt wegen eines Virus dermaßen auf die Klappe fällt, das hat sich vor ein paar Wochen noch niemand vorstellen können! In dieser Situation ploppt überall um uns herum dieses große Bedürfnis nach Zuversicht auf. Die Welt sehnt sich nach Hoffnung! Nicht erst jetzt, aber vorher war es ihr vielleicht nicht so bewusst.

Wir brauchen „Hoffnung to go“! Hoffnung, die die Erstarrung der Sorge löst. Hoffnung, dass Vertrauen belohnt und nicht verhöhnt wird. Hoffnung, die uns in Bewegung bringt! Dass wir uns aufmachen zu unserem Herzen und dort Ordnung schaffen, dass wir unseren Mitmenschen wieder mehr in den Blick nehmen und dass wir uns auf eine innere Reise zu unserem Schöpfer machen.

Möge Gott, die Quelle der Hoffnung, euch im Glauben mit Freude und Frieden erfüllen, damit eure Hoffnung durch die Kraft des Heiligen Geistes immer stärker wird. Römer 15,13 (NeÜ)

Aber was hilft eine Quelle, aus der man nicht trinkt?

Hoffnung ist leicht. Viel leichter als Hoffnungslosigkeit. Denn sie lenkt den Blick nach oben. Hoffnung ist leichter als Schwermut. Dennoch haben wir Menschen eine seltsame Affinität zu allem, was besorgniserregend ist. Dunkle Vorahnungen lähmen uns und stehlen die Lebensfreude. Aber warum den Kopf in den Sand stecken? Ich mag keinen Sand in Mund! Und wem hätte das schon irgendwann einmal geholfen? **Lieber sage ich später: „Ich habe das Unheil kommen sehen!“, als dass es mir unvorbereitet in den hochgestreckten Hintern tritt.** Lieber bin ich einmal ein zu erwartungsfroher Optimist gewesen, als ein immerwährend, misstrauischer Schwarzseher.

Aber – wie sollte etwas so Abstraktes wie Hoffnung die Welt verändern? Die Welt erscheint zu groß dafür. Unser Herz jedoch ist klein genug. Beten wir um eine HerzInnenWende, fangen wir dort doch einfach an. Kann es sein, dass mit Hoffnung vollgesogene Herzen Macht haben, die Welt zum Positiven zu verändern?

Unsere Gefühle sind das Produkt der zugelassenen Gedanken. Wie viel Raum geben wir den positiven Gedanken? Wie viel Macht den zerstörerischen? Wir haben weit mehr Entscheidungsmöglichkeiten, als es uns oft bewusst ist. **Lenken wir unsere Gedanken und wir lenken unsere Gefühle.**

Kann es sein, dass wir finden, wonach wir uns so sehnen, wenn wir das wenige, das wir haben, teilen? Wie bei der Brotvermehrung sagt Jesus zu uns: *Gebt **ihr** ihnen zu essen!* (Lukas 9,13) Sicher nicht, weil er das Wunder nicht allein gewuppt hätte. Nein, ich glaube, er wollte uns miteinbeziehen in seine Kraftwirkungen.

Hast du wenig Mut? Du findest Mut, indem du beginnst, mutig zu sein. Hast du wenig Kraft? Du findest Kraft, indem du beginnst, deine Muskeln zu trainieren – auch die geistlichen! Hast du wenig Selbstbewusstsein? Du findest es, wenn du beginnst, seinen Worten zu vertrauen, die voller Liebe für dich sind. Hast du wenig Freude? Du findest sie, wenn du beginnst, sie freizügig auszuteilen. So, als gäbe es genug davon! Hast du zu wenig Liebe? Du findest sie, wenn du beginnst zu lieben. Dich selbst und deinen Mitmenschen, und nicht zuletzt Gott! Dann wird die Liebe wachsen. Hast du zu wenig Hoffnung? Du findest Hoffnung, indem du beginnst, ihr Platz zu einzuräumen in deinem Herzen. **Hoffnung ist nicht nur das, was dir gegeben ist. Sie ist auch das, was du bereit bist, anderen zu geben.**

Ich möchte Hoffnung trainieren. So, wie man Rechtschreibung lernen kann, so kann man vielleicht auch Rechtdenken lernen und Rechtfühlen. Ich will mich fokussieren auf das, was mein Herz schöner macht.

Die tägliche Schönheitspflege für unser Herz heißt: Versorge es jeden Tag mit den essentiellen Nährstoffen, mit himmlischen Weichmachern und pflegenden Substanzen. *Mehr als alles, was man sonst bewahrt, behüte dein Herz! Denn in ihm entspringt die Quelle des Lebens.* Sprüche 4,23 (ELB)

Ich bin nun am Ende meines Trainingsjahres angekommen. Für dich, lieber Leser, geht es jetzt erst richtig los.

Viellicht wunderst du dich darüber, dass ich die Briefform gewählt habe für meine Gebete und Gedanken: Briefe von mir an Gott, und Briefe von ihm an mich, so wie ich ihn verstanden habe. Natürlich ist *all unser Wissen nur Stückwerk* (1. Korinther 13,9) und so kann ich nur schreiben, was meinem jetzigen Erkenntnisstand entspricht und was ich aus meinem begrenzten Blickwinkel sehen kann. Du kommst bei dem gleichen Bibelwort möglicherweise zu anderen Erkenntnissen. Das ist völlig in Ordnung. Nein, ich freue mich sogar darüber! Denn **Gottes Wort ist lebendig.** ER redet zu uns so, wie ein jeder es gerade braucht. ER spricht in unsere individuellen Lebenswirklichkeiten hinein. Bitte lies meine Texte nicht so, als wären sie wie ein „Orakel" für den Tag! **Hinterfrage die Worte, finde eigene, die besser zu dir und deiner Situation passen und lies die Verse im Zusammenhang in der Bibel!** Zeichne, schreibe, male in dieses Buch, um zu markieren, wie es um deinen persönlichen Hoffnungstank an diesem Tag steht. Mach dieses Buch zu deinem eigenen! Das würde mich wirklich freuen!

Was für immer bleibt, sind Glaube, Hoffnung und Liebe, diese drei. Aber am größten von ihnen ist die Liebe. 1. Korinther 13,13 (NGÜ)

Die Hoffnung ist eingerahmt von Glaube und Liebe. Diese drei Hauptthemen ziehen sich durch das Andachtsbuch. Die jeweilige Gewichtung in der Tagesandacht findest du in den Symbolen:

für Glauben / Vertrauen

für Hoffnung / Ermutigung

für Liebe / Gerechtigkeit

Einige Briefe beginnen mit den Worten: „Weißt du noch?“ Diese Rückblenden sind fiktive Begegnungen von mir mit dem Vater-Gott. Sie sind symbolisch zu verstehen, als Bilder dafür, wie Gott, unser himmlischer Vater, sich liebevoll um seine Kinder kümmert.

Ich wünsche dir ein gesegnetes Jahr voller überraschender Einsichten und neuer Ausblicke! Ich wünsche dir Mut, um deinen Baum herum tiefer zu graben, dich in Frage stellen zu lassen und auf Antworten zu warten. Ich wünsche dir Geduld, wenn es nicht schnell genug geht. Ich wünsche dir Trost, wenn die Antworten anders ausfallen, als du es dir gewünscht hast. Ich wünsche dir die Gelassenheit, die sich in meinem Herzen begonnen hat einzurichten, seitdem die Hoffnung dort wohnt. Und nicht zuletzt wünsche ich dir Begegnungen mit dem lebendigen Gott!

Denn ich weiß ja, was ich mit euch vorhabe, spricht Jahwe. Ich habe Frieden für euch im Sinn und kein Unheil. Ich werde euch Zukunft schenken und Hoffnung geben. Jeremia 29,11 (NeÜ)

Bleib behütet – deine Valerie Lill

Siehe, ich wirke Neues! Jetzt sprosst es auf.

Erkennt ihr es nicht?

Jesaja 43,19 (ELB)

1. Januar **Hoffnung to go**

Führe mich durch deine Treue und unterweise mich. Denn du bist der Gott, der mir Rettung schafft. Auf dich hoffe ich Tag für Tag.

Psalm 25,5 (NGÜ)

Lieber Vater im Himmel

Danke für das Geschenk der Hoffnung für jeden Tag! Du kennst mich. Du weißt, dass ich sie mir nicht selber machen kann. Ich kann meine Stimmung aufhellen, indem ich mich entscheide, positive Gedanken zu denken und die dunklen Gefühle nicht zu füttern. Aber Hoffnung – das ist viel mehr als ein „gutes Gefühl". Das ist mehr als nur zuversichtlich zu sein oder das behutsame Fürmöglichhalten einer Rettung.

Die von dir geschenkte Hoffnung ist nicht ergebnisoffen. Du schaffst mir Rettung! Diese Gewissheit ist tröstlich, auch wenn sie der täglichen Erneuerung bedarf. *Die Leiden, die ich jetzt ertragen muss, wiegen nicht schwer und gehen vorüber. Sie werden mir eine Herrlichkeit bringen, die alle Vorstellungen übersteigt und kein Ende hat.* (2. Korinther 4,17)

Hoffnung to go bedeutet: gestärkt weitergehen, weil ich mein Ziel kenne. Sie ist mutig und fordert mich heraus, ins Ungewisse zu gehen. Und sie ist kostspielig. Sie fordert mein Vertrauen – das ist ihr Preis. Aber ich bin davon überzeugt, dass sie es wert ist. Deine Treue führt mich gute Wege, darauf will ich vertrauen in diesem neuen Jahr! Auf dich, mein Vater, hoffe ich Tag für Tag!

Ich brauche heute Hoffnung besonders für:

....

....

2. Januar **Hast du mich lieb?**

Zum dritten Mal fragte er ihn: Simon, Sohn des Johannes, liebst du mich? Da wurde Petrus traurig, weil Jesus ihn zum dritten Mal gefragt hatte: Liebst du mich? Er gab ihm zur Antwort: Herr, du weißt alles; du weißt, dass ich dich liebe. Jesus sagte zu ihm: Weide meine Schafe!

Johannes 21,17 (EÜ)

Mein geliebtes Kind

Warum wohl frage ich dich dreimal hintereinander dasselbe? Erwarte ich eine neue Antwort auf die gleiche Frage? Oder war die erste spontane Reaktion nicht befriedigend in meinen Augen?

Nein, du hast selbst sofort gespürt, dass diese drei Worte dreimal hintereinander ausgesprochen wie Spatenstiche in dein Herz gingen und dich bis ins Mark erschütterten. Mehr als alles andere entscheidet die Beantwortung dieser Frage über deine Zukunft. „*Ich habe eine Zukunft des Friedens und der Hoffnung mit dir im Sinn!*" (nach Jeremia 29,11), aber ich entscheide nicht über dich hinweg. Ich werde dich nicht manipulieren, denn mein Wesen ist pure Liebe, und Liebe schließt Freiheitsentzug aus! Ich will dich nicht als meinen Arbeitnehmer! Wenn du in meinem Namen andere Schafe weiden möchtest, dann hüte zuerst dich und dein Herz.

An allererster Stelle steht unsere Liebesbeziehung. Dein Herz geht vor! Vor deinen Händen, die helfend eingreifen, und vor deinem Mund, der tröstet und ermutigt, vor deinen Füßen, die zu den Armen gehen, und vor deinen Ohren, die geduldig zuhören. „Liebst du mich?" heißt zuerst: „Liebst du mich?" heißt zuallererst: „Liebst du mich?"

So werde ich meine Liebesbeziehung pflegen:

3. Januar

Knusperzuckerwetter

klirrend kalt im Morgenwald
knisternd krümeln alte Blätter
klagend weckt ein Vogel klein
fragend reckt ein Krokuskeim
sich zum kargen Sonnenschein
Seelenfriedlich teilt mein Herz
sich die Hoffnung mit dem Schmerz
schenkt ihm eine Gnadenfrist
bald schon sind die Tage heller
bald schon wird die Klage schneller
und ein Reigentänzer sein
noch ist's Zeit zum Innehalten
Hoffnung hegen
Hände falten

Ich habe euch das gesagt, damit ihr in meinem Frieden geborgen seid. In der Welt wird man Druck auf euch ausüben. Aber verliert nicht den Mut! Ich habe die Welt besiegt!

Johannes 16,33 (NeÜ)

4. Januar **Patina auf der Seele**

Darum werden wir nicht müde; sondern wenn auch unser äußerer Mensch verfällt, so wird doch der innere von Tag zu Tag erneuert.

2. Korinther 4,6 (LUT)

Lieber Vater im Himmel

Weißt du noch, wie schön das Schloss war, dass du geplant und gebaut hattest? Ich, dein Königskind, bekam diesen perfekten Lebensraum von dir als Geschenk. Damals habe ich das noch gar nicht verstanden – es war so selbstverständlich für mich, dass mein Körper funktionierte. Es war normal, dass er straff und schön war, obwohl ich nie zufrieden war mit ihm. Aus heutiger Perspektive frage ich mich, warum ich nicht dankbarer war für das Schloss, das du um meine Seele gebaut hast.

In der Zwischenzeit haben die Mauern Risse bekommen, Efeu und wilder Wein rankt an vergrauten Wänden und die ein oder andere Fensterscheibe ist blind. Ich sehe dich am Tor stehen und zu mir hinüberschauen. Du lächelst. **Erstaunt erkenne ich, dass du mich IMMER NOCH schön findest!** Du störst dich nicht an der Patina. Natürlich siehst du nicht einfach „darüber hinweg", nein! Du musst mich wohl nach wie vor wirklich schön finden. Je mehr Liebe du in mein Herz gießt, desto größer ist das Strahlen, das von innen nach außen leuchtet.

Ich habe total verfallene Schlösser gesehen, durch deren kaputte Dächer das Sonnenlicht drang. So ein Schloss, Vater, will ich werden! Eines mit Ritzen in den Wänden, durch die dein Licht nach außen dringt! Eines mit Rissen in den Fensterscheiben, damit dein Licht sich darin bricht und zur Farbe wird! Eines mit so viel dankbarer Patina, dass jeder, der vorübergeht, von deinem Segen angerührt wird.

Diese Lüge über meinen Körper weise ich heute zurück:

....

....

5. Januar **ohrenbetäubend**

Seid still und erkennt, dass ich Gott bin!

Psalm 46,11a (LUT)

Mein geliebtes Kind

Wie konnte es so weit kommen, dass der moderne Mensch lieber der Lüge der Strebsamkeit glaubt, als meinen ewigen Worten? Wer etwas erreichen will, muss fleißig, tüchtig und hyperaktiv sein, und am besten den ganzen Tag über im Multitasking-Modus. Still und achtsam, ergebnisoffen auf etwas zu warten, das empfindet er als nervig. Geduld ist schon lang keine Tugend mehr!

Mein liebes Menschenkind: Es gibt auch etwas wie eine innere Schwerhörigkeit. Deine Ohren sind dann nicht mehr fähig, meine Stimme zu erkennen und wahrzunehmen, weil du zu unruhig bist. Diese andauernde Geräuschberieselung macht dich fertig. Da sind einfach zu viele laute Laute, die um deine Aufmerksamkeit buhlen. Nur wenn es um dich herum still ist, kann es auch still in deinem Herzen werden. Ich rede aber oft gerade in deinem Schweigen zu dir. Manchmal unspektakulär, zart und unaufdringlich. Manchmal auch unmissverständlich und markerschütternd. Das „Ich BIN" steht nicht zur Frage, schon mein Name beweist das: *Ich bin, der ich bin*! (2. Mose 3,14) Aber wer bist du? Werde still und komme an bei mir. Ich gebe dir eine ewige Identität.

Diese ohrenbetäubende Sache will ich heute lassen:

....

....

6. Januar **Hab ich's dir nicht gesagt?!**

Jesus spricht zu ihr: Habe ich dir nicht gesagt: Wenn du glaubst, wirst du die Herrlichkeit Gottes sehen?

Johannes 11,40 (LUT)

Mein geliebtes Kind

„Habe ich es dir nicht gesagt?" Bist du geneigt, diesen Satz als typischen Elternsatz abzutun? Eltern wissen vieles vorher und meistens besser, und wenn wir ehrlich sind, behalten sie oft auch noch recht. Meistens sagen Eltern diese Dinge jedoch nicht aus purer Lust an der Besserwisserei (obwohl auch das schon mal vorkommen kann). Sie können mit ihrer Erfahrung und ihrer Weitsicht manches einfach besser vorhersehen oder beurteilen. In der Regel sagen Eltern diesen Satz aus dem Gefühl heraus, ihre Kinder vor unguten Entscheidungen beschützen zu wollen.

Kannst du dir vorstellen, dass meine Motivation reine Liebe ist? Ich möchte ja, dass du meine Herrlichkeit erfahren wirst, dass du Wunder um Wunder erlebst und dein Vertrauen damit immer stärker wird. Aber ich zwinge dir keine Entscheidungen auf. Du bist gemacht als mein Ebenbild, mit eigenen Gedanken und freiem Willen. Du bist gedacht als mein Wunschkind, das sich frei zu seinem Schöpfer bekennen kann.

Mein „Habe ich dir nicht gesagt?" ist die Erinnerung an mein Versprechen dir gegenüber: „Vertraue mir und du wirst die Herrlichkeit Gottes sehen und erleben."

Hier benötigt mein Vertrauen noch göttliche Nach-Hilfe:

....

....

7. Januar **Verdientes Lob?**

Täglich will ich dich preisen, deinen Namen will ich loben immer und ewig.

Psalm 145,2 (ELB)

Lieber Vater im Himmel

Manchmal vergesse ich, dich zu preisen und zu loben an den Tagen der Freude. Ich weiß, dass kein Glück der Erde selbstverständlich ist oder gar verdient wäre. Ich weiß, dass du der großzügige Geber aller Gaben bist und dass jede meiner Lebensstunden ein Geschenk ist. Dennoch nehme ich oft, ohne dir zu danken oder dich zu loben.

Aber dich täglich zu preisen – das beinhaltet automatisch auch die Tage, die schwer sind und die mir unerträglich sinnlos scheinen. Wofür soll ich dich preisen, wenn das Leben mir übel mitspielt? Soll ich dich wirklich immer loben – auch wenn du es meiner Meinung nach gar nicht verdient hast? Sicher lächelst du bei meiner so menschlichen Frage.

„Mein Kind", höre ich deine Stimme in meinem Herzen: „Auch wenn du denkst, dass ich es nicht verdient habe, gebührt mir alle Ehre. Ich will das nicht nur in schönen Liedern von dir als Lippenbekenntnis hören, sondern ich will, dass dein Herz mich freiwillig preist. Und nun gibt gut acht: Ich will es um deinetwillen! **Wenn du lobpreist und dankst, siehst du weg von deiner Not hin zu mir.** Die Last auf deinen Schultern wird leichter, wenn du dich entscheidest, dankbar zu sein für alles, was ich gebe. Die Bitterkeit von Wut, Hass, Neid oder Enttäuschung wird durch Gesang verwandelt in etwas, das deinen Mund befähigt, Gutes auszusprechen. Preise mich jeden Tag! Das wird dein Leben leichter machen!"

Dieses Lobpreis-Übungsfeld will ich heute betreten:

....

....

8. Januar

Eine lebendige Seele

Ich hab ein Trost-Los gezogen
Es war eine Niete
wie immer
wenn ich die Luft oben eingesogen
und dann festgehalten hab
Trübsal wird schlimmer
wenn ich sie in jeden Winkel meines Herzens stecke
Wie Säcke voller Leergut
mit Bleischwermut
Sie sinken haltlos, ertrinken
und kämpfen doch dagegen an
Bevor Neues kommen kann
muss ich das Alte loslassen
ausatmen
um Platz für frische Luft zu schaffen
Die Vaterhand kann ich nur fassen
wenn meine Fäuste erschlaffen
Lebensatem Gottes erfülle die Leere
und mach aus mir eine lebendige Seele

Da nahm Gott, der HERR, etwas Staub von der Erde, formte daraus den Menschen und blies ihm den Lebensatem in die Nase. So wurde der Mensch ein lebendiges Wesen.

1. Mose 2,7 (HFA)

9. Januar **Gelegenheit macht Liebe**

Seht doch, wie groß die Liebe ist, die uns der Vater erwiesen hat: Kinder Gottes dürfen wir uns nennen, und wir sind es tatsächlich!

1. Johannes 3,1a (NGÜ)

Mein geliebtes Kind

Wann hast du dir das letzte Mal wirklich Zeit für eine Liebeserklärung genommen? Und verzeih, dass ich dich noch direkter frage: Wann hast du MEINER Liebeserklärung das letzte Mal einfach zugehört? Und sie anschließend in dein Herz genommen: *Ich habe dich je und je geliebt!* (Jeremia 31,3) Ich sehne mich danach, dass du dich nicht nur von mir gebrauchen lässt, sondern dass du dich auch von mir lieben lässt! So, wie kleine Kinder das tun.

Ich sehe förmlich, wie du bedenkenvoll den Kopf hin und her wiegst: „Aber ich bin kein Kind mehr. Ich weiß, dass man vorsichtig mit so etwas wie der Liebe sein muss. Sie kann nämlich auch echt weh tun. Und außerdem fühle ich mich gerade gar nicht geliebt. Was kann ich mir schon für eine Liebe kaufen, die ich nicht spüre? Und woher weiß ich, dass ich dir vertrauen kann?“

Mein Kind, du verstehst mich wirklich nicht? Ich komme nicht, um dir etwas zu rauben oder dich für dumm zu verkaufen. Wie ein Gentleman stehe ich vor deiner Tür und klopfe an (Offenbarung 3,20). Ich bin da, um dir meine Liebe zu gestehen. Heute ist wieder so ein Tag, an dem du die Tür öffnen kannst, um mich hereinzubitten.

Heute nehme ich die Gelegenheit wahr, um …

....

....

10. Januar **Weltfrieden**

Wie glücklich sind die, von denen Frieden ausgeht! Sie werden Kinder Gottes genannt.

Matthäus 5,9 (NeÜ)

Mein geliebtes Kind

Friede ist viel mehr als das Gegenteil von Krieg oder Streit. Er umfasst alle Lebensbereiche. Wohlergehen, das wünsche ich dir, und ein Heilwerden in jeder Beziehung. Ich spreche dir diesen Frieden zu. Ja, ich segne dich mit Zu-Friedenheit und lege dir den Frieden als eine der wichtigsten Aufgaben ans Herz.

Wenn möglich, soviel an euch ist, lebt mit allen Menschen in Frieden! (Römer 12,18) Ich verstehe dieses Wort allumfassend und global! „Friede auf Erden" ist kein frommer Wunschtraum mit Lametta, sondern ein hart umkämpfter Dauerauftrag. Lebe in Frieden und beginne mit deiner eigenen Nase und mit deinen unmittelbaren Beziehungen.

Aber „Friede auf Erden" wäre ein blanker Hohn, wenn er beschränkt wäre auf dein kleines Biotop. Wie soll Friede werden, wenn auf der anderen Erdseite Ungerechtigkeit herrscht? **Wenn dein Friede davon profitiert, dass andere leiden, dann ist er ein fauler Frieden.** Mein Friede aber ist weder faul noch bequem. Er ist zuweilen eher anstrengend und mühsam. Lässt du dich heute herausfordern zu einem friedensstiftenden Lebensstil?

Hier will ich mich aktiv für Frieden einsetzen:

11. Januar **Auf die Tiefe**

Als er aber aufhörte zu reden, sprach er zu Simon: Fahre hinaus auf die Tiefe, und lasst eure Netze zu einem Fang hinab!

LUKAS 5,4 (ELB)

Lieber Vater im Himmel

Vielleicht ist es auch für mich Zeit, mich hinaus auf die Tiefe zu begeben? Wenn du aufhörst zu reden, dann vielleicht, um dem Erleben mehr Raum zu geben? So viele wahre Worte habe ich gehört, so viel von dir gelernt und doch blieb es irgendwie an der Oberfläche. **Es ist, als hätte mein Herz eine Hornhaut, damit es nicht so empfindlich reagiert.** Aber Liebe und Wahrheit sollen in die Tiefe sacken: vom Kopf ins Herz bis auf den Seelengrund!

Ich fürchte mich vor der Tiefe, Vater. Ich fürchte mich, dort verloren zu gehen, oder Dinge zu bergen, die mir nicht gefallen. Dass Vertrauen nicht belohnt, sondern verhöhnt wird. Aber am meisten fürchte ich mich vor dem Nichts. Dass die Netze einfach leer sind, weil ich mich so leer fühle.

Und dann passierte dieses unerwartete Wunder damals auf dem Wasser: volle Netze und fette Beute! Wenn meine Ohren wieder einmal zu viel gehört und mein Kopf zu viel verstanden hat, Vater, dann erflehe ich so ein Wunder für mein zaghaftes Herz!

Heute, Vater, will ich in dieser Sache mutig sein:

....

....

12. Januar **Von der Seele reden**

Die Frau aber, voll Furcht und Zittern, da sie wusste, was ihr geschehen war, kam und fiel vor ihm nieder und sagte ihm die ganze Wahrheit.

Markus 5,33 (ELB)

Mein geliebtes Kind

Von hinten wolltest du dich also anschleichen? Dachtest du, dass es ja nicht „schaden kann", das mit Gott auszuprobieren? Hast du wirklich geglaubt, dass ich nichts davon bemerken würde? Viel schlimmer jedoch quält mich die Frage: Was hast du denn erwartet von mir? Hast du gedacht, dass ich dich abweisen würde, oder dass ich mich angeekelt abwende? Hast du befürchtet, dass auch ich dich beschämen würde?

Mein Kind, es ist nichts verborgen vor mir! Keiner deiner Gedanken und geheimen Wünsche und keines deiner Gefühle. Glaubst du allen Ernstes, dass du dich mir nähern könntest, ohne dass ich es bemerken würde? Nein! Mit voller Absicht lasse ich mich anfassen von dir! Es ist mein erklärter Wille, dass du geheilt wirst von allem, was dich so beschämt. Ich will, dass du wieder ein Mensch wirst, der Nähe zulassen kann. Ich will, dass du wieder lernst zu vertrauen.

Sage mir deine ganze Wahrheit! Nicht, weil ich sie nicht kennen würde, sondern weil du es dir „von der Seele reden" darfst! *Komm zu mir, wenn du von deiner Last fast erdrückt wirst. Ich werde sie dir abnehmen* (nach Matthäus 11,28). Es hat dich viel zu lange schon beschämt, beschmutzt und isoliert. Dein Vertrauen in mich soll reich belohnt werden!

Vater, die Wahrheit ist, dass ...

13. Januar

Heimsuchung

Wer um Himmels Willen
hat dir nur diese Abwertung verpasst,
du armes, verkanntes Wort?
Als gäb's nicht diesen heiligstillen
Kokon und Zufluchtsort
voll mit zukünftigem Sehnen
und nachsichtigem Mutterschoßtrost.
Versprechen verstummen.
Bemitleidenswert
auf wen ein verwaistes Heim wartet ohne Herd.
Ein lichtloser Raum ohne Muttersummen
am dampfenden Topf.
Einzig das Klirren
der leeren Garderobenbügel im Kopf.

Glückselig ist, wer trotz allem Verirren
nach Hause findet!
Glückselig ist, wessen Heimsuchung
in starken Vaterarmen mündet!

Wir dagegen haben unsere Heimat im Himmel. Von dort erwarten wir auch Jesus Christus, unseren Herrn und Retter.

Philipper 3,20 (HFA)

14. Januar **Traubenzucker-Worte**

Und der HERR sprach zu mir: Siehe, ich lege meine Worte in deinen Mund.

Jeremia 1,9b (ELB)

Mein geliebtes Kind

Weißt du noch, wie du als Kind diese Traubenzuckerbonbons geliebt hast? Sie waren nicht nur süß, sondern sie gaben dir auch neue Kraft. Ein Traubenzucker vor dem Sportunterricht langsam im Mund zergehen lassen, und du hattest sofort das Gefühl, mehr Power zu haben. Meine Worte sind wie Traubenzucker! Die Power geht über deine Mundschleimhaut direkt ins Blut über und bevollmächtigt dich zu kraftvollen Taten.

Auch heute will ich dich mit der vollen Kraft beschenken. Nicht, um dich zu mehr Höchstleistungen anzutreiben, sondern um deine Liebe für deine kleine Welt zu steigern. Aus dir heraus wirst du schnell ausgebrannt und müde sein, aber mit meinem Extra-Bonus kannst du so viel mehr bewirken. Darum ist es so wichtig, dass du dir Zeit und Muße nimmst für diese Traubenzucker-Worte von mir, die immer zuerst an dich gerichtet sind, um dein Herz und deine Hände zu stärken. Gehe nicht ohne sie aus dem Haus und lerne einige meiner Traubenzucker-Worte für den Notfall auswendig, damit du sie immer zur Hand hast, wenn einmal Not am Mann ist.

Und dann gib meine Worte weiter, wo du siehst, dass jemand am Boden ist. Hilf den Mut- und Kraftlosen in deiner Umgebung. Du bist gesegnet, um zu segnen!

Dieses Wort will ich auswendig lernen:

....

....

15. Januar **Ein besorgter Vater**

Demütigt euch nun unter die mächtige Hand Gottes, damit er euch erhöhe zur rechten Zeit, indem ihr alle eure Sorge auf ihn werft, denn er ist besorgt für euch.

1. Petrus 5,6-7 (ELB)

Lieber Vater im Himmel

Wie konnte ich diesen Satz nur immer so missverstehen? Manchmal lese ich so leichtfertig in deinem heiligen Wort, dass mir das Wichtigste verborgen bleibt. Du weißt ja, dass ich echt ein Problem damit habe, mich unter irgendetwas zu demütigen. Mein menschlicher Stolz besteht auf seine Freiheit und Unabhängigkeit. Ich habe ausschließlich gute Erfahrungen mit dir gemacht und weiß, dass ich mich unter dich demütigen sollte. Deine Allmacht und Stärke und Herrlichkeit haben das wirklich verdient. Wenn ich an diesem Punkt meiner Gedanken ankomme, seufze ich immer deprimiert.

Aber heute lese ich dieses unscheinbare Wort INDEM! Kannst du mir bitte verzeihen, dass ich dir wieder einmal nicht genug vertraut habe? **INDEM ich meine Sorge auf dich werfe, demütige ich mich dir unter!** Das ist die Sorte von Demut, die du dir von mir wünschst? Du erbittest das von mir wieder einmal MEINETWEGEN. Was bist du für ein liebevoller und treusorgender Vater! *Du bist eine sichere Zuflucht in Zeiten der Not. Weil du mich kennst, finde ich Schutz bei dir* (nach Nahum 1,7). Du bist besorgt für mich, darum will ich unbesorgt in meinen Tag gehen.

Danke Vater, dass du …

....

....

16. Januar **Wer hören will, darf fühlen**

Neigt euer Ohr und kommt zu mir! Hört, und eure Seele wird leben!

Jesaja 55,3a (ELB)

Mein geliebtes Kind

„Wer nicht hören will, muss fühlen", sagt ihr Menschenkinder, wenn ein trotziges Kind stur alle guten Ratschläge in den Wind schlägt. Oft folgt dann eine Strafe – etwas, das dem Kind weh tut, um es auf den rechten Weg zurück zu zwingen.

Vielleicht hast du so etwas selbst erlebt. Aus der Kinder- oder der Elternperspektive. Bei beiden hinterlässt solch ein Verhalten Verletzungen, Vernarbungen, Selbstabwertungen.

Ich, dein himmlischer Vater, habe eine viel wirkungsvollere Erziehungsmethode. Ich sage: „Hört und eure Seele wird leben!" Es geht nicht um Strafe bei gebrochenen Regeln, es geht nicht um die Durchsetzung eines Gesetzes. **Es geht um diese wunder-volle Verheißung, die gekoppelt ist an dein Hören-Wollen.** Deine Seele wird leben! Und dann gilt für dich eine ganz andere, eine gnaden-volle Aussage: Wer hören will, darf fühlen! Nämlich meine starke Hand, die Trost und Schutz für dich sein will. Mein Arm, der dich verteidigt und dir Rückendeckung gibt. Mein Gnadenwort, das deine Seele lehrt, aus der Fülle zu leben. Auch heute darfst du kommen, mein Kind. Ich habe da ein paar Worte, die deine Seele beleben wollen.

Heute, Vater, will ich mit offenen Herzensohren hören, dass ...

....

....

17. Januar

Ein Herz und eine Seele

Du wartest da
wo ich mir fehle
„Liebes, mach die Augen zu
und gib dem Sehnen
einen freien Tag!“
sagst du
Im Wohnzimmer
steigt der Wärmepegel
Stetig, kontinuierlich
füllt die Leere sich
mit Hoffnungsschimmer
Dein starker Arm bedroht
den schrillen Schmerz
Kein Leid und keine Not
hat Wohnrecht hier auf Lebenszeit
Ein Schlückchen Ewigkeit
tropft in mein Herz
Bis es sich
so weichgespült
sanft und getröstet fühlt

Er wird seine Herde weiden wie ein Hirte, die Lämmer wird er in seinen Arm nehmen und in seinem Gewandbausch tragen.

Jesaja 40,11a (ELB)

18. Januar **verstrickt oder vertäut?**

Seid stark, und euer Herz fasse Mut, alle, die ihr auf den HERRN harrt!

Psalm 31,25 (ELB)

Mein geliebtes Kind

Mut fassen, das ist durchaus ganz praktisch gemeint! Ruhig sein, Mut fassen und Vertrauen haben, das sind die Ergebnisse aktiver Entscheidungen in deinem Alltag. Es würde dir doch gar nicht helfen, wenn es sich hier nur um theoretische, schöne Ratschläge handeln würde, die aber fernab jeglicher Realität wären.

Du darfst heute ruhig und gelassen sein, wenn Anforderungen an dich gestellt werden, die dich überfordern. Denke dann daran, dass dein Wert nicht davon abhängt, wie leistungsstark du bist!

Du darfst heute ruhig und gelassen sein, wenn alte Verbitterung dir einen Strick drehen will. Sobald du spürst, dass Neid, Eifersucht, Hass oder Abwertung sich in deinem Herzen breit machen wollen, stell ihnen mein Wort entgegen! **Ich lasse nicht zu, dass du zu kurz kommst!**

Du darfst heute Mut fassen, wenn Angst oder Sorge nach dir greift. Schüttele diese gierigen Hände ab, denn sie sollen sich deiner nicht mehr bemächtigen dürfen. Stattdessen fasse nach dem Mut, den ich dir als Rettungsseil zuwerfe. Dessen Name ist „Tau des Vertrauens"! Je größer dein Vertrauen ist, desto stärker wird dein Mut sein. Je mehr Mut du hast zu vertrauen, desto ruhiger wird dein Herz sein.

Nach diesem Rettungsseil will ich heute greifen:

19. Januar **Eigenlob blinkt**

So spricht der Herr: Ein Weiser rühme sich nicht seiner Weisheit, ein Starker rühme sich nicht seiner Stärke, ein Reicher rühme sich nicht seines Reichtums. Sondern, wer sich rühmen will, der rühme sich dessen, dass er klug sei und mich kenne.

***Jeremia* 9,22+23a (LUT)**

Lieber Vater im Himmel

Das sind mal wieder Menschenkennerworte von dir! Du weißt, wie groß dieses Bedürfnis in unseren Herzen ist, uns zu rühmen. Nicht immer geschieht das so offensichtlich, denn wir haben ja gelernt, dass „Eigenlob stinkt". Dennoch gibt es so viele menschliche Strategien, um salonfähig an Ruhm, Anerkennung und Lob zu kommen. Wir lechzen geradezu danach, verleihen Doktortitel und Nobelpreise, huldigen den Starken des Sportes in Arenen und pilgern in die Stadien zu den Megastars. Wir glauben Sätzen wie „Geiz ist geil" oder „Hast du nichts, dann bist du nichts" und träumen jede Woche neu vom großen Glück der sechs Richtigen.

Kindisch ist diese ganze Lob-Heischerei, denke ich gerade. Als könnten wir uns auf diese Weise besser machen, oder uns zumindest im Licht Erfolgreicher mitsonnen. Kindlich dagegen ist es, mit seinem Papa zu prahlen. „Mein Papa ist der Stärkste, Klügste, Beste!", sagen Kinder oft. **Wenn ich mich also schon rühmen will, dann will ich mich damit rühmen, DICH nicht nur persönlich zu kennen, sondern dich meinen Vater zu nennen!**

Hierin besteht meine Würde:

....

....

20. Januar **Im Windhauch**

ein leiser Hauch an kaltem Gehäuse
ein zärtlicher Luftstrom strauchelt vorbei
und zögernd und zagend ersteht meine Seele
verstummt sind die Stimmen
kein Sturm und kein Schrein
sie weichen den engelsgleichen Worten:
Was willst du hier?
nicht vorwurfsvoll

Ich weiß es nicht!
sag ich leis mit verhülltem Gesicht
und ich weiß es wirklich nicht.
aber nun hab ich deine Stimme geschmeckt
aber nun hab ich mich dir entgegengereckt
aber nun haben deine Worte liebkost
und mein eingeschläfertes Herz geweckt
getrost ist das Sehnen Stille zu nehmen
Und als das Feuer vorüber war
war Gott im leisen Windhauch da

Als das Feuer vorüber war, kam ein ganz leiser Hauch. Da verhüllte Elija sein Gesicht mit dem Mantel, trat vor und stellte sich in den Eingang der Höhle. Eine Stimme fragte ihn: „Elija, was willst du hier?“

1. Könige 19,12b+13 (GNB)

21. Januar **richtig-stellen**

Nicht die Starken brauchen den Arzt, sondern die Kranken. Geht aber hin und lernt, was das ist: „Ich will Barmherzigkeit und nicht Schlachtopfer." Denn ich bin nicht gekommen, Gerechte zu rufen, sondern Sünder.

Matthäus 9,12-13 (ELB)

Mein geliebtes Kind

Manchmal hilft ein Standortwechsel, um etwas richtig-zu-stellen. Du denkst, du gehörst zu den Starken? Und was ist mit dem Kind in deinem Herzen, das sich sehnt nach Anerkennung, nach Schutz und Geborgenheit? Welche Sätze sagst du in deinen Selbstgesprächen, wenn du dich vor etwas fürchtest? Du denkst, du gehörst zu den Gerechten? Und was ist mit den Dingen, die außer dir niemand wissen darf? Was ist mit deinem Gewissen, das offensichtlich mehr weiß, als dir lieb ist? Welche Sätze sagst du in deinen Selbstgesprächen, wenn du dich schämst? *Findest du dein Tun in Ordnung? Der Herr prüft, was in deinem Herzen vorgeht* (nach Sprüche 21,2).

Ich lade dich ein, dich nicht nur auf die Seite der Schwachen, Kranken und Gescheiterten zu stellen, sondern dich ihnen wirklich zugehörig zu fühlen! Denn das ist dein Platz! Wenn du das akzeptiert hast, bist du auch bereit zu erkennen, dass auch ICH NUR DORT BIN! **Am Kreuz habe ich mich mit den Sündern verbrüdert!** Nur ihnen gilt meine Barmherzigkeit. Sie werden die mit Heil Gesegneten sein. Ihnen wird Gnade widerfahren. Ich lade dich ein, einer dieser Geretteten zu sein!

Das möchte ich heute richtigstellen:

....

....

22. Januar **HamsterRadSchlag**

Du musst besser werden, perfekter, leistungsfähiger, ausdauernder,
geduldiger, mutiger, nachhaltiger, durchsetzungsstärker,
einflussreicher, klüger, rücksichtsloser, souveräner, anerkannter,
stärker, bedeutender, anständiger, dominanter, begehrter!

Stattdessen dieses ewig schlechte Gewissen, Schuldgefühle,
To-dos, Termine, Anforderungen, Herausforderungen,
Selbstabwertung, Perfektionierung, Zweifel,
feindliche Gedankenübernahme, Anfragen, Maximierung,
Probleme, Kampfansagen, Zwangslagen!

Ich halte die Luft an

statt des Hamsterrades

Erhöhe den Druck in der Brust

Und dann diese ZuMutung von dir:

Ich habe es dir gesagt! Sei stark und sei mutig! Lass dir keine Angst einjagen, lass dich nicht einschüchtern, denn Jahwe, dein Gott, steht dir bei, wo du auch bist. Josua 1,9 (NeÜ)

„Lass dir keine Angst einjagen!"

Heißt doch auch Stopp sagen

heißt endlich ausatmen

diese ganze abgestandene Luft

Gott. Du bist mein himmlischer Mutspender.
Du erfüllst meine Lungen mit deinem heiligen Atem,
versorgst mein Blut mit frischem Powerstoff.
Du stehst mir bei in dem verrückten Kreisen im Hamsterrad
des Lebens. Aber du hilfst mir auch beim Ausstieg.

....

....

23. Januar **Den Wind sehen**

Als er aber den starken Wind sah, erschrak er und begann zu sinken und schrie: Herr, rette mich!

Matthäus 14,30 (LUT)

• •

Mein geliebtes Kind

Wenn du wieder einmal „den Wind siehst“, dann erinnere dich an diese Geschichte! Bitte denk nicht, dass ich mich über dich lustig machen will, aber ganz ehrlich: „Den Wind sehen“? Kommt dir das bekannt vor? Diese unsichtbare, nicht greifbare Angst kann schlimmer sein als handfeste Bedrohungen.

Wenn Vertrauen zerbricht, ist das verbunden mit dieser schmerzhaften Haltlosigkeit. Du findest es beängstigend, wenn dir der Boden unter den Füßen weggezogen wird? Um wie viel schlimmer ist es, wenn es sich bei dem „Boden“ um die Wasseroberfläche handelt?! Du hasst es, die Kontrolle zu verlieren oder deine eigene Schwäche zu spüren.

Und nun ist das Vertrauen in dich selbst und in deine Glaubensstärke erschüttert worden. Liebes Kind, ich verstehe den Schmerz deiner Enttäuschung und die Furcht der Ohnmacht, aber ich sehe deine Situation vor allem als Chance! **Um wie viel mehr wirst du die Stärke meines Armes spüren können, wenn der Boden deiner Sicherheit fehlt?** Du wirst die Gelegenheit haben, mich und meine Rettermacht am eigenen Leibe zu erfahren. Auf dein „Herr, rette mich!“ werde ich hören und werde den Wind zum Schweigen und dich in Sicherheit bringen.

• •

Ich schaue nicht auf den Wind, sondern konzentriere mich auf:

....

....

24. Januar **unerbittlich**

Wir wollen also voll Zuversicht vor den Thron unseres gnädigen Gottes treten, damit er uns sein Erbarmen schenkt und uns seine Gnade erfahren lässt und wir zur rechten Zeit die Hilfe bekommen, die wir brauchen.

Hebräer 4,16 (NGÜ)

Lieber Vater im Himmel

Hast du es auch gehört, dieses Wort, das mich heute kalt erwischt hat? Unerbittlich wäre ich mit mir. Ein hartes Wort und ein extrem unsympathisches, wie ich finde. Leider hatte die Sprecherin recht damit. So freundlich und geduldig ich mit anderen sein kann, so gnadenlos und hart bin ich auf der anderen Seite mit mir selbst oft. Vater, ich will nicht unerbittlich sein! **Ich will auf die Bitten meiner Seele und meines Körpers hören!** Aber wie um Himmels Willen kann ich nicht nur umdenken, sondern auch umfühlen?

„Nimm dir ein Beispiel an mir!", mischt du dich in mein Selbstgespräch ein. „Und schau darauf, wie ich mit dir umgehe, wenn du zu mir kommst, mitsamt deinem Scheitern und deiner Selbstabwertung: Ich schenke dir Erbarmen und Gnade. Worum du mich vertrauensvoll bittest, das will ich dir geben." Danke, Vater, dass du erbittlich bist und dass du so viel Geduld mit mir hast! Ich brauche deine Erinnerungen daran auch heute wieder, denn *endloses Hoffen macht das Herz krank, doch ein erfüllter Wunsch ist wie ein Lebensbaum.* Sprüche 13,12 (NeÜ)

Hier will ich barmherziger mit mir werden:

25. Januar **Indikator Licht**

Alles, was gut und vollkommen ist, wird uns von oben geschenkt, von Gott, der alle Lichter des Himmels erschuf. Anders als sie ändert er sich nicht, noch wechselt er zwischen Licht und Finsternis.

Jakobus 1,17 (NL)

Ein Gott, der Lichter erschafft und verschenkt

ist ein Freund der

Melancholiker

Schwarzseher

SchattenSeitenSchläfer

Verlorengeher

Lichtstrahlsucher

und Im-Regensteher

So ein Gott muss sich nicht im Dunkel verstecken

er muss nichts vernebeln

oder schönreden

Alles, was gut und vollkommen ist

erhellt und erwärmt die Herzen

so einfach ist das

Licht ist ein Indikator für Liebe
ist ein Indikator für Hoffnung
ist ein Indikator für Leben
ist ein Indikator für Gott

26. Januar **Die Revolution der Gnade**

Wenn uns unser Herz verdammt, ist Gott größer als unser Herz und erkennt alle Dinge.

1. Johannes 3,20 (nach LUT)

Mein geliebtes Kind

Viel wichtiger als das, was dein schlechtes Gewissen zu dir sagt, ist doch das, was **ich** zu dir sage! Die Enttäuschung über dich selbst klagt dich an, ich aber spreche dich frei. Die innere Stimme verurteilt dich, ich aber begnadige dich. Das, was dir so schwer auf der Seele liegt, will ich dir abnehmen.

Ich bitte dich heute um ein Experiment: Danke deinem Scheitern! Danke ihm für die Chance, an ihm zu wachsen! Danke ihm für die Erfahrung der unverdienten Gnade! Ich weiß, dass du am liebsten die Zeit zurückdrehen würdest und deinen Fehler ungeschehen machen würdest. Aber das ist nicht möglich und das weiß auch deine Seele, und so verdammt sie dich. Ich aber, mein Kind, ich bin größer und gnädiger als dein Herz! **Ich will dich in deinem Scheitern liebevoll ansehen und dich wieder aufrichten und segnen.** Gott sei Dank bin ich der Richter und nicht dein Herz! Und so entscheide ich mich, dich zu begnadigen und zu rehabilitieren. *Sieh, welch eine Liebe ich dir erwiesen habe: Du sollst MEIN GELIEBTES KIND sein!* (nach 1. Johannes 3,1)

Dein Richterspruch über mein Scheitern ist:

....

....

27. Januar **Dunkelkammer der Seele**

Und Gott sprach: Es werde Licht! Und es ward Licht.

1. Mose 1,3 (LUT)

Mein geliebtes Kind

Kannst du dir vorstellen, warum ich auf der Welt als allererstes das Licht geschaffen habe? Ich habe damit sozusagen mich selbst in die Dimension Erde hineingesprochen, denn ich BIN das Licht der Welt! Alles besteht durch mich und ohne mich kann nichts sein. Das Licht ist wie eine Initialzündung für das Leben.

Trotzdem versuchst du Bereiche deines Lebens bewusst im Dunkeln zu lassen. Sicher spielt Scham dabei eine Rolle, vielleicht auch unbewusster Hochmut oder Selbstgerechtigkeit. Zu oft jedoch verbirgst du sie aus Angst vor mir. Fürchtest du meinen Richterspruch? Denkst du insgeheim, dass ich dich verurteile, dass ich mich kopfschüttelnd von dir abwende, wenn ich sehe, wie du wirklich bist? Das Tragische an der Sache ist, dass du derjenige bist, der an den aufbewahrten Negativen in der Dunkelkammer deiner Seele leidet. Wie gern würde ich dich davon frei machen!

Weißt du, alles Mangelhafte und jeder Fehler, der bekannt und von meinem liebenden Licht beleuchtet wird, wird nicht entwickelt werden. **Auf dem Papier wird alles reinweiß sein, denn mein Licht deckt auf, um aus Negativen Positive zu machen!** Du darfst frei und gewaschen und rein vor mein Angesicht treten. Ohne Angst oder Scham. Du bist ein Kind des Lichtes!

Vater, mache bitte aus diesem Negativ ein Positiv:

....

....

28. Januar **Segenskreislauf**

Hoffnung aber lässt nicht zuschanden werden; denn die Liebe Gottes ist ausgegossen in unsere Herzen durch den Heiligen Geist, der uns gegeben ist.

Römer 5,5 (LUT)

Mein geliebtes Kind

Liebe ist ausgegossen in dein Herz. Sie soll sich frei darin bewegen und sie wird mit jedem deiner Herzschläge in deinen Körper gepumpt. So wird dein ganzes Sein mit meiner Liebe geflutet. Bis in die Fingerspitzen zirkuliert sie und hilft dir, anderen die Hand zu reichen. Sie lässt deine Füße gute Wege gehen und deinen Mund aufbauende Worte sagen. Bis hinein in deine Gedanken und Gefühle spült sie ihre lebensspendende Hoffnung. In Notzeiten lehrt sie dich auszuharren, sie hat sich schon so oft bewährt, dass du auch in Zukunft auf sie bauen kannst.

Je mehr deine Hoffnung anwächst, desto mehr Raum ist da für meine treue Liebe. Je gelassener du dieser Liebe vertraust, desto vollmächtiger wird die Hoffnung. Das ist der Segenskreislauf, den ich in dir bewirke. Niemals wird die Hoffnung dich beschämen. Wenn du dein ungeteiltes Vertrauen in mich setzt, wirst du nicht zuschanden werden, sondern dein Leben wird zu einem Springbrunnen meiner segensbringenden Liebe. Du wirst überfließen und andere werden kommen, um sich bei dir zu erfrischen und um angesteckt zu werden mit der Liebe.

Vater, schärfe meinen Blick für den Segen, der sich zeigt in ...

29. Januar **Hin-Gabe**

Denn alle haben von ihrem Überfluss eingelegt, diese aber hat aus ihrem Mangel alles, was sie hatte eingelegt, ihren ganzen Lebensunterhalt.

MARKUS 12,44 (ELB)

Lieber Vater im Himmel

Alles, was ich zum Leben brauche, zu opfern – ist es das, was du willst? Ist es in deinem Sinne, wenn ich seelisch Mangelernährte mich völlig verausgabe? Warum nur habe ich das Gefühl, dass es das nicht ist, was du mir sagen willst? Es passt nicht in das neue Bild von dir. Du bist ein gütiger und großzügiger Vater. Die ganze Welt gehört dir, mitsamt der materiellen und immateriellen Werte darauf. Warum also solltest du von den Ärmsten deiner Kinder erwarten, dass sie alles geben, was sie zum Leben brauchen? Leise regt sich eine Stimme in meinem Herzen: „Ich wünsche mir nicht, dass du dich verausgabst, mein Kind. So eine Gabe wünsche ich mir nicht von dir – was solltest du mir geben, das ich nicht sowieso besitze? Wohl aber freue ich mich über deine Hin-Gabe. Aus freien Stücken und weil du sicher sein kannst, dass dein Herz in meinen Händen gut aufgehoben ist!"

Danke, Vater, dass ich in Mangelzeiten nicht von einem ausbeuterisch schlechten Gewissen ausgenommen werden soll! ***Du zeigst mir den Weg zum Leben. Dort, wo du bist, gibt es Freude in Fülle; ungetrübtes Glück hält deine Hand ewig bereit.*** (Psalm 16,11) Und in den guten Zeiten, Vater, da erinnere mich gern daran, frei-willig und großzügig abzugeben von dem, womit du mich gesegnet hast!

Das will ich heute umsetzen:

....

....

30. Januar **Aller Anfang ist mehr**

Da antwortete ihm Simon Petrus: Herr, wohin sollen wir gehen? Du hast Worte des ewigen Lebens.

Johannes 6,68 (LUT)

Mein geliebtes Kind

Aller Anfang ist mehr als genug. Kein Schritt ist so wichtig wie der erste. Ich habe dich mit allem ausgestattet, was du brauchst für die Reise. Manchmal muss man aber erst ein Stück rückwärtsfahren, um der Parklücke zu entkommen. Schaue diese wenigen Meter zurück nicht abschätzig an! Betrachte sie nicht als überflüssig auf dem Weg nach vorn. Wer vorne gut fahren will, sollte auch regen Gebrauch von seinem Rückspiegel machen! Natürlich sollst du nicht permanent in den Rückspiegel sehen, denn dann ist der nächste Unfall vorprogrammiert, aber immer wieder einmal.

Woher kommst du und wohin gehst du?, fragte ich Hagar damals in der Wüste (1. Mose 16,8a). Heute stelle ich dir diese Frage. Woher du kommst, hat einen immensen Einfluss darauf, wer du heute bist und wohin dich dein Herz zieht. Es ist also nicht überflüssige Zeitvergeudung, über das „Woher" nachzudenken, bevor du losgehst. Deine Vergangenheit hat dich geprägt und entscheidend beeinflusst. Unverarbeitete Dinge, die du ausblendest, holen dich früher oder später wieder ein. „Woher kommst du?" Welche Stärken konntest du entwickeln, weil manches schwierig war? Welche Blechschäden, Kratzer oder auch umfangreiche Motorschäden gab es? Wo waren teure Reparaturen unausweichlich? *Ich halte eine Zukunft des Friedens und der Hoffnung für dich bereit* (nach Jeremia 29,11). Gehe heute erste Schritte in diese Richtung – selbst, wenn es erst einmal rückwärts gehen sollte.

Ich gebe die Hoffnung nicht auf, dass ....

....

....

31. Januar **Herzverbot für die Beschämung**

Und du, mein Kind, sei stark in der Gnade, die uns in Jesus Christus gegeben ist.

2. Timotheus 2,1 (NeÜ)

Mein geliebtes Kind

Weißt du noch, wie schnell man dich früher beschämen konnte? Deine kindlichen Ohren filterten abwertende Inhalte aus den Worten anderer heraus und bezogen sie auf sich. Kritiklos nahmen sie hin, dass andere dich beurteilen, bewerten oder richten durften. Selbst aus Sätzen, die gar nicht so gemeint waren, zogen sie derartige Inhalte heraus und impften sie deinem verletzten Herzen ein.

Ich möchte, dass du lernst, dich mehr und mehr zu schützen vor solchen Übergriffen! Mein Kind, du bist doch nicht mehr klein und ohnmächtig! Du bist stark geworden unter meiner liebevollen Hand und hast erstaunliche Fähigkeiten entwickelt. Und das Beste ist: Die Entwicklung geht immer noch weiter! Mit jedem Tag lernst du mir mehr zu vertrauen. Auch heute hast du wieder Gelegenheit dazu. Weise jede Beschämung von dir, die sich heute zurückschleichen will in dein Gefühl! Du hast die beste Abwehrwaffe der Welt: Gnade!

Mache dir heute bewusst, dass du aus Gnade lebst und Fehler machen darfst, und dass du dich auch ab und zu wieder kindisch verhalten wirst. Meine Liebe zu dir wird sich dadurch nicht verändern.

Dieser Beschämung erteile ich Herzverbot:

....

....

1. Februar **Treffsichere Versprechen**

Siehe, ich stehe vor der Tür und klopfe an. Wenn jemand meine Stimme hören wird und die Tür auftun, zu dem werde ich hineingehen und das Abendmahl mit ihm halten und er mit mir.

Offenbarung 3,20 (LUT)

Mein lieber Jesus

„Wo treffen wir uns?" Was für eine seltsame Frage, wenn man sie auf einer herausgerissenen Buchseite findet, die jemand vor langer Zeit achtlos in den Graben geschmissen hat! Warum ich sofort an dich dachte? Ich weiß es nicht. Vielleicht, weil ich dich gerade so verzweifelt suche und die innigen Zeiten mit dir so sehr vermisse. Mein Alltag ist so laut und aufdringlich. Und dann diese Frage! Zusammenhanglos. Es ist neben einer ausgemachten Zeit also auch nötig, einen Ort zu vereinbaren, an dem wir uns treffen. Eigentlich ist das doch ganz logisch. Warum hatte ich bis jetzt nicht daran gedacht, dass auch die äußeren Umstände passend sein müssen, damit ich dich wieder besser hören kann? Wieso starre ich auf die geschlossene Tür und beharre darauf, dass ich dich nicht sehen kann? Du sagst, du bist hinter der Tür. Wenn das stimmt, dann werde ich jetzt aufstehen, um die Tür wieder zu öffnen.

„Wo treffen wir uns?", fragst du mich und ich muss nicht lange nachdenken: Endlich mal wieder allein hinaus, durch die Tür in die einsame Stille. Ich erwarte, *dass sich die wunderbare Hoffnung erfüllt: dass unser großer Gott und Retter Jesus Christus in seiner ganzen Herrlichkeit erscheinen wird* (Titus 2,13).

Mach mich heute sensibel für deine Gegenwart durch …

2. Februar **Die Flügel stutzen**

Lebt als freie Menschen, die Sklaven Gottes sind, und missbraucht eure Freiheit nicht als Deckmantel für das Böse.

1. Petrus 2,16 (NeÜ)

Mein geliebtes Kind

Wer dir in meinem Namen die Flügel stutzen will, handelt nicht in meinem Auftrag. Was unter dem Deckmantel der Demut manchmal so gefordert wird, hat nichts mit dem heiligen Leben zu tun, zu dem ich meine Kinder berufen habe. Es ist stattdessen eine der schlimmsten Formen von Scheinheiligkeit, wenn sie andere abwertet, missbraucht oder demütigt. Gewalt in jeder Form ist mir ein Gräuel! Wenn sie aber sogar „gerechtfertigt" wird in meinem Namen, um andere kleinzuhalten oder sie zum Schweigen zu bringen, muss ich etwas dagegensetzen:

Ich will niemals deine Demütigung unter andere Menschen. Gehorsam erwarte ich von dir nur aus dem einen Grund: um dich zu schützen! Wenn du also vom „Sklaven Gottes" liest, dann versteh das als Synonym für den „freien Menschen", zu dem ich dich berufen habe! Wer mein „Sklave" ist, der kann von niemand anderem besessen werden, der ihn schlecht behandeln könnte. Er wird seine Füße auf weiten Raum stellen dürfen. Seine Flügel, Begabungen und Gedanken werde ich nicht „zurechtstutzen". Wo Abhängigkeiten, missbräuchliche Übergriffe, Verwundungen und Ängste dich einzwängen, sprich darüber mit einem Vertrauten und mit mir. Ich möchte dich so gern frei machen!

Von dieser Demütigung will ich mich freimachen lassen:

....

....

3. Februar **wegweise**

Gott mein Vater
steh mir zur Seite
an Wolkentagen
und in Feuernächten
Liebkose
die Tränen der Trauer
Du sammelst sie
Keine folgt vergebens
dem Ruf der Schwerkraft
Schicke Säulenmenschen
mit Wolkenworten
Zarte Begegnungen
in der harten Realität
Hege das geheime Wissen
in meiner Seele
dass Licht
den Raum der Not
fluten wird
Herr, komm bald
Feg den Himmel und
leg die Sonne frei
dass sie mein Herz wärme
mit ihrem
tröstlichen Glanz

Der HERR aber zog vor ihnen her, bei Tag in einer Wolkensäule, um sie auf dem Weg zu führen, und bei Nacht in einer Feuersäule, um ihnen zu leuchten, damit sie Tag und Nacht wandern könnten.

2. Mose 13,21 (ELB)

4. Februar **Niemand als Jesus allein**

Und Jesus trat herzu, rührte sie an und sprach: Steht auf und fürchtet euch nicht! Als sie aber ihre Augen aufhoben, sahen sie niemand als Jesus allein.

Matthäus 17,7-8 (ELB)

Mein geliebtes Kind

Ich schleiche mich nicht von hinten an dich heran. Es ist überhaupt nicht meine Absicht, dich zu erschrecken, wenn du so zusammengekauert am Boden liegst. Es erschüttert mich, dass du dich so sehr nach Heilung sehnst und dich gleichzeitig vollkommen in deinem Schmerz einigelst. Wenn du so in deiner Angst und in deinem Gedankenkreisel gefangen bist, dass du alles andere gar nicht mehr wahrnimmst, trete ich behutsam herzu. Spürst du das vorsichtige Tippen meines Fingers an deiner Schulter? „Liebes Kind, steh auf! Ich bin doch da – hier ganz in deiner Nähe!"

Es bleibt dir überlassen, ob du die Augen und Ohren fest zudrückst, um ja nicht gestört zu werden in deinem Leid. Oder ob du die Augen aufhebst, um den allerbesten Trost zu bekommen, den es gibt. Wenn du dich zu Letzterem entscheiden willst, wirst du niemand als allein Jesus sehen! **Ich bin da, mit einem Erste-Hilfe-Paket voller Trost.** Heute rühre ich dich an. *„Herr, zeige uns den Vater", sagte Philippus, „das genügt uns."* (Johannes 14,8) Ich will mich dir zeigen, mein geliebtes Kind!

Diese Sache hat mich heute angerührt:

....

....

5. Februar **Geblendet von Angst**

Ich, ich bin euer Tröster! Wer bist du denn, dass du dich vor Menschen fürchtest, die doch sterben, und vor Menschenkindern, die wie Gras vergehen.

JESAJA 51,12 (LUT)

Mein geliebtes Kind

Ich will dir nicht deine Angst kleinreden, sondern deinen Gott groß! Dass du dich vor so vielem fürchtest, kann ich schon verstehen. Wenn du jedoch sehen könntest, was ich sehe, dann wärest du viel gelassener. Ich sehe die himmlischen Heerscharen, die mir dienen. Diese unsichtbare Dimension ist Realität, mein Kind! Die Mittel, die mir zur Verfügung stehen, sind so viel größer und mächtiger als die der Menschenkinder, vor denen du dich gerade fürchtest!

Dieser Trost hält. Sogar dann, wenn gerade das Böse triumphiert. Seine Tage sind gezählt. Es sind nicht mehr viele, das verspreche ich dir! Lass dich nicht blenden vom scheinbaren Sieg des Bösen. Bleibe nicht wie ein aufgescheuchtes Tier mitten auf der Straße stehen, um starr vor Angst dem Unheil entgegenzusehen. Schaue stattdessen in meine Augen und höre auf die Worte, die ich zu dir spreche. Ich lasse dich nicht im Stich, mein Kind! *In der Angst rufe mich! Und ich erhöre dich und tröste dich* (nach Psalm 118,5). Hoffnung kommt in deine Welt, indem du beginnst zu hoffen. Versuch es einfach! Nicht, weil es einfach wäre, sondern weil es einfach das BESTE ist für dich!

Ich bin dein Sorgenringer, Angstbezwinger, Trostbringer. Vertrau mir auch in dieser Hinsicht:

....

....

6. Februar **Vom Licht umgeben**

Er enthüllt die unergründlichsten Geheimnisse und weiß, was im Dunkeln verborgen ist, denn er selbst ist vom Licht umgeben.

Daniel 2,22 (HFA)

Lieber Vater im Himmel

Wenn nicht hier, wo würde dann jemals Licht gebraucht? Diese Situation ist verzweifelt ausweglos ohne die Hoffnung auf dein Licht. Du siehst, was dort im Dunkeln verborgen lauert. Ich flehe dich an, Vater, dass du deinen souveränen Befehl zum Erleuchten erteilst, so wie damals, als du befahlst: *Es werde Licht!* (1. Mose 1,3)

Das, was du sagst, wird geschehen. Ich will das wirklich glauben. Aber was ist, wenn du die erhofften Worte nicht aussprichst? Alles in mir wehrt sich gegen diesen Gedanken.

„Mein Kind", höre ich deine leise Stimme in meinem Herzen. „Wieso denkst du, dass du mich überreden müsstest, Licht ins Dunkel zu bringen?! Nichts lieber als das! Lass mich in jeden Winkel deines Herzens hinein, denn ich bin vom Licht umgeben. So werde ich dich innerlich ausleuchten. **Dieser Befehl, dass das Licht auf der Erde das erste und das letzte Wort haben soll, der ist bereits ergangen.** Und er ist auch schon ausgeführt. Jeder neue Tag ist der Beweis dafür. Das Licht ist da! Manchmal muss die Erde sich erst ein bisschen weiterdrehen, damit du es auch sehen kannst. Aber es ist trotzdem da, weil ich es gerufen hab. *Ich bin dein Licht und dein Heil; vor wem solltest du dich fürchten?* (nach Psalm 27,1)

Ich proklamiere den Sieg des Lichtes in diese Situation:

....

....

7. Februar **SorgenKinderGarten**

Wie lange sollen mich die Sorgen quälen, soll der Kummer Tag für Tag an meinem Herzen nagen?
PSALM 13,3 (GNB)

Lieber Vater im Himmel

„Wie die Ratten", denke ich, wenn die Sorgenmeute wieder einmal über mich herfällt. Als würden sie an meinem Herzen nagen, mich vergiften mit dem Speichel an ihren scharfen Zähnen. Ich habe einen ganzen Sorgenkindergarten in meinem Herzen und alle schreien durcheinander vor Panik. „Ich kann mich nicht um alle kümmern!", denke ich frustriert. Meine Kraft ist so begrenzt und mein Einfluss noch mehr. Es ist klar: Ich muss die Sorgenkinder abgeben, weil ich sie nicht angemessen versorgen kann.

„Was gibt es da zu grinsen?!", frage ich deprimiert. „Vater, nimmst du mich eigentlich ernst? Mich und meine ganzen Sorgen?"

„Ach Liebes", höre ich deine liebevolle Stimme in meinem Herzen. **„Deine Sorgenkinder sind in meinen Armen Geborgenkinder!** *Ich nahm sie an meine tröstende Brust, dass sie sich sattsaugen konnten. Sich laben konnten an der Fülle* (nach Jesaja 66,11). Sie sind sicher in meiner Obhut. Du hast getan, was du konntest. Es trifft dich keine Schuld. Magst du mir so weit vertrauen, dass du sie mir freigibst? Ich kümmere mich um sie."

Ich bin so froh, dass du …

....

....

8. Februar **Vater der verwahrlosten Kinder**

Ich will euch nicht als Waisen zurücklassen; ich komme zu euch.

Johannes 14,18 (LUT)

Mein geliebtes Kind

Du kennst das Gefühl, im Stich gelassen zu werden. Es ist schmerzvoll, wenn man getäuscht wird, Vertrauen zugelassen hat und es dann bitter bereuen muss. Je mehr Zutrauen man vorher gefasst hatte, desto schlimmer das böse Erwachen.

Was gäbe es Schlimmeres, als wenn ein Kind als Waise zurückbleibt, ohne jemanden, der sich um es kümmert und sich verantwortlich zeigt? Aber ein Kind braucht mehr als nur materielle Versorgung und physischen Schutz. Emotionale Verwahrlosung hat verheerende Folgen für ein Menschenkind. Es benötigt Liebe, Zuwendung, Anerkennung und Trost zum Wachsen und Werden.

Genau das will ich dir als dein neuer, als dein himmlischer Vater geben! Neben den vielen anderen Vorrechten, die du als mein angenommenes Kind haben wirst. **Ich nehme dich als mein vollwertiges Kind an, für das ich hoch und heilig versprochen habe zu sorgen!** Alle deine Probleme sind nun auch meine Probleme! In all deinen Entscheidungen werde ich unterstützend dabei sein. Jeder Erfolg, den du verbuchst, wird mich stolz machen, weil ich so gern dein Vater bin. Jedes Scheitern wird auch mich schmerzen. Niemals werde ich dich gerade hier im Stich lassen.

Diese emotionale Vernachlässigung hat mich geschmerzt:

....

....

9. Februar

heile Welt

Keine
heile Welt
aber eine heilsame
keine gnadenlosen Richter
aber richtig großmütige Begnadigte
keine Heiligsprechung aber geheiligte Sünder
Keine hörigen Mitläufer aber hörende Nachfolger
Keine unbeweglichen Statisten aber verwegene Beter
keine unsichtbaren Gestalten aber transparente Charaktere
keine zweifelhaften Kompromisse aber vertrauensvolle Zweifler
keine unerträgliche Bevormundung aber tragfähige Beziehungen
keine makellose Idealwelt aber ideale Lebensräume für Menschen
keine verspiegelten Brillen aber Spiegelung im Gesicht des Andern
keine spiegelglatten Fassaden aber gespiegeltes Erbarmen
keine richtigen Antworten aber richtige Fragen
keine Absegnung von Gemeinem
aber gesegnete Gemeinde

Wie sich im Wasser das Angesicht spiegelt, so ein Mensch im Herzen des andern.

Sprüche 27,19 (LUT)

10. Februar **Himmel voller Luftballone**

Und ihr wisst mit eurem ganzen Herzen und mit eurer ganzen Seele, dass auch nicht ein Wort hingefallen ist von all den guten Worten, die der HERR, euer Gott, über euch geredet hat: Alle sind sie eingetroffen für euch; kein einziges Wort davon ist hingefallen.

Josua 23,24b (ELB)

Mein geliebtes Kind

Alle deine Worte sind zum Himmel aufgestiegen. Wie Luftballone, die sich trotzig der Schwerkraft widersetzen, flogen sie hoch in den Himmel, bis du sie nicht mehr sehen oder hören konntest. Ich aber habe sie alle gesammelt und aufgehoben. Der Himmel ist voll mit den Gebeten meiner Kinder. Nicht einer der Träume wird platzen und nicht eine der flehentlichen Bitten übersehen, denn sie sind beständig bei mir.

Genauso ist es mit den guten Worten, die ich an dich gerichtet habe! Sie haben Ewigkeitswert. **Es gibt kein Verfallsdatum für Verheißungen.** Darum halte sie bei dir, wie ich meine geliebte Luftballonsammlung. Am besten lernst du die Worte, die dein Herz ganz besonders berührt haben, auswendig. „By heart" nennt der Engländer das und das sagt doch schon alles darüber aus: Lerne, mir mit dem Herzen zu vertrauen! Bewahre meine Worte in der Seelenschatzkammer auf, die nicht ausgeräubert werden kann, weil niemand außer dir und mir Zutritt zu ihr hat.

Daran will ich heute erinnert werden:

....

....

11. Februar **WiederherStellenAusschreibung**

Und die von dir kommen, werden die uralten Trümmerstätten aufbauen; die Grundmauern vergangener Generationen wirst du aufrichten. Und du wirst genannt werden: Vermaurer von Breschen, Wiederhersteller von Straßen zum Wohnen.

Jesaja 58,12 (ELB)

Mein geliebtes Kind

Ist das nicht eine wundervolle Verheißung? Die Nationen, die sich für Gerechtigkeit an den Ärmsten einsetzen, werden sie erleben. Die Menschenkinder, die es sich zum Ziel machen, die Not zu lindern, Sklaverei zu beenden und Armut zu bekämpfen, werden sie erleben. Die Kirche, die nicht satt und träge geworden ist, sondern mit Leidenschaft über ihren eigenen Tellerrand hinwegsieht und Barmherzigkeit übt, wird sie erleben.

Da, wo Schützengräben sich durch Familien und meine Kirche ziehen, da wirst du meinen Frieden hinbringen. Die Befriedung von Beziehungen ist das Ergebnis eines gottgefälligen Lebens. Wo Neid, Gier und Eifersucht Breschen geschlagen haben, da soll wieder blühendes Land sein! Da, wo Geisterstädte zeugen von jahrhundertelangen Konflikten, soll es wieder Leben geben und ein Wegenetz, das die befeindeten Parteien zueinander kommen lässt. Die Minen, die gelegt wurden, um einander die Wege zu verbauen, sollen entschärft werden. Es sollen Straßen werden, auf denen das Leben pulsiert, auf denen Kinder spielen und die Alten und Fremden gefahrlos spazieren können. *Freut euch auf alles, was ich für euch bereithalte. Seid geduldig, wenn ihr schwere Zeiten durchmacht, und hört niemals auf zu beten* (nach Römer 12,12).

Mach mich zu einem Wiederhersteller in dieser Sache:

12. Februar **Noch mehr Segen geht nicht!**

„Kind“, sagte der Vater zu ihm, „du bist immer bei mir, und alles, was mir gehört, gehört auch dir.“

***Lukas* 15,31 (NGÜ)**

Mein geliebtes Kind

Woher kommt der Neid in den gegenseitigen Blicken meiner Menschenkinder? Wie kann es sein, dass du, obwohl dir alles gehört, was auch mir gehört, das Gefühl entwickelst, zu kurz zu kommen? Ich habe diesen Satz damals in einem Gleichnis zu einem meiner Söhne gesagt, der sich vernachlässigt fühlte im Vergleich zu seinem Bruder. Es ist nur leider völlig unmöglich, Menschenkinder miteinander gerecht und objektiv zu vergleichen. Man müsste das, was sie haben, mit dem aufwiegen, was sie erleben mussten, ihre Gaben mit ihren Aufgaben, ihre gegebenen Möglichkeiten mit den dann umgesetzten Chancen. Weil dir das aber nicht möglich ist, vergleichst du auf deine subjektive Art und Weise, und ziehst so voreilige Schlüsse.

Mein Kind, niemals werde ich dich vernachlässigen oder dich stiefkindlich behandeln. Richte deinen Fokus heute ganz bewusst darauf, was du hast, und nicht auf das, was du nicht hast: Du darfst IMMER in meiner Nähe sein! ALLES, was mir gehört, gehört auch dir! *Ich schließe dich fest in meine Arme, bewahre dich wie meinen Augapfel* (nach 5. Mose 32,10b). Noch mehr Segen geht nicht!

Ich will nicht mehr neidisch sein in Bezug auf:

....

....

13. Februar **OhnMachtGefälle**

Denn ich bin der HERR, dein Gott, der deine rechte Hand fasst und zu dir spricht: Fürchte dich nicht, ich helfe dir!

Jesaja 41,13 (LUT)

Lieber Vater im Himmel

Ich mag es überhaupt nicht, wenn man meine rechte Hand festhält. Weil ich ein Rechtshänder bin, fühle ich mich dann so eingeschränkt in dem, was ich tun kann. Wie soll ich mich ordentlich mit links wehren? Dieses Gefühl der Ohnmacht ist nicht angenehm. **Ich muss darauf vertrauen, dass du dein Versprechen hältst und dass ich wirklich keinen Grund habe, mich zu fürchten.**

Möchtest du wirklich, dass ich mich so ausgeliefert fühle? Das kann ich mir nicht vorstellen. Es passt nicht zu dem Gott, den ich in der Bibel kennengelernt habe, der Freiheit auf seine Fahnen geschrieben hat. Trotzdem fühle ich mich manchmal von der Situation, vom Leben und letztendlich auch von dir fremdbestimmt. So, als hätte ich keinen Einfluss darauf, was passiert. Das zieht mich runter, obwohl Vertrauen doch eigentlich himmelwärts ziehen sollte.

„Ach, mein Kind", höre ich dich förmlich seufzen. „Wie kommst du nur darauf, dass ich deine Hand festhalte, um dich in deiner Freiheit einzuschränken? Mir geht es doch nur um deinen Schutz, wenn du verängstigt bist! Und ich werde dich vollmächtig und umfassend verteidigen. Viel besser, als du es selber je könntest."

Hier greife ich heute nach deiner Hand, Vater:

....

....

14. Februar **Spannendes Leben**

Ein jegliches hat seine Zeit, und alles Vorhaben unter dem Himmel hat seine Stunde.

Prediger 3,1 (LUT)

Mein geliebtes Kind

Eine Verheißung für ein immerwährendes Gechilltsein gibt es nicht. Aber ohne Spannung wäre dein Leben auch langweilig. Manchmal wird aus der Spannung eine Anspannung oder sogar eine Verspannung. Das sind die Tage, an denen dir alles zu viel wird. Wenn dieser Zustand zur Gewohnheit wird, ist das wirklich ungesund für dich und du solltest an den beiden Polen etwas ändern, die dich wie ein Gummiband überspannen. Sie heißen Tag und Nacht. Oder auch Geburt und Tod. Oder Kommen und Gehen. Oder Tun und Ruhen, oder eben auch Spannung und Entspannung … Du verstehst, was ich meine?

Dein Band sollte gleichmäßig zwischen diesen beiden Polen schwingen können, so wie eine Gitarrensaite. Dann klingen deine Tage nach der „Fülle des Lebens“, die ich für dich vorbereitet habe. Du hast *aus der Fülle seines Reichtums Gnade und immer neu Gnade empfangen* (nach Johannes 1,16). Du darfst den Stunden die Bedeutung zumessen, die ihnen zusteht. Ganz freimütig darfst du Gnade und immer neu Gnade entgegennehmen. Alles hat seine Zeit! **Raube dem Tag nicht, was ihm zusteht!**

Das sorgt für eine ständige Verspannung in meinem Leben:

15. Februar

Mein Herz steht dir offen

Beseele mich, oh Gott
lieb mich ins Leben zurück
pflanze einen Keim des Himmels
in mein Herz
Du hast versprochen
Vertrauen zu belohnen
Gedemütigte zu beleben
Zerschlagene aufzurichten
Du hast versprochen
dich im Heiligtum nahbar zu machen
im Heiligen zu wohnen
Beheimate dich in meinem kindlichen Zutrauen
nimm Platz in meiner Vertrauensseligkeit
erfülle mein Herzzentrum mit heiliger Stille
mit treuer Hoffnung
und zärtlichem Frieden
und der Vollmacht der himmlischen Heerscharen
Nimm Platz in der Sehnsucht meiner Seele
Sie dürstet nach dir in Ehrfurcht und Demut
und großem Vertrauen

Denn so spricht der Hohe und Erhabene, der in Ewigkeit wohnt und dessen Name der Heilige ist: In der Höhe und im Heiligen wohne ich und bei dem, der zerschlagenen und gebeugten Geistes ist, um zu beleben den Geist der Gebeugten und zu beleben das Herz der Zerschlagenen.

Jesaja 57,15 (ELB)

16. Februar **vielleicht leichter**

Denn ich bin überzeugt, dass dieser Zeit Leiden nicht ins Gewicht fallen gegenüber der Herrlichkeit, die an uns offenbart werden soll.

Römer 8,18 (LUT)

Mein geliebtes Kind

„Dieser Zeit Leid" ist ein Schwergewicht. Du willst in jeder Beziehung das Optimum erreichen. Noch nie gab es so viele Ratschläge dazu wie heute. Jeder pocht auf seine Freiheit, auf sein Recht zur Selbstbestimmung. Deine Sehnsucht nach mehr Leichtigkeit kann ich so gut verstehen! Ich habe dich geschaffen als freies Wesen mit eigenen Gedanken. Wenn du zu sehr belastet bist durch die Anforderungen in deinem Alltagsleben, dann geht eben diese Leichtigkeit verloren. Das, was sie dabei mitnimmt, sind Lebensfreude, Hoffnung, Power. Auf Dauer kann niemand gesund so leben. Auch du nicht.

Ich weiß, dass es viele Zwänge in deinem Leben gibt, denen du unterworfen bist. „An einer Stelle vielleicht ein bisschen leichter werden, das hilft doch nicht!", denkst du? Du hast immer eine Wahl. **Entrümpele deinen Terminplan, deine Seele, deine Gedankengebäude!** Geh diese Reduktion so konkret wie möglich an! Aber schmeiß nicht das über Bord, was für deine Leichtigkeit am meisten ins Gewicht fällt: die Beziehung zu mir! Ich will dir Herrlichkeit und Leben in Fülle offenbaren. *In mir wohnt wirklich und wahrhaftig die Heilsmacht Gottes in ihrer ganzen Fülle* (nach Kolosser 2,9). Ich möchte dich lehren in der Kunst des Stilleseins und in der Leichtigkeit des Verzichtens.

Das will ich ab heute verändern:

....

....

17. Februar **Noch mehr ist weniger**

Wer unbedingt reich werden will, wird sich in einem Netz von Versuchungen verfangen und allen möglichen unsinnigen und schädlichen Wünschen erliegen, die einen Menschen zugrunde richten und ins Verderben stürzen.

1. Timotheus 6,9 (NeÜ)

Lieber Vater im Himmel

Uns wird überall versprochen, dass wir noch mehr haben können. Mehr an Reichtum, an Macht, an Erfolg, an Ansehen, an Genuss! Oft genug wird dieses Mehr-haben-wollen auch in christlichen Kreisen propagiert, wenn es z. B. um den schnöden Erfolg, um Besucherzahlen oder um Gotteserfahrungen geht. Sie wollen uns glaubend machen, dass unser Glück, unsere Erfüllung davon abhängt. **Aber ich habe das Gefühl, dass ich von der Überfüllung nicht satter werde.** Das viele „Mehr" bläht mich nur auf und verdirbt die Freude an den kleinen Dingen. Ist weniger manchmal wirklich mehr? Wie kann ich nur dahin kommen, dass ich „zu-Frieden" bin mit dem, was ich habe und bin?

Vater, immer mehr will ich mich dahin ausstrecken, dass ich in Frieden lebe mit dir und mit mir und meiner Umwelt. Immer mehr will ich lernen, dich in den leisen Tönen zu verstehen. Immer mehr will ich das Glück der kleinen Momente dankbar genießen. Kannst du mich im Laufe des Tages daran erinnern?

Davon soll mein Tag heute geprägt werden:

....

....

18. Februar **Frohsinnflut**

Furcht ist nicht in der Liebe, sondern die vollkommene Liebe treibt die Furcht aus. Denn die Furcht rechnet mit Strafe; wer sich aber fürchtet, der ist nicht vollkommen in der Liebe.

1. Johannes 4,18 (LUT)

Mein geliebtes Kind

Die Angst mag ihr Zimmer nicht mit der Liebe teilen! Die Furcht und vertrauensvolle Hingabe passen nicht in einen Raum. Wer Loblieder singt, hat in seinem Gehirn gerade keinen Speicher frei für Sorge. Warum sonst pfeifen ängstliche Kinder, wenn sie in den Keller müssen? Deine Seele kann sich einfach nicht gleichzeitig fürchten und dabei ein frohes Lied summen. Je mehr Raum du der Sorge lässt, desto enger wird es für die hoffnungsfrohe Liebe. Furcht ist ein bösartiger, raumfordernder Prozess.

Wenn du reichlich zu essen hast, preise den HERRN, deinen Gott, für das gute Land, das er dir geschenkt hat! (nach 5. Mose 8,10)

Du hast einen großen Einfluss darauf, welchem Gefühl du mehr Raum gibst. Das Singen oder Summen von Lobliedern und die Konzentration auf Dank werden dir helfen, den Angststress zu vertreiben. Und das ist nicht nur ein psychologischer Trick, um sich selbst zu überlisten! Wenn du Lob- und Danklieder singst, richtest du deine Konzentration auf mich und darauf, dass ich dich in meiner Gnade gerettet habe! Fülle dein Herz mit dieser vertrauensvollen Liebe!

Dieses Lied soll heute Raum in meinem Herzen schaffen:

....

....

19. Februar

Weil du es sagst

„Ich bin dein Zufluchtsort!“, hast du gesagt.
„Die starke Burg. Ich halt mich an mein Wort.
Ich mach die Wege frei, bin immer mit dabei.
Ich bin die Tür für dich, wer klopft, dem öffne ich.“
Sag jetzt bitte nicht
dass ich dich missverstanden hab,
dass es diese Zusage niemals für mich gab!

„Ich bin dein Arzt!“, hast du gesagt.
„Der gute Hirte, dein Stecken und Stab.
Wer an mich glaubt wird leben, wer mir vertraut,
dem gebe ich von meinem Hoffnungslicht.“
Sag jetzt bitte nicht
der Schmerz bleibt ungestillt,
dass dieses Wort in meinem Fall nicht gilt!

„Dennoch“, habe ich gesagt.
„Dennoch bleib ich stets bei dir.“
Nicht weil ich so viel Glauben hätte, ganz sicher nicht!
Nur weil du sagst:
„Mein Kind, ich rette
und ich liebe dich!“

Und dennoch bleibe ich stets bei dir; du hältst mich bei meiner rechten Hand.

Psalm 73,23 (SL)

20. Februar **Mein Maßstab**

Richtet euch nicht länger nach den Maßstäben dieser Welt, sondern lernt, in einer neuen Weise zu denken, damit ihr verändert werdet und beurteilen könnt, ob etwas Gottes Wille ist – ob es gut ist, ob Gott Freude daran hat und ob es vollkommen ist.

Römer 12,2 (NGÜ)

Lieber Vater im Himmel

Diese „neue Weise zu denken" möchte ich so gern erlernen, Vater! Mein Denken dreht sich viel zu viel um mich. Ich bin so begrenzt durch meinen Bezugsrahmen, der meine Erkenntnis wie Scheuklappen beengt. Der „Maßstab dieser Welt" heißt: Egoismus! Manchmal streiche ich ihn einfach fromm an, damit man ihn nicht direkt entlarvt. Aber er bleibt der gleiche unbarmherzige Ego-Zollstock. Wenn man ihn entfaltet, ist er riesengroß und gar nicht so klein und demütig, wie er mir es vormachen will.

Deinen Willen zu erkennen, Vater, das würde mir helfen, mich zu sortieren und meine Gedanken zu fokussieren auf dich und auf meine Mitmenschen. Mein Maßstab soll allein die Liebe sein! Du hast ja gesagt: *An eurer Liebe zueinander wird jeder erkennen, dass ihr meine Jünger seid.* (Johannes 13,35) Ich weiß, dass ich da noch ganz viel lernen muss. **Lehre mich zu lieben, so wie du es tust!** Offenbare mir deinen Willen in deinem Wort! Und bitte sei wieder einmal barmherzig mit mir. Lege deinen vollkommenen Maßstab „Liebe" auch bei mir an!

Diesen falschen Zollstock will ich aus meinem Werkzeugkoffer verbannen:

....

....

21. Februar **Dem Sumpf entkommen**

Und als die Priester, die die Lade des Bundes des HERRN trugen, aus dem Jordan heraufstiegen und mit ihren Fußsohlen aufs Trockene traten, kam das Wasser des Jordans wieder an seine Stätte und floss wie vorher über alle seine Ufer.

Josua 4,18 (LUT)

Mein geliebtes Kind

Weißt du noch, wie du in dieses sumpfige Loch gerutscht bist? Deine Gummistiefel sogen sich sekundenschnell mit der braunen Masse voll. Voller Panik griffst du nach meiner Hand. Und ich zog dich hoch zu mir aufs trockene Land. Nur die Gummistiefel ließen wir zurück. Wir konnten sie dem Sog des Sumpfes nicht mehr abtrotzen. Wie erleichtert warst du, als du mit nackten Füßen auf dem Trockenen warst!

Welcher Sumpf will dich heute in die Tiefe saugen? Welche Panik zieht mit klebriger Hand wieder einmal an dir? Richte deinen Blick nicht auf sie! Halte nicht an den Stiefeln fest, die dich ins Verderben ziehen wollen. Halte dich stattdessen an meinem Heiligtum fest: **Mein Wort an dich ist der Nachweis für meine Gegenwart in dieser Welt, ein Hoffnungstank voller Versprechen**, dass ich mich an den geschlossenen Bund halte. Ich werde dich wieder erretten aus der Not, so wie ich es schon oft getan habe. Vergiss nicht: *Ich bin der Herr, dein Gott, der deine Rechte ergreift, der zu dir spricht: Fürchte dich nicht! Ich helfe dir!* (Jesaja 41,13)

Hier warte ich sehnsüchtig auf dein Eingreifen, Vater:

....

....

22. Februar **Rettungs-Demenz**

Ich vergesse, was dahinten ist, und strecke mich aus nach dem, was da vorne ist.

Philipper 3,13b (LUT)

Lieber Vater im Himmel

Wie soll ich vergessen, was hinter mir liegt? Das Unrecht schreit zum Himmel und ich soll vergessen? Außerdem wird man doch aus Schaden klug, sagt man. Das macht einen vorsichtiger in der Zukunft.

„Oh, ich befürchte, dass es dich vor allem misstrauischer macht in der Zukunft", höre ich deinen leisen Einwurf in meinem Herzen. **„Viel größer als das Problem mit dem Nicht-Vergessen-Können der Momente, wo man dir Unrecht tat, ist doch deine Rettungs-Demenz, mein Kind!** Wie oft bin ich dir schon zu Hilfe geeilt? Was habe ich nicht alles an Notfällen vereitelt, die dich treffen sollten? Wo war mein Schutzwall um dich herum stärker als die drohende Gewalt? Wie viele Engel waren wohl an den Rettungsmaßnahmen für dich beteiligt? Wo hast du Gnade erfahren, obwohl du Strafe verdient hättest? Leider sind das aber die Dinge, die du regelmäßig vergisst. Stattdessen präsentierst du mir penetrant die Momente, die dein Herz beschwert haben. Als hätte ich eine Schuld daran!"

„Du wünschst dir ein leichtfüßiges Herz? Dann erinnere dich doch lieber an erlebte Wunder und eingelöste Versprechen. Lass das Schwere der Vergangenheit hinter dir und strecke dich voller Vertrauen zu mir aus, wie ein Fesselballon, der nach dem Abwurf der Ballaststoffe aufsteigen kann in die himmlische Höhe!"

Diesen Ballast werfe ich heute ab:

....

....

23. Februar **hoch und heilig versprochen**

Er wird den Tod für immer und ewig vernichten. Gott, der HERR, wird die Tränen von jedem Gesicht abwischen. Er befreit sein Volk von der Schande, die es auf der ganzen Erde erlitten hat. Das alles trifft ein, denn der HERR hat es vorausgesagt.

***Jesaja* 25,8 (HFA)**

Mein geliebtes Kind

Ich will dich nicht vertrösten auf einen Sankt Nimmerleinstag. Genau wie du warte ich voller Sehnsucht auf diese Zeit ohne Leid, Schmerzen und Tränen! Aber im Gegensatz zu dir weiß ich ganz sicher, wann sie kommen wird und vor allem, dass sie kommen wird! Wenn du heute nicht immer daran glauben kannst, verstehe ich das. Wie soll man das auch verstehen, angesichts der großen Schmerzen, des allgegenwärtigen Kummers und der Tränenflut, die deine Welt verdunkelt? Ich werde deine Tränen abwischen, das verspreche ich dir hoch und heilig, und es werden keine mehr nachfließen müssen, denn die Zeit der Not wird dann für immer vergangen sein! **Das ist keine Vertröstung, sondern echter, kostbarer Trost!** *Ich werde dir die Ernten ersetzen, die von den Heuschrecken gefressen wurden!* (nach Joel 2,25)

Der Tod hat nicht das letzte Wort. Ich werde ihn mitsamt seiner grausamen Nachfolgerschaft aus der Welt verbannen und ihm für alle Zeiten den Zugriff auf dich und deine Lieben verwehren. Der Tod ist end-lich! Das heißt, er wird ein Ende haben und dann wird ein neues Zeitalter voller Frieden anbrechen.

Vater, staunend bringe ich dir meinen Dank, weil …

....

....

24. Februar **Mit Licht geflutet**

Dann wird dein Licht hervorbrechen wie die Morgenröte, und deine Heilung wird schnell voranschreiten.

Jesaja 58,8a (LUT)

Mein geliebtes Kind

Weißt du noch: der Sonnenaufgang auf dem Berggipfel? Als ganz plötzlich die graue Dämmerung der gleißenden Sonne Platz machte? Nach der langen, dunklen Nacht warst du geblendet und überwältigt von der Schönheit des Lichtes. Vergessen war die feuchte Kälte der zurückliegenden Stunden. Genauso heilbringend will meine Liebe dein Leben mit Licht fluten!

Fragst du dich, wie das geschehen wird? Nun, es wird wie eine „Nebenwirkung" sein. Auf barmherziger Nächstenliebe liegt diese geheimnisvolle Verheißung. Erwirke Gerechtigkeit den Gefangenen, setze dich ein für Versklavte und für die Armen. Teile das, was du geschenkt und zur Verfügung gestellt bekommen hast, und du wirst übergossen mit diesem heilbringenden Licht! So überwältigend wird es sein, dass es auf die Menschen neben dir überschwappt.

Der Geist GOTTES, des Herrn, ruht auf dir. Denn der HERR hat dich gesalbt; er hat dich gesandt, um den Armen frohe Botschaft zu bringen, um die zu heilen, die gebrochenen Herzens sind, um den Gefangenen Freilassung auszurufen und den Gefesselten Befreiung (nach Jesaja 61,1). Du wirst staunen, was ich heute alles mit dir vorhabe! Hoffentlich wirst du es in der Hetze des Tages bemerken.

Hier erwarte ich heute das Hervorbrechen deines Lichtes:

25. Februar **Dem Himmel gewidmet**

Freut euch vielmehr darüber, dass eure Namen im Himmel aufgeschrieben sind!

LUKAS 10,20B (HFA)

Lieber Vater im Himmel

Ich stelle mir vor, wie du mein Lebensbuch jeden Tag zur Hand nimmst. Du blätterst darin und markierst dir die schönsten Stellen. Immer wieder liest du die zärtlichen Worte. Behutsam streichen deine Fingerspitzen über tränenwelliges Papier. Die traurigen, verzweifelten Kapitel – wie oft hast du sie gelesen! Du würdigst den Schmerz, ebenso wie die Sehnsucht, die Hoffnung. Nichts ist dir fremd.

Ich weiß: Du hast meine Zeilen viele Male wiederholt. Du kennst jedes Tüpfelchen auf jedem einzelnen i, jedes Komma, jedes durchgestrichene Wort. **Obwohl du das Ende längst kennst, liest du, als gäbe es kein Morgen.** Du bist mit mir in meinen Geschichten zuhause. Und das Wort „Happy End" bekommt in deinen Augen eine ganz neue, tiefere Bedeutung. Danke, dass du mein Buch nirgends liegen lässt oder wochenlang vergisst, darin weiterzulesen.

Ich will vor dir sein wie ein offenes Buch. Aufgeschlagen liege ich in deinen Händen. ***Erforsche mich, Gott, und erkenne, was in meinem Herzen vor sich geht, prüfe mich und erkenne meine Gedanken!*** (Psalm 139,23) Ich will vertrauensselig sein, weil dieses Buch um deine schöpferische Schreibkunst und Gnade weiß. Nimm mich und schreibe Geschichte mit mir.

Heute schreibe ich eine neue Widmung in mein Buch:

....

....

26. Februar **Schönheit**

Der Himmel erzählt die Herrlichkeit Gottes, und das Himmelsgewölbe verkündet seiner Hände Werk.

Psalm 19,2 (ELB)

Mein geliebtes Kind

Schönheit ist weit mehr als Ästhetik! Sie berührt Herzen im Tiefsten und komponiert dort die leidenschaftlichsten Melodien. Mein Herzschlag wird erspürbar in der Schönheit des Weltalls. Nichts ist so weit, so frei und so maßlos schön. „Überweltigend" im besten Sinne des Wortes ist die Macht der Schönheit.

Schon im bloßen Anblicken der Schöpfung kannst du erkennen, wie ich bin: großzügig, herrlich, vollmächtig. Die Sterne erzählen von den unendlichen, liebevollen Gedanken, die ich über dich denke. Jeder einzelne leuchtet und strahlt über deinem Angesicht. Das Himmelsgewölbe ist wie eine Fußspur meiner Barmherzigkeit. Ich bin in alle Ewigkeit derselbe: liebevoll, gerecht und heilig. Ich liebe die Freiheit und die Weite. Die Erde und ihre üppige Flora und Fauna, nicht zuletzt der Mensch in seiner Einzigartigkeit ist ein Symbol dessen, was ich über alle Maßen liebe: Schönheit! Die Schöpfung verkündet diese Wahrheit in unzähligen Details. Himmel und Erde sind voller Wunder, kreiert aus Liebe und Heiligkeit. Und du, Menschenkind, du bist das i-Tüpfelchen, das Sahnehäubchen, die Krone. Du bist mein Meisterwerk!

Diesen Zuspruch will ich mir heute zu Herzen nehmen:

27. Februar **AnKlage**

Warum schaust du zu
wenn sie rauben und verletzen?
Warum schweigst du
wenn sie fressen und verhöhnen?
Wenn sie versklaven und Verhungernden
nur Lügen auftischen?
Du redest doch immer von Freiheit, Liebe, Stärke
Du nennst dich doch heilig, souverän, vollmächtig
Darf ich so reden vor dem ewigen Gott?

Woher weißt du
dass ich nur zuschaue?
Bin ich ein Gaffer, der sich weidet am Unrecht?
Woher weißt du
dass ich schweige?
Bin ich ein schwerhöriger Greis
der es verpasst hat altersmild zu werden?
Ich bin nicht dement!
Ich erinnere mich an jede meiner Versprechungen!
Ich sorge für Gerechtigkeit
Ich erhebe für Versklavte meine Stimme
Ich kümmere mich um die Hungernden, die Nackten
die Verängstigten, die Zukurzgekommenen
Ich errichte Zufluchtsstätten für Verfolgte
All das will ich tun
Durch dich

Du hast zu reine Augen, um Böses mitansehen zu können, und Verderben vermagst du nicht anzuschauen. Warum schaust du dann den Räubern zu, schweigst, wenn der Gottlose den verschlingt, der gerechter ist als er?

Habakuk 1,13 (ELB)

28. Februar **Das macht einen guten Vater aus!**

Und aus dem Himmel sprach eine Stimme: „Du bist mein geliebter Sohn, an dir habe ich Freude."

Markus 1,11 (NGÜ)

Mein geliebtes Kind

So wie ich diese Worte damals zu meinem Sohn Jesus gesagt habe, so sage ich das heute zu dir, mein Kind! Meine hundertprozentige Vaterliebe gilt dir, denn ich mache keinen Unterschied zwischen leiblichen und angenommenen Kindern. Bitte sprich diesen Satz in meinem Namen laut über dir aus: DU BIST MEIN GELIEBTES KIND! Kein Konjunktiv trübt diese Aussage und keine Leistungsanforderung ist daran geknüpft. Ich habe gesagt: *Suchet, so werdet ihr finden; klopfet an, so wird euch aufgetan.* (Matthäus 7,7) Ich werde dir nicht versprechen, dass es immer einfach sein wird, mein Kind zu SEIN, aber es ist wirklich einfach, es zu WERDEN!

Vertraue mir! Vertraue mir deine Liebe an. Vertraue mir deine Schattenseiten an. Vertraue mir deine Hoffnung an. Vertraue mir deine Sehnsüchte an. Vertraue mir deine Ängste an, deine Wunden und Beschämung. Traue mir zu, dass ich mich wirklich kümmere um dich und deine Belange – denn das machen gute Väter!

Der zweite Satz ist genauso wichtig und genauso bedingungslos gültig: AN DIR HABE ICH FREUDE! Kein Konjunktiv, weil du noch nicht fertig wärst. Keine Einschränkung, weil du dich vielleicht selbst noch nicht lieben kannst. Traue mir zu, dass ich dich wirklich liebe mit allem, was dich ausmacht – denn das macht einen guten Vater aus!

Das nehme ich heute mit in meinen Tag:

....

....

1. März **Himmlisches Herzblut in den Adern**

Wenn ich prophetische Eingebungen habe, wenn mir alle Geheimnisse enthüllt sind und ich alle Erkenntnis besitze, wenn mir der Glaube im höchsten nur denkbaren Maß gegeben ist, sodass ich Berge versetzen kann – wenn ich alle diese Gaben besitze, aber keine Liebe habe, bin ich nichts.

1. Korinther 13,2 (NGÜ)

Lieber Vater im Himmel

Weißt du noch, wie selbstgerecht ich früher war? Ich dachte, ich hätte verstanden, wie du bist und wer du bist und was du von uns Menschen erwartest. Mit flammenden Worten verteidigte ich dich und war doch zutiefst unbarmherzig mit meinen Mitmenschen und mit mir. Heute schäme ich mich für so manchen lieblosen Satz, für urteilende Worte und hochmütige Gedanken. Das, was ich als einzige Wahrheit ansah, war lediglich einer von vielen Aspekten, ein Puzzleteil. Nutzlos ohne die anderen 999 Teile.

Mein Bezugsrahmen ist zu begrenzt, als dass ich ihn als Messlatte für alle anderen nehmen könnte. Auch das, was ich in der Zwischenzeit erkannt und gelernt habe, wird meine Urteilskraft nicht perfektionieren. Ich bin und bleibe begrenzt in meinen Ein- und Aussichten. **Aber Vater, um dieses Eine will ich heute wieder bitten: Lege mehr Liebe in meine Gedanken!** *Erleuchte die Augen meines Herzens, damit ich verstehe, zu welcher Hoffnung ich durch dich berufen bin* (nach Epheser 1,18). Lass dein Herzblut durch meine Lebensadern fließen! Mehre die Barmherzigkeit in meinen Worten und flute meine Taten mit deiner Liebe!

Ich bitte um Weisheit und um Liebe für diese Sache:

....

....

2. März **Ich werde ja mit dir sein!**

Mose aber antwortete Gott: Wer bin ich, dass ich zum Pharao gehen und die Söhne Israels aus Ägypten führen sollte? Da sprach er: Ich werde ja mit dir sein!

2. Mose 3,11 (ELB)

Mein geliebtes Kind

Kennst du diesen Satz? Wer bin ich schon? Kann das nicht jemand anderes machen? Jemand, der besser geeignet, sprachgewandter, klüger oder mutiger ist?

So wie ich damals Mose verstanden habe, so verstehe ich auch deine Einwände heute. Dennoch will ich es so nicht stehen lassen! Meine Antwort auf dein menschliches „Wer bin ich denn schon?" ist: „Ich werde ja mit dir sein!"

Die Frage nach deiner Identität, nach deiner individuellen Berufung für deine Welt ist: „Ich werde ja mit dir sein!" Darum kannst du mutig diese Sache anpacken, die ich dir aufs Herz gelegt habe. Nicht, weil du so begabt wärst, sondern weil ich es bin, der dich dazu beruft! Deine Begabung wird wachsen, wenn du sie einsetzt. **Du wirst im Tun in deine volle Stärke erst hineinwachsen.** Das ist das Geheimnis: Die volle Entfaltung deiner Identität beginnt mit deiner Bereitschaft loszugehen und mit deinem Vertrauen in meine göttliche Begleitung.

Welche Aufgabe scheint zu groß und bewirkt dennoch ein Herzklopfen bei mir?

3. März **Leichtes Herz**

Gott sagt: „Er liebt mich von ganzem Herzen, darum will ich ihn retten. Ich werde ihn schützen, weil er mich kennt und ehrt.“

Psalm 91,14 (HFA)

Mein geliebtes Kind

Hast du gedacht, dass ich deine Taten wiege? Überwiegen die Guten oder die Schlechten? Bin ich in deiner Vorstellung der gestrenge Lehrer, der dein Leben benotet, bewertet, beurteilt und dann mit dem Prädikat „bestanden“ auszeichnet? Oder aber der, der dich kopfschüttelnd durchfallen lässt?

Glaubst du, dass auch nur ein einziger Mensch nicht mangelhaft wäre? Denkst du, dass es möglich ist, mich mit guter Leistung und treuem Gehorsam zu blenden? *Da ist keiner, der gerecht ist, auch nicht einer.* (Römer 3,10) Mein Blick geht sehr viel tiefer als dir lieb ist. Er reicht bis in dein Herz hinein. **Wenn etwas gewogen und geprüft wird, dann wird es dein Herz sein. Je mehr Liebe sich darin befindet, desto leichter wird es sein!** Die einzige Bedingung für den Eintritt ins ewige Leben wird sein, ob du mich, deinen himmlischen dreieinigen Gott, geliebt hast. Und ob du dich und deinen Nächsten geliebt hast – so gut es dir möglich war.

Heute ist Müllabfuhrtag. Entrümpele dein Herz! Schmeiß eine gewichtige Sorge oder Lüge raus und lass mich mit Liebe die Leerstelle auffüllen!

Diese Sache muss ich unbedingt entsorgen:

....

....

4. März **verhöhnt oder versöhnt?**

Lasst uns festhalten an dem Bekenntnis der Hoffnung und nicht wanken; denn er ist treu, der sie verheißen hat.

HEBRÄER 10,23 (LUT)

Lieber Vater im Himmel

Wenn der Boden unter den Füßen bebt, ist es gut, etwas zu haben, woran man sich festhalten kann. Wenn das, was ich fälschlicherweise schon immer als Wahrheit ansah, ins Wanken kommt, solltest du mir das Herz zu-recht-rücken. Je wackeliger das Fundament ist, auf dem ich stehe, desto besser sollte ich mich ja verankern.

Aber warum gerade an der Hoffnung? Vater – ich halte mich viel lieber an Werten fest, an Moralvorstellungen, Regeln oder Schranken. Selbst an Not-to-do-Listen oder Verbotsschildern halte ich mich eher fest und ich erhoffe mir, etwas Halt und Sicherheit in ihnen zu finden. Die Aufforderung, an der Hoffnung festzuhalten, scheint mir dagegen lächerlich fadenscheinig.

„Du wirst das Rettungsseil ‚Hoffnung' auf Reißfestigkeit prüfen können!", ermutigst du mich. „Sie ist genauso verlässlich, wie ICH treu bin!" ***Hoffnung aber lässt nicht zuschanden werden.*** (Römer 5,5) Langsam verstehe ich: Hoffnung wird sich wie der rote Faden rettend durch mein Leben ziehen. Und am Ende wird sie sich erfüllen. „Oh, nicht erst am Ende", lächelst du. „Schon hier und jetzt erfüllt sie sich, denn sie gibt dir die Kraft, nicht aufzugeben. Und sie bindet mich an mein Versprechen!"

Hieran werde ich mich heute festhalten, egal was kommt:

....

....

5. März **Wie ein Feuermelder**

Habe ich dir nicht geboten: Sei stark und mutig? Erschrick nicht und fürchte dich nicht! Denn mit dir ist der HERR, dein Gott, wo immer du gehst.

Josua 1,9 (ELB)

• •

Mein geliebtes Kind

Wann immer ich dich dazu auffordere, dich nicht zu fürchten, ist es als Ermutigung gemeint. Niemals bedeutet das so etwas wie: „Stell dich nicht so an!“ Es gibt natürlich auch schon mal Dinge, die dir Angst einjagen, von denen ich weiß, dass sie dir überhaupt nicht schaden können. Dennoch ist dein Angstgefühl ja da und ich nehme alle deine Gefühle ernst. Ich habe dich ja genau so geschaffen.

Es gibt eine Angst, die warnend wie ein Feuermelder ist, aber auch eine Angst, die wie Benzin das Feuer noch beschleunigt. Wenn sie dich warnt und eine gute Vorsicht bewirkt, kann sie lebensrettend sein. Wie der Feuermelder sagt sie dir: „Vorsicht! Hier lauert Gefahr!“

Wenn Angst aber völlig grundlos dich überfällt, verfolgt und dich der Ohnmacht ausliefert, dann solltest du ihr auf den Grund gehen. Manchmal ist es Zeit zu fliehen, wenn der Feuermelder anschlägt. Aber dann solltest du auch wissen, wohin oder besser gesagt: zu wem?

Wenn Angst dich aber unfähig macht, etwas zu tun, wenn sie sich selbst entfacht und wie ein Brandbeschleuniger wirkt, dann nimm Hilfe in Anspruch. Von mir, aber auch von kompetenten Mitmenschen, denn dann brauchst du auch jemanden, der dich aus der (vermeintlichen) Gefahrenzone hinausbringt und dir mit Menschenworten beisteht. Mein Versprechen gilt: Ich bin bei dir, wo immer du hingehst!

• •

Dieser Angst will ich heute auf den Grund gehen:

....

....

6. März **Wunderkind**

Daher haben wir auch nur ein Ziel: so zu leben, dass er Freude an uns hat – ganz gleich, ob wir schon bei ihm zu Hause oder noch hier in der Fremde sind.

2. Korinther 5,9 (NGÜ)

Lieber Vater im Himmel

Ich will mein Leben diesem höheren Ziel weihen: Dir immer ähnlicher zu werden und der Mensch werden, den du seit meiner Erschaffung im Sinn hattest. Ich will leben mit beiden Füßen auf der Erde – an dem Ort, den du für mich ausgewählt hast, und mit Herz und Kopf im Himmel. Bitte erinnere mich an dich, wenn ich das aus dem Blick verliere! Bitte höre nicht auf, an meiner heiligen Metamorphose zu arbeiten – auch wenn mir vielleicht schmerzhafte Teilabschnitte bevorstehen. Alles andere soll diesem Ziel untergeordnet sein: dass du Freude an mir hast.

Danke, Vater, dass du mich nicht zum Wunderkind umformen willst, das blind, brav und blöd den Erwartungen der Eltern versucht zu entsprechen. **Das Ergebnis des Prozesses wird nicht sein: „Perfekt und tadellos", sondern „Zuhause bei Papa"!**

Vater, vermehre meine Sehnsucht nach dir, wandle die Furcht in Vorfreude und lege statt des Misstrauens frische Hoffnung in mein Herz, die mein Vertrauen wachsen lässt. Wenn du all das in meiner Seele vollbringen kannst, dann bin ich tatsächlich im wahrsten Sinne des Wortes dein „Wunder-Kind"!

Dieses Wunder an meinem Herzen erbitte ich:

....

....

7. März **end-gültig**

Jede Träne wird er von ihren Augen wischen. Es wird keinen Tod mehr geben und auch keine Traurigkeit, keine Klage, keinen Schmerz. Was früher war, ist für immer vorbei.

Offenbarung 21,4 (NeÜ)

Mein geliebtes Kind

Manchmal hast du das Gefühl, ganz allein zu sein. Niemand scheint deinen Schmerz zu würdigen, du fühlst dich alleingelassen mit deinen Tränen. Besonders für diese Tage ist mein Versprechen gedacht: Keine deiner Tränen werde ich ignorieren! *Ich habe dein Gebet gehört und deine Tränen gesehen.* (2. Könige 20,5) Als ich den Menschen schuf, beschenkte ich ihn mit der Gabe des Weinens, um seine Seele zu entlasten. Tränen enthalten hochwirksame Stoffe, die einem traurigen Herzen helfen. Halte sie darum nicht zurück! Halte stattdessen an deinem kindlichen Vertrauen zu mir fest und weine dir in meinen Armen den Schmerz von der Seele!

Und da ist noch etwas, das dir Trost geben will in deinem augenblicklichen Schmerz: Dein jetziger Zustand ist nicht der endgültige. Du wirst eine Zeit erleben, in der es keine Not mehr geben wird, keine Trauer, noch irgendetwas, was dir Leid zufügen könnte. Wenn du dich in meine Obhut gibst, werde ich dich an diesen Ort führen nach deinem Tod. *Ich werde dir alle Tränen abwischen. Es wird keinen Tod mehr geben, kein Leid, keine Klage und keine Schmerzen; denn was einmal war, ist für immer vorbei.* Dieses Versprechen ist wortwörtlich end-gültig!

Diesem Trost will ich Glauben schenken:

8. März **hindurch**

Dann gingen die Söhne Israel auf trockenem Land mitten in das Meer hinein, und das Wasser war ihnen eine Mauer zur Rechten und zur Linken. **2. Mose 14,22 (ELB)**

Wenn der Ostwind weht
tut ein Weg sich auf
Dein starker Atem Gott bläst
dass die Feinde weichen müssen
Und mögen sie sich auch
meterhoch auftürmen, auftrumpfen
sie werden den Weg freigeben
weil du es sagst!

Wenn der Ostwind weht
werde ich mich auf den Weg machen
trockenen Fußes
die Angst überwinden
Und mögen die Wogen auch
vor Wut schäumen
Dein starker Atem Gott braust
und hält sie zurück!

Wenn der Ostwind weht
wartet kein Spaziergang
Mitten hinein, im Dunkeln
nach einer Hand tastend
das ohrenbetäubende Rauschen
in den verängstigten Ohren
Dein starker Atem Gott bricht
die Wellen der Angst, gebietet Einhalt
zur Rechten und zur Linken
Und aus meinem HINEIN
wird ein HINDURCH!

Die Söhne Israel aber waren auf trockenem Land mitten durch das Meer gegangen, und das Wasser war ihnen eine Mauer zur Rechten und zur Linken gewesen. **2. Mose 14,29 (ELB)**

9. März **kurzsichtig**

Jesus spricht: Ich bin nicht gekommen, Gerechte zu rufen, sondern Sünder.

Matthäus 9,13b (LUT)

Mein geliebtes Kind

Mit wem identifizierst du dich lieber: mit den „Gerechten“ oder den „Sündern“? Wenn du wählen könntest: mit wem würdest du selbst lieber Zeit verbringen?

Die Mehrheit meiner Menschenkinder leidet an einer Sehstörung, die ich „Selbst-Gerechtigkeit“ nenne. Sie sehen sich selbst durch eine Brille, die Fehler weichzeichnet und Störendes mattiert. Ihre Weitsichtigkeit ist aber in keiner Weise beeinträchtigt: Die Sünden ihrer Mitmenschen werden klar und scharf erkannt. Schuld wird nur außerhalb der eigenen Person als solche identifiziert.

Stehst du in der Gefahr, auch durch eben diese Brille zu sehen, mein Kind? Dann ist es Zeit, sie abzusetzen und dich mit meinen Augen zu sehen: Du bist unperfekt, fehlerhaft, unfreundlich, egoistisch, … kurz: du bist sündig. So wie JEDER Mensch! Aber nun kommt das Allerbeste: *Ich bin nicht gekommen, Gerechte zu rufen, sondern Sünder!* **Ich liebe es, mit denjenigen Gemeinschaft zu haben, die sich nicht vor mir verstellen, sondern die ihre Bedürftigkeit zugeben.** Ich sehe in dir nämlich auch das: Du bist wunderschön, begabt, weichherzig, liebenswert … Meine Liebe ging so weit, dass ich für die Sünder gestorben bin. Für die Gerechten hätte ich das niemals getan. Mein Herz schlägt für dich! Versteck dich nicht vor mir und vor dir selbst. Du bist gerecht-gesprochen allein aus Gnade.

„soli deo gloria“ – das gilt auch mir und in folgender Sache:

……………………………………………………………………

……………………………………………………………………

10. März **Licht-Stärke**

Denn er hat uns aus der Gewalt der Finsternis befreit und hat uns in das Reich versetzt, in dem sein geliebter Sohn regiert.

Kolosser 1,13 (NGÜ)

Lieber Vater im Himmel

Böse Herrscher benutzen ihre Macht, um zu manipulieren und um einzuschüchtern. Alles Dunkle liebt die Gewalt und verbündet sich mit ihr. Aber keine Dunkelheit ist so tief, dass sie nicht durch ein kleines Licht bezwungen werden könnte! Darum ertragen böse Herrscher auch keine Lichtbringer oder Friedensstifter. Diese würden ihre Macht gefährden. Wie beim Schach die Dame, so ist Licht im Spiel des Lebens das Element, das allen anderen überlegen ist.

Vater, wie oft vergesse ich das. Darum freue ich mich über diese Erinnerung heute: Ich darf in deinem Reich leben, in dem dein geliebter Sohn regiert. Und wie sehr auch die Finsternis manchmal die Zähne fletscht: Sie wird das Licht niemals völlig verschlingen können! Das Licht wird die Dunkelheit letztgültig schachmatt setzen.

Die Finsternis bedient sich der Gewalt, um ihre Herrschaft aufrechtzuerhalten. **Das Reich des Lichtes aber steht für Freiheit, Hoffnung und Liebe.** *Darum setze ich meine Hoffnung auf dich, du HERR bist alles, was ich brauche* (nach Klagelieder 3,24).

Diesen dunklen Fleck in meinem Herzen will ich erhellen lassen:

....

....

11. März **Ein guter Engel**

Mein Segen ist bei dir
du bist geführt, begleitet
bei jedem deiner Schritte.
Auf deinen Wegen hier
ist alles vorbereitet.
Ich bin dein Herz, die Mitte,
der Anker deiner Seele.
An nichts soll es dir fehlen!

Mein Engel ist bei dir,
ein mächtiger Begleiter
auf dunklen Wanderwegen.
Was immer auch passiert:
Er kennt sich aus, weiß weiter
und hüllt dich ein in Segen.
Du kannst, ohne zu sehen,
getröstet weitergehen!

Denn ein guter Engel wird mit ihm gehen. Er wird gut auf seinem Weg geführt werden und wohlbehalten heimkehren.

Tobit 5,22 (EÜ)

12. März **Kinderwunsch**

Denn wir wandeln im Glauben und nicht im Schauen.

2. *Korinther* 5,7 (LUT)

Mein geliebtes Kind

Das Zweifeln ist menschlich. Verwende nicht so viel Kraft in die Verdrängung der drängenden Fragen. Denn *wenn du es verschweigen willst, verschmachten deine Gebeine* (nach Psalm 23,3). Verschwende nicht deine Energie für das Sammeln von unbrauchbaren Beweisen!

Jede Frage ist erlaubt, aber nicht jede Frage hilft dir weiter. Besonders nicht, wenn du sie so laut und unaufhörlich stellst, dass du für Antworten aus meinem Mund taub wirst. Letztendlich entscheidest du selbst darüber, wie viel Macht du den Fragen geben willst.

Es ist nicht naiv, an einen unsichtbaren Gott in einer sichtbaren Welt zu glauben. Ganz im Gegenteil: wenn du sensibel und ehrlich die Zeichen der Zeit deutest und die Unwahrscheinlichkeit des Zufalls beurteilst, ist meine Existenz nicht nur eine mögliche Option von vielen. Aber kein Beweis dieser deiner sichtbaren Welt wird dir weiterhelfen, wenn du mich kennenlernen willst. Das wird nur dann passieren, wenn du mich wirklich kennenlernst. Unvoreingenommen. Ich will keine ergebenen Diener, sondern ich sehne mich nach Beziehung mit meinen Kindern!

Dieser Lüge will ich nicht mehr glauben:

....

....

13. März **Knacks oder Klacks**

Ich danke dir dafür, dass ich wunderbar gemacht bin; wunderbar sind deine Werke; das erkennt meine Seele.

Psalm 139,14 (LUT)

Lieber Vater im Himmel

Meine Augen sehen auf das, was ich ganz und gar nicht wunderbar an mir finde. Automatisch liegt der Fokus, auf einem ansonsten reinen Hintergrund, auf dem kleinen schwarzen Fleck. Ich habe die Neigung, meinem Knacks mehr Aufmerksamkeit zu schenken als meinem Klacks. Das, was ich mit Leichtigkeit kann und bin, ist nie so bedeutungsvoll wie das, was mich beeinträchtigt.

Du dagegen siehst dein Ebenbild in mir. **Dein Blick spricht Bände!** Würde ich mehr in deine Augen sehen, dann wäre es mir leichter, mich selbst zu lieben, davon bin ich überzeugt. Dennoch sehe ich mich viel häufiger mit meinen eigenen Augen an. Und vergleiche mich mit den vermeintlich Schöneren, Besseren, Begabteren. Wie sehr muss dich diese Abwertung meiner selbst betrüben, lieber Vater.

Meine Seele erkennt, dass ich wunderbar gemacht bin. Alles, was du geschaffen hast, ist voll deines wundervollen Schöpfergeistes. Das nehme ich staunend wahr. *Lass mich jeden Morgen spüren, dass du zu mir hältst, dann kann ich alle Tage froh sein und dir danken* (nach Psalm 90,14).

Für diese wunderbare Seite an mir möchte ich mich bedanken:

....

....

14. März **Dankbarkeit als Himmelslohn**

Dankt Gott in jeder Lage! Das ist es, was er von euch will und was er euch durch Jesus Christus möglich gemacht hat.

1. Thessalonicher 5,18 (NGÜ)

Mein geliebtes Kind

Undank ist der Welten Sohn. Nur weil es ganz normal und überall üblich ist, seinem Undank Luft zu machen, heißt das ja nicht, dass er auch gesund ist. Allein die Tatsache, dass der Mensch schnell im Meckern und zögerlich im Staunen ist, bedeutet ja nicht, dass du das als Rechtfertigung für deinen undankbaren Lebensstil hinzuziehen solltest. Selbst wenn es immer auch genügend Gründe für deine Undankbarkeit geben sollte – es gibt immer mindestens einen Grund, der genau das relativieren kann: Dank ist viel gesünder für dich!

Welchem Gefühl willst du in deinem Herzen Raum geben? Undankbarkeit nährt die Wut, die Bitterkeit, den Neid und den Stolz. Dankbarkeit fördert dagegen die Leichtigkeit, die Barmherzigkeit, die Warmherzigkeit, die Freude und den Seelenfrieden. Und ich rede jetzt nicht von diesem psychologisch sinnvollen Glas-halbvoll- oder Glas-halbleer-Gedanken! Mir geht es ausschließlich um dein Herz! Weil ich dich über alles liebe, empfehle ich dir die dankbare Herzenshaltung. Sie wird dich nachhaltig „zu-Frieden“ machen. Jeder Tag ist eine neue Chance, dich bewusst dafür zu entscheiden.

Undank ist der Welten Sohn, aber Dankbarkeit der Himmelslohn.

So will ich heute meinen Dank ausdrücken:

....

....

15. März **Ausgewogenes Vertrauen**

Gott aber kann viel mehr tun, als wir jemals von ihm erbitten oder uns auch nur vorstellen können. So groß ist seine Kraft, die in uns wirkt.

Epheser 3,20 (HFA)

Lieber Vater im Himmel

Weil ich klein von mir und meinen Möglichkeiten denke, denke ich auch klein von dir. Nicht nur meine Vorstellungskraft ist begrenzt, mein Vertrauen ist es damit auch! Dabei hast du schon so oft deine Vertrauenswürdigkeit unter Beweis gestellt. Weil ich nicht viel vom Leben erwarte, habe ich möglicherweise am Ende weniger unerfüllte Hoffnungen. Aber zu welchem Preis? Lieber will ich zu viel erbitten, als zu wenig erwartet haben.

Ich stelle mir mein Vertrauen in deine Kraft und Vollmacht in einer Waagschale vor. Auf der anderen Seite ist das, was du wirken willst. Ach Vater, und dann wird es mir schlagartig bewusst: Je mehr Vertrauen ich auf dieser Seite habe, desto mehr kannst du auf der anderen Seite tun. Aber die Gleichung gilt ja auch anders herum. **Meine Geringschätzung deiner Möglichkeiten begrenzt den Segen, den du so gerne durch mich in meine Welt senden willst!**

Bitte vergib mir dieses Misstrauen und wirke das Wunder an meinem Herzen, nach dem wir uns beide so sehr sehnen: *Ich will glauben – bitte hilf meinem Unglauben!* (Markus 9,24)

Dieser Kraft will ich heute vertrauen:

....

....

16. März **unendlich geliebt**

Ich bin der Herr, der barmherzige und gnädige Gott. Meine Geduld ist groß, meine Liebe und Treue kennen kein Ende!

2. Mose 34,6 (HFA)

Mein geliebtes Kind

Das liegt außerhalb deiner Vorstellungsräume: unendliche Liebe und Treue! Weil du Geschöpf bist und menschlich fühlst, gibt es so etwas wie bedingungslose Liebe in deinem Denken nicht. Selbst die zärtlichste Liebe zu deinen Kindern hat irgendwo ihre Grenzen. Ich aber liebe dich, mein Kind, tatsächlich unendlich! Meine Barmherzigkeit mit dir kennt kein Ende.

Jede Seite meiner heiligen Schrift atmet diese Wahrheit. Ich **würde** nicht nur, sondern ich **habe** alles getan, um dich zu retten. In einer liebevollen Beziehung mit dir zu leben, ist das Ziel all meiner Bemühungen um dich. Schau hoch zu den Sternen. Kannst du sie zählen? Kannst du ermessen, wo das All aufhört? Ist es dir möglich, die Spanne der Ewigkeit zu berechnen? Nein! Genauso unendlich treu bist und bleibst du geliebt. Nichts wird dich trennen können von meiner Gnade.

Erfrische deine Seele täglich mit mindestens einer meiner Liebeserklärungen an dich: *Mit ewiger Liebe habe ich dich geliebt, darum habe ich dir so lange die Treue bewahrt.* (Jeremia 31,3)

Dieser göttlichen Liebeserklärung will ich vertrauen:

....

....

17. März **Aus der Untiefe geborgen**

Selbst wenn ich von allen Seiten bedrängt werde, erhältst du mich am Leben! Du stellst dich meinen zornigen Feinden entgegen und rettest mich durch deine Macht.

Psalm 138,7 (HFA)

Lieber Vater im Himmel

Seitdem du mir dieses Bild von der Perle geschenkt hast, sehe ich vieles in einem neuen Licht. Tief unten am Meeresboden, wo der Wasserdruck am höchsten ist, verborgen in einer harten Muschelschale, entsteht aus dem Ärgernis eines Sandkornes eine Perle. Unter den widrigsten Bedingungen und fern von jeder Bewunderung oder Anerkennung wächst etwas Wertvolles heran.

So wie die Perlentaucher ihr Leben riskieren, um die wertvollen Schätze vom Meeresgrund zu bergen, so hast auch du dein Leben für mich gegeben. **Du holtest mich aus den Untiefen meiner Traurigkeit hinauf in das Sonnenlicht.** Du sahst etwas Besonderes, etwas Kostbares in mir, für das sich jeder Kampf lohnte. Darum will ich dir alles zutrauen und dir meine Ergebenheit aussprechen. *Ich bin gerettet, aber noch ist alles Hoffnung. Eine Hoffnung, die sich schon sichtbar erfüllt hat, ist keine Hoffnung. Ich kann nicht erhoffen, was ich vor Augen habe* (Römer 8,24).

Mein Vertrauen ist nicht die Abwesenheit von Zweifel, sondern dein Gnadengeschenk mitten in der Verzweiflung.

 **Das siehst du in mir:**

....

....

18. März **sehkrank**

Jesus antwortete ihnen: „Warum habt ihr Angst? Vertraut ihr mir so wenig?" Dann stand er auf und befahl dem Wind und den Wellen, sich zu legen. Sofort hörte der Sturm auf, und es wurde ganz still.

Matthäus 8,26 (HFA)

Mein geliebtes Kind

Ich weiß, wie sehr du es hasst, keinen festen Boden unter den Füßen zu haben! Deine geistliche Seekrankheit hat eine Ursache: Sehkrankheit! Du siehst nur noch auf das, was dir Angst macht! Dein Blick ist starr auf den Sturm und die hohen Wellen gerichtet.

Der Sturm wird in dem Moment an Kraft verlieren, indem du einem Blickwechsel zustimmst: weg von der zerstörerischen Macht des Sturms hin zu mir. Ich bin mit dir im Boot! Die ganze Zeit schon stehe ich hinter dir und warte darauf, dass du dich mir zuwendest und mich um Hilfe anrufst. Schau nicht nach unten, *wende dich mir zu und du wirst leben* (Amos 5,4).

Warum nur wartest du, bis dir das Wasser bis zum Hals steht und du bereits völlig durchnässt bist, bevor du dich mir zuwendest? Vertraust du mir so wenig, dass du meinst, dein angstvoller Blick könne besser als mein starker Arm die Wellen in Schach halten? Bitte lass mich dich retten und trösten und deine Tränen trocknen!

Obwohl es mir schwerfällt, will ich hier vertrauen:

....

....

19. März **Landsegen**

Und ich will dich segnen, und ich will deinen Namen groß machen, und du sollst ein Segen sein!

1. Mose 12,2b (ELB)

Mein geliebtes Kind

Hast du das in dein Herz fließen lassen: „Ich will dich segnen!“? Woher kommt nur dieses Vorurteil, ich wäre ein geiziger Vater? Das, was ich am meisten liebe, ist das Segnen meiner Kinder!

Warum schaust du neidisch auf den Segen deiner Geschwister? Wieso wertest du deine eigenen Segens-Gaben ab? **Was treibt dich an, in den Nachbargärten zu räubern, während dein eigenes Land brach liegt?**

Du hast einen maßgeblichen Einfluss auf die Segensmenge, die auf dich herabregnet. Wenn du nicht anwesend bist auf deinem Segensgebiet, dann verpasst du das Wachstum, das dir zugedacht ist. Niemand ist darüber betrübter als ich, mein Kind. Denn ich liebe dich, *ich habe dir so ein schönes Stück Land geschenkt, das dich glücklich machen soll* (nach Psalm 16,6) und von dem Segen ausgehen soll.

Diese zwei Aufträge hängen immer aneinander: Nimm meinen Segen an! Und gib den Segen weiter! Nehmen und Geben in einem ausgewogenen Verhältnis lässt niemanden leer ausgehen oder ausbrennen. Im Gegenteil: so empfangener und geteilter Segen vervielfacht sich.

Hier möchte ich heute ein Segen sein:

....

....

20. März **verheddert**

Richtet eure Gedanken auf das, was im Himmel ist, nicht auf das, was zur irdischen Welt gehört.

Kolosser 3,2 (NGÜ)

Mein geliebtes Kind

Hast du dich wieder einmal in deinen Sorgen verheddert? Weißt du noch, wie sehr du dieses Spiel liebtest, als du ein Kind warst: „Mutter, Mutter, wir haben uns verknotet?!“ Und dann musste ich kommen und den Knoten aus euren Armen und Beinen lösen. Manchmal erinnert mich dein Leben an diese Verknotungen. Nur, dass sie sich heute nicht mehr lustig anfühlen für dich! Von außen betrachtet sieht es kinderleicht aus, die Entwirrung herbeizuführen. Du aber steckst mitten drin in den Sorgen und einengenden Zwängen. Ich wünschte, du würdest mich wie damals mit ganzer Kraft um Hilfe rufen und nicht immerzu denken, dass du es irgendwie allein schaffen musst! Ich wünschte, ich dürfte Hand anlegen und deine Befreiung vornehmen. Aber ich warte auf dein Rufen, mein Kind, denn ungefragt mische ich mich nicht ein.

Wenn du in deinem irdischen Denken und Zweifeln verknotet bist, fehlt dir schnell die Übersicht. Vielleicht ist dein Blick sogar gehalten: Du kannst nur noch nach unten sehen und hast den Himmel aus den Augen verloren. Richte deine Gedanken auf mich! Ich höre sie! **Ich antworte auf das Rufen deines Herzens!** Die Stärke meiner himmlischen Heere ist für das menschliche Auge nicht sichtbar. Aber sie ist realer und vor allem mächtiger als jede deiner Sorgen!

Ich brauche Entwirrung in diesem Gedankenknoten:

....

....

21. März **in- und auswendig schön**

Alle aber umkleidet euch mit Demut im Umgang miteinander! Denn „Gott widersteht den Hochmütigen, den Demütigen aber gibt er Gnade".

1. Petrus 5,5 (ELB)

Lieber Vater im Himmel

Wie viele Gedanken habe ich mir darum gemacht, was ich anziehen soll? Was steht mir gut und was betont meine Figur? Was kaschiert meine Problemzonen am besten? Du weißt ja, an welcher Stelle ich ein bisschen eitel bin. Du hast meinen prüfenden Blick im Spiegel mitangesehen. Ach, ich wünschte, ich wäre mit meiner inneren Auskleidung genauso wählerisch! Vater, aber du kennst mich ja und weißt um meine wunden Punkte. Du kennst mich in- und auswendig!

Darum ist diese Bitte so nötig heute: Bitte schenke mir einen großen Ballen Demut, mit dem ich meine Herzinnenwände neu einkleiden kann. Demut und Freundlichkeit betonen meine besten Seiten! Von Natur aus bin ich nicht demütig. „Jeder ist sich selbst der Nächste", sagt man ja und das trifft auf mich wohl auch zu.

Hochmut und Stolz stehen mir aber gar nicht, und stehen mir schon gar nicht zu! **Diese Problemzonen meiner Seele möchte ich nicht einfach nur kaschieren, sondern sie wirklich wegtrainieren!** Sie stören nicht nur mich, sondern auch meine Mitmenschen. Viel zu oft stoßen sie sich an meiner Unzulänglichkeit. Kannst du mir bitte dabei helfen, einen Trainingsplan zu erstellen und ihn dann auch umzusetzen?

Diesen Hochmut möchte ich heute ausziehen:

....

....

22. März **betäubt**

Denn einen Geist der Betäubung hat der HERR über euch ausgegossen, und eure Augen hat er verschlossen, die Propheten und eure Häupter, die Seher, hat er verhüllt.

Jesaja 29,10 (ZB)

Mein geliebtes Kind

Manches lässt sich ohne Betäubung nicht aushalten für ein menschliches Herz. Mancher Schmerz scheint einfach unaushaltbar zu sein, sodass man zu Betäubungsmitteln greift. Alkohol, Drogen, Medikamente, Ablenkung durch verschiedene Medien, Sport, Essen oder Hungern. Die Liste der Dinge ist lang, die Menschen benutzen, um sich zu betäuben. Und das meiste davon ist ja nicht schlimm an sich, aber jede Form der Betäubung, die regelmäßig zur Verdrängung benutzt wird, kann schnell zur Sucht werden. Und es ist mir zuwider, wenn mein freier Mensch abhängig gemacht wird!

Nun fragst du dich vielleicht: Aber hier steht doch, dass der HERR die Betäubung herbeigerufen hat. Dass ER die Augen verschlossen hat vor der Wahrheit! Ja, aber der Geist der Betäubung kommt als eine Folge von dem, was die Menschen versäumt haben: „*Weil dieses Volk sich mit seinem Mund und mit seinen Lippen genähert hat, weil sie mich so zwar geehrt haben, sein Herz aber fern ist von mir und ihre Furcht vor mir nur angelernter Befehl von Menschen war.*“ (Jesaja 29,13)

Halte du dein Herz nicht fern von mir! **Verschließe deine Seele nicht im Kerker deines Schmerzes.** Bitte lass mich hinein und mich kümmern um diese Dinge, die dich peinigen. Erwache aus deiner Taubheit! Dein Herz ist sicher bei mir.

Vater, du hast den Sieg errungen über:

23. März **Berufen zur Hoffnung**

Und er gebe euch erleuchtete Augen des Herzens, damit ihr erkennt, zu welcher Hoffnung ihr von ihm berufen seid, wie reich die Herrlichkeit seines Erbes für die Heiligen ist.

EPHESER 1,18 (LUT)

Lieber Vater im Himmel

Ach, wenn du uns wirklich beistehst, warum geht es uns dann so schlecht (Richter 6,13)? Du weißt ja, dass ich diese Schwäche habe: Ich lasse mich so schnell entmutigen! Von den Umständen, die einfach nicht ideal sind, und von Menschen, die einfach nicht die Sätze sagen, die ich zu hören wünsche. Doch am allerliebsten entmutige ich mich selbst. Ich sage mir, dass ich das sowieso nicht schaffen kann, oder dass sicher wieder etwas dazwischenkommt, oder, oder, oder. Naja, du kennst mich ja. Und du weißt um meine Möglichkeiten, die ja wirklich oft begrenzt sind.

Ich möchte heute ganz bewusst über meinen eigenen Tellerrand hinaussehen. Ich möchte mit deinem vollmächtigen Eingreifen wirklich rechnen. Es einkalkulieren, dass du handeln wirst und wenn du dazu meine Hände oder meine Stimme brauchst, dann will ich sie dir zur Verfügung stellen und mich nicht entmutigen lassen.

Danke, dass meine Berufung „Hoffnung" heißt und nicht „Entmutigung"! Bitte gib mir Augen, die das in allem erkennen können, was heute auf mich zukommt.

Ich brauche an dieser Stelle Korrektur meiner Sichtweise:

24. März

Ewigkeit

Freiheit einfangen
um sie
festzuhalten
den Moment
aufhalten
als könnte die Zeit
einen Augenblick
stillstehen
Polaroidaufnahme
die wiedergibt
was sie aufnahm
und doch
nur 2-D
Dehnung
und Dicke
aber kein Duft
Tiefenschärfe
ohne Tiefe
Diversität
Dringlichkeit
alles nur
von Dauer

Aber *du*
hast mir die Ewigkeit
ins Herz gelegt (Prediger 3,11)
Das ist viel mehr als nur 5-D
Das ist eine ganz neue Perspektive!
Befreiung aus dem
eindimensionalen
Denken

Du sahst mich schon, als ich ein Knäuel von winzig kleinen Zellen war. Und bevor mein erster Tag begann, stand mein Leben längst in deinem Buch.

Psalm 139,16 (NeÜ)

25. März **Stehaufmännchen**

Jesus spricht zu ihm: Steh auf, nimm dein Bett auf und geh umher!

Johannes 5,8 (ELB)

Mein geliebtes Kind

Hast du Mitleid von mir erwartet? Das bekommst du gerne, aber es hilft dir gerade nicht weiter. Weißt du: Ich leide tatsächlich wortwörtlich mit! Ich lebe in deinem Herzen und von daher ist mir keines deiner Gefühle fremd. Aber du kannst von mir viel mehr erwarten als nur mitleidiges Jammern. Ich fordere dich heraus, dich deiner misslichen Lage zu stellen. **Im Liegen ist es schwer, einen neuen Horizont zu erblicken.**

Ich erwarte kein Wunder von dir. Das kann ich allein wirken. Aber ich warte auf deine Bereitschaft, dich wieder aufzurichten. Lass dich auf dein Leben ein, auch wenn es bedeutet, dich erst einmal deinen Misserfolgen und Niederlagen zu stellen. „Steh deinen Mann" gerade dann, wenn du gefallen bist oder von widrigen Lebensumständen umgepustet worden bist. Du hast die Kraft dazu in dir. So wie du es von den Stehaufmännchen kennst! Wie oft auch andere Hände dich niederdrücken wollen: Sie werden dich nicht am Boden halten. Ich lebe in deinem Herzen, mein Kind, und von dort her wird dir die benötigte Kraft kommen. *Meine Gnade ist alles, was du brauchst! Denn gerade, wenn du schwach bist, wirkt meine Kraft ganz besonders an dir.* (2. Korinther 12,9) Vergiss das bitte nicht. Du bist nicht allein! Aber du bist allein dafür verantwortlich, ob du aufstehen willst oder am Boden bleibst.

Das finde ich echt unbequem in diesen Worten:

26. März **Sag's mit Kuhspucke**

Schmecket und sehet, wie freundlich der HERR ist. Wohl dem, der auf ihn trauet!

Psalm 34,9 (LUT)

Lieber Vater im Himmel

Weißt du noch, wie mich die drei Kälbchen oben auf der Wiese abgeschleckt haben? Ich habe so lang am Zaun ruhig gewartet, bis sie sich entschlossen haben, mir zu vertrauen. Als sie dann mit ihrer rauen, langen Zunge anfingen, meine Hand abzulecken, war ich so unglaublich gerührt. Am Ende war ich bis ins Herz und zu den Ellenbogen nass. Eigentlich mag ich Kuhspucke nicht so sehr, aber ich habe verstanden, dass es ihre Liebessprache war. Auf diese Art zeigen sie mir ihr Vertrauen und ihre Liebe. Das hat mich tief berührt. Offensichtlich schmeckte ich ihnen.

Ebenso wartest auch du geduldig auf mich und nimmst meine Liebe und mein Vertrauen entgegen. Du erwartest nicht, dass ich dir das auf eine gebührende Art und Weise zeige, denn die kenne ich gar nicht. Ich zeige sie dir so, wie es mir entspricht und vertraue darauf, dass du mich in meiner Liebessprache verstehst. **Mein Leben soll dich anbeten und deine Freundlichkeit preisen.** Danke, dass du meine unvollkommenen Liebesbezeugungen entgegennimmst und dass ich dir absolut trauen kann!

Hier habe ich deine Freundlichkeit geschmeckt:

27. März **Allem zum Trotz**

Du Festung auf dem Hügel von Jerusalem, in dir wird einst wieder ein König wohnen, so wie es früher war; von dir aus wird er wie ein Hirte über das Volk wachen.

MICHA 4,8 (HFA)

Mein Jesus

„Ich bin der gute Hirte. Der gute Hirte lässt sein Leben für seine Schafe." (Johannes 10,12) Das hast du damals versprochen, Jesus. Und du ließest dich auf dem Hügel Golgatha krönen mit einer Dornenkrone. Das war deine Art der Herrschaftsübernahme. Die Schädelstätte wird zum Inbegriff der Hoffnung für die Kleinen, die Ängstlichen und die Sünder. Darum darf auch ich niederknien vor dir. „König der Juden" hatte man zum Spott auf ein Schild geschrieben. Und allem zum Trotz wurde so auf die ewige Wahrheit hingewiesen: Für immer hast du die Herrschaft über die Welt, die dich gekreuzigt hat.

Die Art, wie du über deinem Volk wachst, ist mit ausgebreiteten Armen! Du bist der Gott, der sich hinrichten lässt für sein Volk. *Es gibt keine größere Liebe, als wenn einer sein Leben für seine Freunde hingibt.* (Johannes 15,13) Du bist der König, der stark und liebevoll wie ein Schafhirte regiert: Das Leben deiner Schafe ist deine oberste Priorität. Und ich darf zu deiner Herde gehören.

Allem zum Trotz ist das die Wahrheit, der ich glaube:

28. März **Schwestern**

Und sogleich vertrocknete die Quelle ihres Blutes, und sie merkte am Leib, dass sie von der Plage geheilt war.

***Markus* 5,29 (ELB)**

Mein geliebtes Kind

„An Leib und Seele gesund“ – das wünschst du dir? Ich mag diesen Ausdruck, denn er zeigt, wie eng beides miteinander verwoben ist. Der Leib zeigt den Schmerz der Seele an und andersherum reagiert die Seele auf die Not des Leibes. Die beiden sind wie Zwillingsschwestern: Sie können nicht ohne einander sein. Sie haben keine Geheimnisse voreinander und wenn man sie auch gewaltsam voneinander trennt, behalten sie trotzdem eine geheimnisvolle Verbindung.

Warum schreibe ich dir das? Nun, ich dachte gerade an die Quelle DEINES Blutes. Es blieb mir nicht verborgen, dass du nach und nach ausblutest. **Dein Leib spricht eine deutliche Sprache, aber deine Seele will nicht zuhören.** Du kannst jedoch die Stimme deines Körpers nicht permanent ignorieren, ohne Schaden zu nehmen. Irgendjemand muss die Plagelöhner auszahlen, auch wenn es eine hochverschuldete Seele ist.

Eine Heilung deiner Blutarmut ist möglich: Merke auf die Signale deines Leibes! Die Plage vergeht nicht, indem du noch verbissener arbeitest oder dich noch entschiedener ablenkst. Die Plage vergeht, wenn die Quelle deines Ausblutens vertrocknet ist. Du weißt sicher, wo du sie findest. Und wenn nicht, folge den Hinweisen deiner klugen Leibschwester.

Hier werde ich mit der Suche beginnen:

....

....

29. März **strandgutartige Hoffnung**

Unsere Errettung schließt ja diese Hoffnung mit ein. Nun ist aber eine Hoffnung, die sich bereits erfüllt hat, keine Hoffnung mehr. Denn warum sollte man auf etwas hoffen, was man schon verwirklicht sieht? Da wir also das, worauf wir hoffen, noch nicht sehen, warten wir unbeirrbar, bis es sich erfüllt.

Römer 8,24-25 (NGÜ)

Lieber Vater im Himmel

Es wird einen letzten Tag geben, eine letzte Stunde, einen Moment, der unwiderruflich alles verändern wird. Auf diesen Moment hin lebe ich. Voller Angst und Abwehr oder voller Vertrauen auf das, was ich ein Leben lang geglaubt habe.

Meist jedoch halte ich mich irgendwo zwischen diesen beiden Polen auf. Ich bin nicht pausenlos von Angst verfolgt, aber ich schwebe auch nicht in ewig goldener Glaubensgewissheit. Das, was ich zumeist empfinde, ist eine behutsame, demütige Hoffnung.

Wenn die Woge der Gewissheit verebbt ist, bleibt etwas zurück: Strandgut! Sicht- und fühlbare Hinweise darauf, dass das Meer hier war! Und wiederkommen wird. Auf diese strandgutartigen Worte baue ich mein Vertrauen. Daran halte ich mich fest, bis ich das Meer wieder sehen und fühlen kann.

Vater, bitte lege diese Zeichen der Hoffnung für mich aus, damit ich am Wendepunkt des Lebens vorbereitet bin.

Mein Strandgut-Wort heute:

30. März **Vom Scheitern zum Schaffen**

Rede einer mit dem andern Wahrheit und richtet wahrhaftig und recht, schafft Frieden in euren Toren.

SACHARJA 8,16 (LUT)

Mein geliebtes Kind

Schaffe Frieden! Das klingt doch nach einer ziemlich konkreten, aktiven Aufforderung, oder? Dennoch bist du häufig versucht, um Frieden zu beten, so wie man um Regen betet. Doch es ist schlicht unwahr, dass du keinen Einfluss darauf hättest, ob in deinen Toren Frieden herrscht! Und mag dein Anteil am Friedensprozess noch so gering sein – achte ihn nicht gering, sondern wuchere damit! Unversöhnlichkeit schadet in erster Linie dir selber – du vergiftest dein Herz mit dem Gift, dass du auslegst.

Wenn möglich, soviel an euch ist, lebt mit allen Menschen in Frieden! (Römer 12,18) Das ist die Ermutigung, die ich dir heute mit auf den Weg geben will, mein Kind. Sie wird Segen über dein Leben bringen und Frieden in deinem Herzen schaffen.

Das, was am einfachsten klingt, ist oft am schwierigsten. Ich weiß. Und sicher wirst du gerade an dieser Aufforderung immer wieder scheitern. **Komm mit diesem Scheitern zu mir und wir zwei werden daraus ein Schaffen generieren.** Alles beginnt mit einer oder, besser gesagt, mit deiner sachlichen Entscheidung zum Frieden – aber ich verspreche dir: Auch deine Emotionen werden mit der Zeit verwandelt.

Diesen konkreten Schritt nehme ich heute in Angriff:

....

....

31. März **Durchbruch**

Gott steh mir bei!
Manchmal öffnet sich kein Fenster
nur weil sich eine Tür schließt
Mauern um mich
und in mir drin
kalt und übermächtig grölen
die in-die-Enge-Treiber
besoffen von ihrem Sieg

Durchbruch

Gott du stehst mir bei!
Du brichst nicht ein, sondern durch
Du gehst an der Spitze des Heeres
Vor dir müssen Mauern weichen
öffnen sich Tore
du durchschreitest sie
und ich
ich folge dir
und dann
befriedest du das Land
das wir betreten

Herauf zieht der Durchbrecher vor ihnen her; sie brechen durch und durchschreiten das Tor und gehen durch es hinaus; und ihr König schreitet vor ihnen her, und der HERR an ihrer Spitze.

Micha 2,13 (ELB)

1. April **Freunde oder Herrscher**

Wer nicht sein Kreuz auf sich nimmt und mir nachfolgt, ist es nicht wert, mein Jünger zu sein. Wer sein Leben erhalten will, wird es verlieren; wer aber sein Leben um meinetwillen verliert, wird es finden.

Matthäus 10,38-39 (NGÜ)

Mein geliebtes Kind

Du hast gedacht, du hast nicht nur einen Anspruch auf deine Träume, sondern auch auf ihre Erfüllung. Du hast irgendwie immer geglaubt, dass es richtig und gerecht ist, dass es dir gut geht. Du hast gehört, dass genug Beten dazu führt, dass ein immerwährender Segen-Nieselregen auf dich tröpfelt und du immerzu begrünt mit frischer Hoffnung sein würdest? Wie kann es sein, dass eben diese Versprechungen nun in Schutt und Asche liegen? Was hat dazu geführt, dass so wenig übrigbleiben konnte?

Die Halbwahrheit ist gefährlicher als die offensichtliche Lüge und um ein Vielfaches klüger. Sie will dich glaubend machen, dass du ein Anrecht auf deine Traumerfüllung hast. Versteh mich nicht falsch: Es ist nicht falsch zu träumen! Ganz und gar nicht. Nur sollen Träume und Pläne deine **Freunde** sein. Sie sollen dich ermutigen, herausfordern, trösten, anspornen und begleiten. Aber sie sollen nicht deine Herrscher sein, denen du alles opferst, was dir ansonsten hoch und heilig ist.

Mein Kreuz auf sich zu nehmen bedeutet manchmal sogar, einen Traum zu opfern. Und bevor du jetzt seufzend aufgibst, bitte lies noch einmal mein Versprechen dazu: *Wer aber sein Leben um meinetwillen verliert, wird es finden.* Ich lasse dich nicht leer ausgehen, mein Kind! Nie im Leben und schon gar nicht im Sterben!

Diesen Traum gebe ich in deine Hände, Vater. Mache damit, was du für gut erachtest:

....

....

2. April **Wenn der Mut sinkt**

Gedenkt an den, der so viel Widerspruch gegen sich von den Sündern erduldet hat, dass ihr nicht matt werdet und den Mut nicht sinken lasst.

Hebräer 12,3 (LUT)

Lieber Vater im Himmel

Mut ist schwerer als Wasser. Er sinkt viel schneller, als mir lieb ist. ***Die Strudel zogen mich in die Tiefe, bis ich fast ertrank.*** (Jona 2,6) Ein Wort aus ihrem Mund und ich gebe dem Sog des negativen Denkens nach. Dabei sprechen sie dieses Wort oft nur in meinen Gedanken aus. Möglicherweise haben sie sich etwas anderes dabei gedacht, als ich verstanden habe. Möglicherweise galt der unwirsche, abschätzige Blick gar nicht mir?

Ich fühle mich viel zu schnell abgewertet und entmutigt. Offene Kritik an mir, Beschämung von anderen oder Beschmutzung durch den Hass in mancher Aussage machen mir schwer zu schaffen. Ich kann das nicht „auf die leichte Schulter nehmen". **Ich habe gar keine leichte Schulter.** Und dann fällt mir Jesus ein, der sich ohne Widerspruch der Ungerechtigkeit, dem Spott, der Gewalt und dem Hass gebeugt hat. Und der dabei nicht seinen Mut verloren hat! Was für ein Gott! Was für ein Vorbild in Sachen Hoffnung!

Vater, wenn mein Mut wieder einmal sinkt und mich mit in die Tiefe ziehen will, reich mir diese Schwimmhilfe „Hoffnung"! Erinnere mich an das, was du am Kreuz erduldet hast! Erinnere mich an die Auferstehung aus dem Grab des Hasses, der Beschämung und der Entmutigung!

In dieser Sache brauche ich deine Schwimmhilfe heute:

....

....

3. April **Gnade im Gepäck**

Da sprach er zu ihnen: Haltet mich nicht auf, denn der HERR hat Gnade zu meiner Reise gegeben. Lasst mich, dass ich zu meinem Herrn ziehe.

1. Mose 24,56 (LUT)

Mein geliebtes Kind

„Reisende soll man nicht aufhalten!“, sagt ein Sprichwort. Wenn du in deinem Herzen sicher weißt, was dein Ziel ist, dann lass dich nicht davon abbringen! Warum sollte ich Gnade geben und dich in Sicherheit wiegen, dann aber deiner Entscheidung nicht wohlgesonnen sein? Wie viel Bestätigung brauchst du noch, um loszugehen?

Manche Entscheidung ist nicht leicht zu treffen. Ich verstehe dein Zögern und finde es gut, dass du abwägst und alles gut durchdacht hast. Genau dafür habe ich dir deinen Verstand gegeben. Wenn du aber immer noch nicht wirklich sicher bist, dann bleib darüber im Gespräch mit mir! Frage auch andere, denen du vertraust. Wenn das alles bereits bestätigt wurde, dann ist es Zeit loszugehen. *Denn der Herr hat Gnade zu deiner Reise gegeben.* **Gnade ist kein kitschiges Souvenir, sondern ein Survivalpaket zu deinem Geleit.** *An Güte und Treue soll es dir niemals fehlen. Trage sie wie eine Kette um deinen Hals, ja, schreibe sie dir tief in dein Herz.* (Sprüche 3,3) Du bist unter meinem persönlichen Schutz, mein Kind.

Zu diesem Ziel möchte ich eigentlich aufbrechen:

....

....

4. April **Das Scheitern verleugnen**

Und Petrus gedachte des Wortes Jesu, der gesagt hatte: Ehe der Hahn kräht, wirst du mich dreimal verleugnen. Und er ging hinaus und weinte bitterlich.

Matthäus 26,75 (ELB)

Mein geliebtes Kind

Jesus wurde oft verleugnet. Wirklich schmerzhaft aber war es, dass der sonst so großmäulige Petrus ihn verleugnete, als er ihn am meisten brauchte. Petrus scheiterte an seiner Angst, könntest du denken, und sicher war das auch zum Teil genauso.

Aber er scheiterte vor allem an der Verleugnung seiner eigenen Angreifbarkeit! Er wollte es nicht wahrhaben, dass gerade ihm das Herz in die Hose rutscht. **Er hatte die Option des eigenen Scheiterns nicht miteingeplant und so überraschte es ihn eiskalt.**

Du kannst es anders machen als Petrus in dieser Situation, mein Kind, indem du nicht versuchst, durch eigene Anstrengung das Scheitern aus deinen Gedanken zu verbannen. Auf Dauer wird die Ablehnung deiner eigenen Fehlerhaftigkeit es dir sehr schwer machen, dir selbst zu vergeben. Verleugne deine Angreifbarkeit nicht, sondern integriere sie in dein Gebet! Halte sie mir „schamlos“ hin, denn ich werde dich nicht beschämen, noch dich weniger lieben oder respektieren.

Das Geheimnis eines vertrauensvollen Glaubens liegt nicht in der Vermeidung von Schmerz, Schuld und Fehlern, sondern im staunenden Erkennen, dass ich dich barmherzig MIT und IN deinem Scheitern liebe! Und Petrus? Ihn liebe ich so sehr, dass ich meine Kirche auf ihn baue! (siehe Matthäus 16,18)

Öffne meine Augen für meine Angreifbarkeit in dieser Beziehung:

....

....

5. April **Ich steh in deiner Huld**

Doch er wurde blutig geschlagen, weil wir Gott die Treue gebrochen hatten; wegen unserer Sünden wurde er durchbohrt. Er wurde für uns bestraft – und wir? Wir haben nun Frieden mit Gott! Durch seine Wunden sind wir geheilt.

***Jesaja* 53,5 (HFA)**

Lieber Vater im Himmel

Eigentlich müsste ich so hoch in deiner Schuld stehen, dass ich sie bis in alle Ewigkeiten nicht abbezahlen könnte. Woher nahmst du die Kraft, meine Treuebrüche mit Liebe zu bezahlen? Was hat dich dazu gebracht, meine Sünde mit deinem Blut aufzuwiegen? Wieso ließest du dich bestrafen für Vergehen, die auf mein Konto gehen?

Ich aber, ich stehe in deiner Huld. Für alle Zeiten habe ich Frieden mit mir und mit Gott. Verstehen kann ich das nicht. Es war nicht meine Absicht, dich zu verraten! **Ich wollte ohne Schuld auf mich zu laden durchs Leben gehen.** Ich habe mich wirklich um eine weiße Weste bemüht. „Vergebliche Liebesmüh", sagt man wohl dazu, denn ich habe es nicht geschafft. Keinen einzigen Tag schaffe ich es. Aber du bist barmherzig und voller Gnade. Deine Liebesmüh war nicht vergeblich. Durch die Schönheit der Versöhnung wird meine irdische Wirklichkeit geheilt! *Ich will die Versöhnung annehmen, die du mir anbietest!* (nach 2. Korinther 5,20) und nicht mehr auf meinen Treuebruch, sondern auf deine Liebe sehen.

Ich lege die Beschämung ab, denn du …

....

....

6. April **Mehr als nur einen Schritt**

Jesus ging ein paar Schritte weiter, warf sich nieder und betete: „Mein Vater, wenn es möglich ist, dann lass den Kelch an mir vorübergehen und erspare mir dieses Leiden! Aber nicht was ich will, sondern was du willst, soll geschehen.“

Matthäus 26,39 (HFA)

Mein Jesus

Du gehst nicht nur einen Schritt weiter als deine Leute. Es war dir von vornherein klar, wohin der Weg führen würde. Trotzdem gingst du den Weg dann bis zum bitteren Ende.

Mein Herz stockt, wenn es diese Worte liest! Es stockt und schmerzt, aber dann schlägt es doch weiter. Du gingst auch da ein paar Schritte weiter. Dein Herz hörte auf zu schlagen – aus reiner Liebe! Und es war ja nicht so, dass du keine Angst hattest. Du warst ganz Mensch. Du flehtest um Gnade bei deinem Vater und gingst dann dennoch weiter! Der bittere Kelch ging nicht vorüber an dir. **Nichts ging einfach vorüber und schon gar nicht „einfach"!**

Du gingst weiter – mehr als nur einen Schritt. Ließest zurück, was du wolltest, um den Willen des Vaters zu tun. Dieser Vater, der seine Liebe zu mir auf schmerzlichste Weise konkretisierte. Du gingst ein paar Schritte weiter! Weiter, als ich je gehen würde. So weit, dass meine Strafe auf dir lastete, damit ich Frieden habe (nach Jesaja 53,5). Was für eine Liebe!

Meine ganze Liebe gehört dir Jesus, denn du …

7. April **frei-gesprochen**

Jesus aber richtete sich auf und sprach zu ihr: Frau, wo sind sie? Hat niemand dich verurteilt? Sie aber sprach: Niemand, Herr. Jesus aber sprach zu ihr: So verurteile auch ich dich nicht. Geh hin und sündige nicht mehr!

Johannes 8,10-11 (ELB)

Mein geliebtes Kind

Was sind das nur für böse Ankläger, die dein Herz gefangen haben! Sie erheben sich selbst zu Richtern und Vollstreckern.

„Schuldig", schreien sie. Und deine Seele hat ihnen geglaubt. Deine Ohren gellen von ihren Schreien und so hörtest du auf ihre Rufe mehr als auf mein leises Eingreifen. Ich habe sie längst überführt, diese bösen Lügenstimmen. Meine Barmherzigkeit hat sich vor dich gestellt, mein Blut wurde für deines vergossen. **Niemand hat das Recht, dich zu verurteilen, denn ich habe dich ins Leben zurückgeliebt.**

Ich will jetzt schon erlöstes und heiles Leben für dich, nicht erst später einmal in der Ewigkeit, wo es keine Anfechtungen mehr geben wird. Aber wir brauchen deine Mitarbeit. Schenk den alten Anklägern in dir keinen Glauben mehr! Begib dich nicht mehr in ihren Einflussbereich! Hol dir Hilfe, wenn du dich angreifbar fühlst! Und wenn es doch wieder einmal passiert, dass sie dich in ihre Gewalt bringen, stimme nicht in den Chor der Verurteiler mit ein, sondern höre auf meine Retterstimme: *So sehr habe ich dich geliebt, dass ich mein Leben für dich gab! Jeder, der an meinen Namen glaubt, geht nicht verloren, sondern wird ewiges Leben haben!* (nach Johannes 3,16)

Hiervon bin ich freigesprochen:

....

....

8. April **angekommen und angenommen**

Ich bin zur Ruhe gekommen. Mein Herz ist zufrieden und still.

Psalm 131,2 (HFA)

Lieber Vater im Himmel

Als ich mich zu dir aufgemacht habe, war ich getrieben von Unruhe und Angst. Alles in mir sehnte sich nach Sicherheit und Frieden. Ich kam zur Ruhe, als ich zu dir kam. Du machtest aus Unruhe Ruhe. Du generiertest Frieden aus Unsicherheit. Bei dir wurde aus Leere eine wohltuende Stille, und aus dem Gefühl, verloren zu sein, da wurde Geborgenheit. Je näher ich dir bin, desto zufriedener bin ich. Weil deine Ruhe auf mich abfärbt und weil sich mein Herzschlag an deinen anpasst. **Dein Frieden macht mein Herz still und satt.** Es muss nicht mehr hektisch mit den Flügeln schlagen wie ein ängstliches Vögelchen, sondern darf sich tragen lassen von den Aufwinden deiner ewigen Liebe.

Danke, dass ich jeden Tag neu Zugang zu dieser Ruhe habe. Danke, dass diese Friedensquelle nie versiegt! Danke, dass es kein fauler Frieden ist, der mich in die Passivität verführt. Auch vermeidet er Konflikte nicht, ganz im Gegenteil. Ich bin bei dir so angenommen wie ich angekommen bin, deshalb relativiert sich vieles. Ich muss nicht mehr strampeln, um Aufmerksamkeit und Liebe zu bekommen. Nicht mehr aufpassen, dass ich nicht zu kurz komme. Mein Herz wird still und satt bei dir.

Danke für den Frieden, den ich in dieser Sache spüre:

9. April **selbst Schuld**

Es steht doch dort geschrieben: Der von Gott erwählte Retter muss leiden und sterben, und er wird am dritten Tag von den Toten auferstehen. Allen Völkern wird in seinem Auftrag verkündet: Gott vergibt jedem die Schuld, der zu ihm umkehrt.

Lukas 24,46-47a (HFA)

Lieber Vater im Himmel

Ich bin selbst schuld. Ja, ich weiß, dass mein Verhalten, meine Worte oder mein Unterlassen dazu beitrugen, Wunden zu schlagen. Es ist mir bewusst, dass ich an vielen meiner eigenen Verletzungen auch selbst mit schuld bin. Auch wenn man so gern anderen die Schuld in die Schuhe schiebt: tief in mir weiß ich, dass auch ich Schuld trage. **Mein Herz ist damit überfordert. „Selbst schuld" – das sagt sich so leicht und lapidar, aber es ist schwer, schuld zu sein.**

Menschen schieben darum Schuld in anderleuts Schuhe. Aber du, Gott, NIMMST Schuld auf dich. Die Strafe liegt und lastet auf den Schultern eines gekreuzigten Unschuldigen, auf dass wir Frieden haben (Jesaja 53,5)! Danke, dass du deinen Sohn verwunden und sterben ließest, obwohl dich das alles gekostet hat. Nur damit ich nicht mehr selbst schuld bin! Danke für meine Rettung, die dort für alle Zeit und Ewigkeit besiegelt wurde! *Wo ist solch ein Gott, wie du bist, der die Sünde vergibt und erlässt die Schuld.* (Micha 7,18)

Diese Selbst-Schuld darf ich endlich ablegen:

....

....

10. April **noch und dennoch**

noch an Händen und Füßen gebunden
vom Tod entstellt
noch geschunden
Das Gesicht verhüllt
ein Tuch triefend vor Leichengeruch

noch die Seele gefangen
im dunklen Loch
kein Weg aus dem Jammer
noch die Hoffnung verborgen
Grabesstille in der Kammer
Kein Lichtschimmer, kein Morgen

Ein Rufen wie von sehr weit her
unüberhörbar und himmelheilig:
Komm heraus!
Aus der Grabeskammer dunkler Not
Der Tod ist gebannt
Ich habe dich bei deinem Namen genannt!
Ruf der Taubheit ein Dennoch entgegen
Sing der Schwerkraft ein Dennoch entgegen
Trotz den Fesseln ein Dennoch entgegen

Weil du gerufen wurdest
Von ewiger Stimme mit göttlicher Macht
„Macht ihn frei und lasst ihn gehen!"
Es ist vollbracht
Und keine Nacht der Welt kann ihn halten.

Und kannst du auch das Licht noch nicht sehn
Diese Worte galten
den himmlischen Gewalten
Und darum also wird es geschehn!
Dennoch

Und der Verstorbene kam heraus, an Füßen und Händen mit Grabtüchern umwickelt, und sein Gesicht war mit einem Schweißtuch umbunden. Jesus spricht zu ihnen: Macht ihn frei und lasst ihn gehen! **Johannes 11,44 (ELB)**

11. April **Über den Jordan**

Ich werde dich nicht aufgeben und dich nicht verlassen. Sei stark und mutig! Denn du, du sollst diesem Volk das Land als Erbe austeilen.

Josua 1,5b+6a (ELB)

Mein geliebtes Kind

So wie ich Josua damals versprochen habe, mit ihm „über den Jordan zu gehen“, und mit ihm das Land einzunehmen, so verheiße ich auch dir heute: „Sei mutig und stark!“

Lass die Angst zurück bei der Überquerung, ebenso die Sorgen! **Lass dein altes Ich „über den Jordan gehen“, lass es sterben, dieses ängstliche, misstrauische und selbstabwertende Herz.** *Ich will dir ein neues Herz und einen neuen Geist geben. Ja, ich nehme das versteinerte Herz aus deiner Brust und gebe dir ein lebendiges Herz.* (Hesekiel 36,26) Eines, das mutig meinen Wahrheiten glaubt.

Wenn du mutig zu deiner Schwachheit stehst und dich in allem vertrauensselig an mich wendest, dann bist du bereit, meinen geliebten Menschkindern ein wirkliches Vorbild zu sein und ein starker Vorkämpfer. Das soll das Erbe sein, das du mit ihnen teilen wirst: ein Land des Friedens, der Liebe und der Hoffnung! Ich sage nicht, dass es nicht umkämpft sein wird, denn das wird es immer wieder sein. Aber meine Verheißung gilt dann umso mehr: *„Ich verlasse dich nicht!“*

Diese Gewissheit nehme ich mit in meinen Tag:

....

....

12. April **Freigesprochen**

Denn wann immer unser Gewissen uns anklagt, dürfen wir wissen: Gott in seiner Größe ist barmherziger als unser eigenes Herz und ihm ist nichts verborgen.

1. Johannes 3,20 (NGÜ)

Mein geliebtes Kind

Meine Barmherzigkeit ist immer größer als dein Herz! Besonders, wenn es um jemanden so wichtigen geht wie dich. Ist es nicht krass, dass niemand so hart und unbarmherzig mit dir umgeht wie du selbst? Ist dir bewusst, wie tief meine Liebe zu dir ist? Ganz unabhängig davon, was du getan oder eben nicht getan hast, was du gesagt hast, oder wo du zu feige warst, deinen Mund zu öffnen. Dein Gewissen verklagt dich, denn es weiß um die Missstände in deinem Herzen und es deckt zu Recht deine Fehler auf. „Schuldig!", ruft der Ankläger und du nickst mit gesenktem Haupt und hängenden Schultern.

Mein Kind: Bitte erhebe deinen Blick und sieh in meine liebevollen Augen! Lies die überwältigende Wahrheit in ihnen: Du bist freigesprochen! Seitdem ich am Kreuz starb, gibt es keine gültige Anklage mehr gegen dich! Meine Barmherzigkeit deckt jede Schuld ab. Für mich ist es so, als wäre sie nie da gewesen. Also zerre sie nicht immer wieder an die Oberfläche, um deine Seele damit zu quälen. Die Arme des Gekreuzigten sind nicht ohne Grund weit offen für dich.

Diese Anklage will ich endlich zurückweisen:

13. April **Wer kommt in meine Arme?**

Ihr werdet traurig sein, doch eure Traurigkeit soll sich in Freude verwandeln!

***Johannes* 16,20b (HFA)**

Lieber Vater im Himmel

Ich erinnere mich so gern an das Spiel mit meinen Kindern: „Wer kommt in meine Arme?" Sie konnten davon gar nicht genug bekommen. Immer wieder nahmen sie Anlauf, warfen sich mir in die weit geöffneten Arme, um dann durch die Luft gewirbelt zu werden. Ich habe ihr helles Lachen noch heute im Ohr. Aber es gab auch die schweren Tage, an denen ihr Kummer mich zum Weinen brachte. Manches musste einfach ausgestanden werden. Jedes Wort wäre hohl gewesen, weil es nicht angekommen wäre. Diese Umarmungen waren anders: intensiv, festhaltend, still.

Lieber Vater, eine solche Umarmung hältst du heute für mich bereit. Deine Tröstungen sind still und wissend und warm. Danke, dass ich mich in deine Arme werfen kann. Immer wieder. Manchmal vor Glück jauchzend und manchmal schluchzend. Danke, dass du mich ohne Worte verstehst. Ich vertraue mich dir an. Ich mute mich dir zu, hoffend und glaubend, dass du deine Arme für mich öffnest. *Warum nur bin ich so traurig? Warum ist mein Herz so schwer? Auf Gott will ich hoffen, denn ich weiß: Ich werde ihm wieder danken. Er ist mein Gott, er wird mir beistehen!* (Psalm 42,12 HFA)

Ich suche Trost in dieser Sache:

....

....

14. April **Kein Sterbenswörtchen**

Es ist vollbracht
der Himmel zeigt Erbarmen
besiegt die Macht der Todesnacht
mit weiten Segensarmen
vollbracht – allein aus Liebe tot
vollbracht – und doch kein Gnadenbrot
vollbracht – erschöpftes, müdes Wort
erbarmungsloser Opfermord
Kein essigsaures Klagen!
Not für die Welt zu tragen
samt Schmerz und Scham und Hohn
gedemütigt, geschlagen
gebeugt und doch erhaben
Vom Himmel fällt
Licht auf den stillen Held
den todgeweihten Menschensohn
von Gott und aller Welt verlassen
vollbracht und niemand kann es fassen
dass Tod Befreiung generiert
in Golgatha zentriert, ja zelebriert
das Böse seine Macht
und doch wird es
vom Sterbenswörtchen degradiert
die Zeit der Nacht ist limitiert
Man hat ihn umgebracht
und doch lebt er in Ewigkeit
gerät nicht in Vergessenheit
das Sterbenswort bringt Leben
und Auferstehungssegen
es hat den Himmel aufgemacht
der Schlüssel heißt:
Es ist vollbracht

Nachdem er ein wenig von dem Essig genommen hatte, sagte er: „Es ist vollbracht." Dann neigte er den Kopf und starb.

Johannes 19,30 (NGÜ)

15. April **verraten und verkauft**

Die Hohepriester nahmen die Silberstücke und sagten: Man darf das Geld nicht in den Tempelschatz tun; denn es klebt Blut daran. Und sie beschlossen, von dem Geld den Töpferacker zu kaufen als Begräbnisplatz für die Fremden.

Matthäus 27,6-7 (EÜ)

Lieber Jesus

Mein Herz ist schwer. 30 Silberstücke für den Herrn der Welt? So viel bezahlte man damals in etwa für einen Sklaven. Was ist das für eine Welt, die Menschen für Geld verkauft? Was sind das für Menschen, die ihren eigenen Gott verschachern? 30 Silberstücke, um einen Blutacker zu kaufen! Um einen Friedhof für die Fremden zu haben.

Ich erschauere. Unser Friedhof für die Fremden ist in diesen Zeiten das Mittelmeer. Was für eine billige Masche, sich aus der Verantwortung zu kaufen! Ich erschrecke. Gibt es einen solchen Blutacker im übertragenen Sinne auch in meinem Herzen? Wo all die fremden, dunklen Gedanken verscharrt werden, die nicht sein dürfen? Jesus, wo es diese Doppelmoral bei mir gibt, decke sie auf! Jedes Wort, das dich verraten hat, liegt dort begraben. Jeder Stolz, der meint, ohne dich gerechtfertigt zu sein, verendet dort. Jedes zu Recht schlechte Gewissen das an Schuld erinnern will, findet dort seine letzte Unruhestätte.

All diese Fremdlinge schreien zum Himmel. Sie schreien um Gnade und finden sie bei dir. Du hast mein Leben nicht mit 30 Silberstücken bezahlt. Du bezahltest es mit deinem Leben!

Jesus – und wir flehen für die Heimatlosen unserer Welt um Erbarmen! Das soll mein Gebet heute sein:

16. April **Kindliche Verletzungen bringen**

Da sagte Jesus: „Lasst die Kinder zu mir kommen; hindert sie nicht daran! Denn gerade für solche wie sie ist das Himmelreich."

Matthäus 19,14 (NGÜ)

Mein geliebtes Kind

Weißt du noch, wie es war, als du ein kleines Kind warst? Erinnerst du dich an das, was du geliebt hast und worüber du lachen konntest? Weißt du auch noch, was du oft vermisst hast? Wo wurden deine kindlichen Bedürfnisse nicht gewürdigt? *Sieh, ich lasse eine Haut über deine Wunde wachsen und bringe ihr Heilung. Ich stelle dich wieder her und bringe dir echten, dauerhaften Frieden (nach* Jeremia 33,6).

Ich war immer an deiner Seite, mein Kind! Gerade in den Situationen, wo du dich verlassen gefühlt hast. **Lass das kleine bedürftige Kind, das du einmal warst, nun zu mir kommen!** Ich will es berühren mit meinem heilenden Segen, und Licht auch in deine kindlichen Verletzungen bringen.

Bist du dir bewusst darüber, dass du dieses Kind oft selbst daran hinderst, in meine Arme zu flüchten? Wenn du innere Sätze sagst wie: „Stell dich nicht so an!" oder „Ein Junge weint nicht!" oder „Sei nicht so kindisch!" Du hast deine eigene Liste mit solchen abwertenden Sätzen. Entlarve sie und komm zu mir auch mit deinen kindlichen Bedürfnissen. Du sollst nicht zurückgewiesen werden! Aus dem Staub deiner Trümmer erschaffe ich eine lebende Seele. *Ich puste meinen Lebensatem in deine Nase und sage: lebe!* (1. Mose 2,7) Nicht trotzdem, sondern aus deiner Asche heraus. Lebe als Experte für Lebenswunden, wie du sie erlebt und überwunden hast durch meine heilenden Hände.

Ich sage Folgendes zu mir, wenn ich mich zusammenreißen will:

....

....

Der lebendige Gott

friedhöflich
grüßt die eisige Stille:
Dein Gott ist tot,
die Hoffnung begraben
verspottet, bedroht,
offenbares Versagen
der Göttlichen
Rettungsmaßnahmen

Er ging und er ließ uns die Angst zurück
Er starb und verhieß uns doch ewiges Glück
Durchkreuzt ist der Ausweg, die Rettung, der Plan
Gekreuzigt die Hoffnung, die Liebe vertan

Was sucht ihr
den Lebenden
bei den Toten?
Damals wie heute
versucht zu suchen
anstatt zu finden
den lebendigen Gott

Während sie ratlos dastanden, traten zwei Männer in leuchtenden Gewändern zu ihnen. Die Frauen erschraken und blickten zu Boden. Die Männer aber sagten zu ihnen: ***Was sucht ihr den Lebenden bei den Toten?***

Lukas 24,4-5 (NGÜ)

18. April **Himmel auf Erden**

Als deine Wache setze ich Frieden ein und als deine Machthaber Gerechtigkeit.

Jesaja 60,17b (ELB)

Mein geliebtes Kind

Der Vorhang in mein himmlisches Reich ist blickdicht für den, der nicht glaubt. Es scheint so, als würde das Böse an der Macht sein. Überall, wo man hinsieht, ist Ungerechtigkeit, Gewalt, Beschämung und Hass. Ich verstehe ja, dass man von dieser Warte aus nicht erkennen kann, dass letztendlich ich alle Fäden in der Hand habe und dass die von mir eingesetzten Herrscher Friede und Gerechtigkeit heißen. Und doch ist das die reine Wahrheit.

Wenn die Zeit der ersten Erde vollendet ist und das Böse zum letzten Schlag ausgeholt hat, wird ein neues Zeitalter anbrechen. Die zweite Erde oder der „Himmel“, wie ihr ihn oft nennt, ist kein Märchen, das man Kindern zum Trost erzählt. **So wahr ich Gott bin, wird das eintreffen, was ich verheißen habe!** Du darfst voller Zuversicht sein, dass ich das Weltgeschehen lenke. Der Himmel ist kein Wunschschloss, sondern eine reale Dimension mit realen Machthabern. Seine Zeit wird kommen! *Ich werde meinem Volk Kraft geben. Ich werde es segnen mit Frieden* (nach Psalm 29,11).

Dieser himmlischen Realität will ich mehr Raum in meinem Alltag geben:

....

....

19. April **In wundgemalte Hände**

Jedes Herz hat einen blinden Fleck,
ein Leck – aus dem es tropft. Das Herz verkopft.
Der Schmerz verstopft die Pipeline zu meiner Seele.
Ich bin voll mit Müll und leer mit mir.
Wenn ich mir selbst so fehle, denkt mein Herz, es wär' allein.
Schwer sein ist ein Indiz für zu viele Gedanken dort
am heiligen Zufluchtsort,
wo der Himmel die Beschwerde berührt,
die Leere erspürt, das Schwere abführt.
Aber wie um Himmels Willen woll'n wir das Herz neu befüllen?
Dieses Herz mit dem Loch.
Ich warte auf Heilung – immer noch!

Vater, wieso sagst du nichts dazu? Gott, warum schweigst du?
Bist du noch da, wenn ich dich nicht höre?
Bist du mir nah, mitten in dieser Leere?

Ein Gedanke blitzt auf und erwidert:
Wenn du schweigst, Menschenkind, und einfach still bist,
heißt das nicht, dass dein Da-Sein gefährdet ist!
Warum sollte das bei mir anders sein?
Ist dir klar, dass ich auch dich vermisse
und die innigen Gespräche zu zwei'n?

Ich bin nah bei dir und wein' und wasch' und spül' eitrige Wunden.
Ich hab' sie verbunden und nun gesunden die schmerzhaften Risse.

Leg deine wundeste Stelle in meine wundgemalten Hände.
Erfrisch dich und trink aus der Quelle!
Ich werd' die Klage wenden und bis die Tage enden,
die heut' noch wüten, werd' ich die Hoffnung für dich hüten.

Er heilt, die zerbrochenen Herzens sind, und verbindet ihre Wunden.

Psalm 147,3 (LUT)

20. April **schwerkraftlose Hingabe**

Und als er kam, fand er sie wieder schlafend, denn ihre Augen waren beschwert.

Matthäus 26,43 (ELB)

Mein geliebtes Kind

Schweres folgt der Schwerkraft auf der Erde. Belastungen, Angst, Bedrohungen, Überforderungen und daraus resultierende Erschöpfung beschweren den Menschen. Physisch und psychisch. Nötiger als alles andere braucht er dann Entspannung und Schlaf als Ausgleich. Ich habe dich so gemacht – also werde ich dir nicht vorwerfen, erschöpft zu sein.

Schäme dich deiner Müdigkeit bitte nicht! Sie ist ein wichtiges Signal deines Körpers. Gerade in schweren Zeiten brauchst du den Ausgleich des Schlafes. Weißt du, dass Jesus auch ganz Mensch war mit ganz menschlichen Bedürfnissen? Er war beschwerter als jeder andere, denn er trug die Sünde der gesamten Menschheit in seinem Herzen, um sie ein für alle Mal zu entmachten. Er war der Einzige, der der Schwerkraft etwas Himmlisches entgegensetzen konnte: Hoffnung!

Prüfe dein Herz, ob deine Augen aus Gleichgültigkeit vor der Not des Andern beschwert sind und nicht hinsehn und nicht hingehn, um ihm in der Not beizustehn. Oder ob sie von eigener Erschöpfung beschwert sind und Schlaf und Ruhe brauchen. *Ich gebe dem Müden Kraft und dem Ohnmächtigen mehre ich die Stärke* (nach Jesaja 40,29).

Das ist das Ergebnis meiner Prüfung:

21. April **mitgegangen – mitgehangen**

Thomas, den man auch den Zwilling nannte, sagte zu den anderen Jüngern: „Ja, lasst uns mit Jesus nach Judäa gehen und dort mit ihm sterben.“

Johannes 11,16 (HFA)

Lieber Jesus

Ich mag diesen Thomas, seine ehrliche Art, die Dinge beim Namen zu nennen und zuzugeben, dass er einfach nicht glauben kann. Du weißt ja, wie er das gemeint hat mit dem Mitgehen um Mitzusterben. Ich kann es mir nur zusammenreimen: In meinen Ohren klingt da eine Menge Sarkasmus und Ironie mit. Oder hat er es tatsächlich genauso gemeint?

Wie auch immer. Ich staune über das Vertrauen, das er hatte! Er wusste, dass er das so sagen darf. Er wusste, dass er dir nicht diplomatisch kommen muss. Er wusste, dass er seine Zweifel beim Namen nennen darf. Er wusste, dass du in sein verwirrtes, ängstliches Herz sehen würdest und es verstehen würdest.

Das berührt mich, Jesus! Und es hilft mir, meine Scheu vor dir abzulegen, um ganz authentisch bei dir zu sein. Ich wünschte, ich könnte aus tiefstem Herzen diesen vollmundigen Satz mitsprechen! Aber ich bin kein Held. Und ich habe Angst. Und trotzdem will ich mit dir gehen. Weil ich dir vertrauen will.

Wenn es sein muss, darfst du mein Vertrauen auch so stärken:

Als aber der Hauptmann und die, die mit ihm Jesus bewachten, das Erdbeben sahen und das, was geschah, fürchteten sie sich sehr und sprachen: Wahrhaftig, dieser war Gottes Sohn!

Matthäus 27,54 (ELB)

Mein geliebtes Kind

Ein toter Jesus ist noch gefährlicher als der Lebende! Das wissen die Soldaten, die meinen sterbenden Gottessohn bewachen. Das sind die gleichen Leute, die vorher noch gewürfelt haben in lässiger Runde, die sich die Kleidung unter den Nagel gerissen haben und die ihn verspottet haben.

Die gleichen Leute, die gerade noch gelacht haben, werden still angesichts der entfesselten Macht. Sie erbeben wortwörtlich mit der Erde. Die Welt erzittert, als sie erkennt: *„Wahrlich, dieser war Gottes Sohn!“* Und so paradox das klingen mag: Sie haben recht! Denn durch den Tod des Gottessohnes wurde unübersehbar, dass er MEIN SOHN ist. Die Erde erkennt das, bevor der Mensch es einsieht. Der endgültige Sieg über den Tod war gleichzeitig die für mich dunkelste Stunde, denn die Wende der Auferstehung lag noch unendlich schmerzhafte, drei lange Tage entfernt!

Mich hat dieser Sieg alles gekostet. Aber du bist es wert. **Dein Herz lebt, denn mein Herz bebt aus Liebe zu dir.** *Weil du teuer bist in meinen Augen und herrlich und weil ich dich lieb habe.* (Jesaja 43,4)

Vater, ich erkenne an, dass ...

23. April **verschlossene Türen**

Acht Tage später hatten sich die Jünger wieder versammelt. Diesmal war Thomas bei ihnen. Und obwohl sie die Türen wieder abgeschlossen hatten, stand Jesus auf einmal in ihrer Mitte und grüßte sie: „Friede sei mit euch!“

Johannes 20,26 (HFA)

Lieber Jesus

Nur eine Woche ist vergangen und die Türen sind schon wieder verschlossen. Nie hält der Eindruck deiner Wunder und Offenbarungen lange an bei mir. Im Moment bin ich ergriffen und voller Staunen und Dankbarkeit, und dann legt sich die altbekannte Angst wieder auf meine Seele. Nur acht Tage später! Hab-Acht-Stellung nennt man das wohl.

Es berührt mich, dass du dich nicht aufhalten lässt von verschlossenen Türen und hochgezogenen Mauern! Du kommst in meine Mitte – meldest dich zu Wort in meinem Herzen und dann fängst du nicht an mir vorzuwerfen, dass ich mehr Vertrauen haben sollte, obwohl du jedes Recht dazu hättest. Was habe ich nicht schon alles mit dir erlebt! Nein, sondern du sprichst diesen wunderbaren, zärtlichen Gruß: „Friede sei mit euch!" Was bist du für ein Gott, dass du uns das Misstrauen nicht nachträgst?! Danke für den Frieden, den du auch heute in meine Situation hineinbringst! Keine verschlossene Tür kann dich aufhalten. Du fällst auch nicht mit der Tür ins Haus und erschreckst mich dabei zu Tode. **Du bist einfach auf einmal da mit deinem Frieden und deiner tröstlichen Gegenwart.** Du bist ein Gott, der Wunder tut. Staunend erkenne ich das.

In diese scheinbar ausweglose Situation komme du hinein:

24. April **Raus aus dem Strudel**

Auf, wimmere bei Nacht, bei Beginn der Nachtwachen, schütte wie Wasser dein Herz aus vor dem Angesicht des Herrn!

Klagelieder 2,19a (ELB)

Mein geliebtes Kind

Besonders in der Nacht werden innere Stimmen gerne wach, die kindliche Lügen wieder auftischen. Gerade diese schutzlosen Momente, die dich überfordern, nutzen sie, um dein Herz erneut zu versklaven. Wenn nur dein Unterbewusstsein arbeitet, spült es oft die ältesten und skurrilsten Dinge an den Strand deiner Gefühle. Dann erwachst du mit diesen vernichtenden Gedanken, die so tun, als wären sie die einzige Wahrheit. Als gäbe es keine Hoffnung, keine Vergebung, keine Schönheit, keine Freude. Sie wollen dich mit ihrem Sog hinaus ins dunkle Meer ziehen.

Ich verzögere meine Zusage nicht, wie manche das meinen. Im Gegenteil: Ich habe unendliche Geduld mit dir (nach 2. Petrus 3,9). Schütte dein Herz bei mir aus! Lass das kalte, salzige Wasser aus der Seele abfließen, damit du nicht darin ertrinkst! Ergreife meine rettende Hand, die dich aus dem todbringenden Strudel ziehen will. Mein Heiliger Geist will wie ein warmer Wind dein Herz trocknen, damit es wieder frei atmen kann.

In diesen Strudel gerate ich immer wieder:

....

....

25. April **Regenland**

Du wirst nicht länger „die Verstoßene“ genannt, dein Land wird nicht mehr „Ödland“ heißen, sondern „Gottes Liebling“ nennt man dich und dein Land „Regenland“. Denn Jahwe hat seine Freude an dir und vermählt sich mit deinem Land.

***Jesaja* 62,4 (*NeÜ*)**

Mein geliebtes Kind

Was immer auch passiert ist: Ich habe nie aufgehört, dich zu lieben, mein Kind! Je schmerzhafter deine Verwundungen in der Vergangenheit waren, desto größer wird deine Wiederherstellung gefeiert werden! Du sollst nie wieder „die Verstoßene“ heißen und in der Wüste verloren sein. Diese alten Gefühle der Abwertung sind ein für alle Mal entmachtet worden. Wenn sie sich doch wieder einmal bei dir melden, dann erinnere sie daran! Halte ihnen entgegen, dass du meine Braut bist! Mein Liebling!

Was immer auch passieren wird: Ich werde niemals aufhören, dich zu lieben, mein Kind! **Ich habe ein Land für dich vorgesehen, indem du dich entfalten kannst, indem du wachsen und gedeihen sollst.** *Du wirst hinüberziehen und dieses gute Land in Besitz nehmen* (nach 5. Mose 4,22), dieses Land, in dem es reichlich Segenswasser gibt. Dein Gebiet, das verwüstet und öde war, soll zu Regenland werden, und keiner darf kommen, um es wieder trockenzulegen. Ich selbst, dein Geliebter, werde mich darum kümmern.

Ich bete um Regen für:

26. April **Nicht wenn, sondern weil**

Und sie sagten zueinander: Brannte nicht unser Herz in uns, als er unterwegs mit uns redete und uns den Sinn der Schriften eröffnete?

LUKAS 24,32 (EÜ)

Lieber Vater im Himmel

Auch jetzt brennt mein Herz wieder, wenn ich diese Worte lese. Aber es brennt nicht vor Liebe, sondern vor Scham. Ich bin niedergeschlagen, weil mein Herz so kühl und meine Seele so dickhäutig geworden ist. Dein Wort ist voller Ermutigungen, dass ich mich nicht fürchten soll. **Aber ich ernähre meine Angst täglich ausgewogen und reichlich mit frischen Sorgen und bitterem Misstrauen.** Du schreibst hundertfach vom Dienen und Demütigsein, und ich habe erst einen Bruchteil davon verstanden, geschweige denn umgesetzt. Und dann der rote Faden, der sich wie eine Rettungsleine durch die Stürme der Welt zieht: deine unfassbare Liebe zu uns Menschen, die NICHTS gescheut hat. Wieso pervertiert mein Herz diese Liebe so gern in einen kausalen Nebensatz: „Ich liebe dich, wenn …"?

Vater, aber du liebst mich nicht WENN, sondern du liebst mich WEIL! Weil dein Herz sich nach meinem sehnt! Bitte lenke meine Augen zu den Worten in deiner Schrift, die heute für mich wichtig sind. Entzünde das Feuer deiner Liebe neu in meiner Seele und befähige meine Hände, Füße und meine Zunge zum Dienen.

Ich erinnere mich an das Brennen in meinem Herzen:

27. April **Alle Zeit der Welt**

Siehe, ich wirke Neues! Jetzt sprosst es auf. Erkennt ihr es nicht? Ja, ich lege durch die Wüste einen Weg, Ströme durch die Einöde.

Jesaja 43,19 (ELB)

Mein geliebtes Kind

Ich wirke Neues! Auch in deinem Leben sollen neue Wunder geschehen, initiiert vom Schöpfer allen Lebens. Ich weiß, dass dir das oft nicht schnell genug geht. Deine Ungeduld liegt an der Kürze der Zeit, die dir zur Verfügung steht. Mir aber sitzt keine Zeit im Nacken. Ich habe wortwörtlich „alle Zeit der Welt“! Lass dich nicht blenden vom vermeintlich schnellen Wachstum der anderen. Kressesamen keimt schneller als eine junge Eiche. Erkenne die Zeichen der Zeit und erlaube deiner Eiche, in ihrem Tempo zu sprossen und zu wachsen. Und noch eine Sache gebe ich dir zu Bedenken, mein Kind: Bevor eine Eiche wachsen kann, musste zuvor eine Eichel sterben.

Welche „Eichel“ solltest du endlich sterben lassen, damit ich das Neue in dir wirken kann? Ich habe für alles eine Zeitspanne vorgegeben. Halte nicht krampfhaft am Alten fest, denn das wird dem Neuen die Luft zum Atmen und den Boden zum Keimen nehmen. *Ich segne jeden, der seine Hoffnung auf mich, den HERRN, setzt und mir ganz vertraut. Er ist wie ein Baum, der nah am Bach gepflanzt ist und seine Wurzeln zum Wasser streckt.* (Jeremia 17,7+8a)

Dieses Neue erwarte ich mit großer Sehnsucht:

....

....

28. April **Eine lebensweise Lebensweise**

Wir bitten Gott, dass er euch mit all der Weisheit und Einsicht erfüllt, die sein Geist euch schenkt, und dass er euch erkennen lässt, was sein Wille ist.

Kolosser 1,9 (GNB)

Mein geliebtes Kind

Wenn du dich mit meinen Augen sehen könntest, würdest du dich auf der Stelle in dich verlieben! Wenn du das wahrnehmen könntest, was ich schon jetzt in dir sehe, dann wärst du sehr viel mutiger! Wenn du verstehen würdest, dass Weisheit immer mit einem durstigen Herzen beginnt, dann bräuchtest du dich nicht mehr für deine Unvollkommenheit schämen.

Weißt du, ich wünsche mir keine neuen Diener für mein Reich. Ich habe es nicht nötig, von meinen eigenen Geschöpfen angebetet und verehrt zu werden. Ich könnte diese Welt sehr viel einfacher und klüger ohne die Menschen regieren. Dennoch suche ich deine Nähe und baue auf deine Mithilfe, weil ich mir nichts mehr wünsche als in einer liebevollen Beziehung mit dir zu leben. Du bist mit allem ausgestattet, was es braucht, um klug und weise meine Belange auf der Erde zu vertreten. Durch deinen Mund will ich meine Liebe zu den Menschen ausrufen lassen! Durch deine Hände sollen sie getröstet und gestützt werden in Zeiten der Not! Denke nicht klein von dir und deinen Möglichkeiten – denke lieber groß von dem, was ich in dich hineingeliebt habe!

Schenke mir mehr Weisheit für:

....

....

29. April **Kugelstoßen**

So fern, wie der Osten vom Westen liegt, so weit wirft Gott unsere Schuld von uns fort!

Psalm 103,12 (HFA)

Lieber Vater im Himmel

In meiner Schulzeit haben wir einmal Kugelstoßen gemacht. Erinnerst du dich noch, wie meine Klasse über mich gelacht hat, weil ich minus 30 cm geschafft hatte? Die Kugel war mir über die Schulter gerollt und ist dann hinter mir nach unten gefallen. Meine dünnen Arme konnten die schwere Kugel einfach nicht festhalten und schon gar nicht werfen. Beim Lesen dieses Verses musste ich sofort wieder daran denken, wie hilflos ich versucht habe, das dicke Ding irgendwie wegzuwerfen.

Mit meiner Schuld verhält es sich genauso. Je schwerer sie wiegt, desto weniger gelingt es mir, sie loszuwerden. Und dann kommst du und wirfst sie nicht nur weg, sodass man sie noch sehen oder wieder zurückholen könnte. Nein – du wirfst sie außerhalb meiner menschlichen Dimensionen und Vorstellungen! Der Osten ist unendlich weit entfernt vom Westen. Ich kann nicht begreifen, wie du das tust, ich kann es nur mit dankbarem und staunendem Herzen zur Kenntnis nehmen. ***Das, was für mich unmöglich ist, das ist möglich bei dir*** (nach Lukas 18,27).

Diese schwere Kugel übergebe ich dir:

....

....

30. April **Seelenhygiene**

Denn was wird es einem Menschen nützen, wenn er die ganze Welt gewönne, aber seine Seele einbüßte? Oder was wird ein Mensch als Lösegeld geben für seine Seele?

MATTHÄUS 16,26 (ELB)

Mein geliebtes Kind

Ist es dir bewusst, wie wichtig deine Seelenhygiene ist? Wichtiger als das tägliche Zähneputzen! Denn dein Körper wird vergehen, aber deine Seele will die Ewigkeit bei mir verbringen. Wieso richtest du dein Hauptaugenmerk so gern auf die äußerlichen Dinge? Wie gepflegt du aussiehst, wie aufgeräumt dein Haus ist oder wie beeindruckend dein Lebenslauf ist, all das wird jedoch schon in 80 Jahren keinen mehr interessieren.

Deine Seele aber wird mit dir hinüber in die andere Wirklichkeit gehen. Darum lege ich dir dein Herz ans Herz! Entsorge giftigen Müll, der sich immer wieder durch Bitterkeit, Neid oder Hochmut ansammelt! Enttarne die Lügen, die dir etwas anderes als meine Wahrheit sagen, nämlich dass du mein geliebtes Kind bist! **Sortiere die Prioritäten auf deiner Herzens-Agenda und setze unsere Beziehung an die oberste Stelle!** Lass mich Verletzungen behandeln, damit sie sich nicht entzünden und nicht zuletzt: Streiche deine Herzinnenwände satt mit Vertrauen in mich. Denn nur eine vertrauensselige Seele wird belohnt mit Freude und Frieden. Ich will all das Gute in dir vollbringen, aber ich brauche dafür dein Einverständnis!

Vater, ich erlaube dir, dass du …

1. Mai **Entlastung für schmale Menschenschultern**

So wird mein Wort sein, das aus meinem Mund hervorgeht. Es wird nicht leer zu mir zurückkehren, sondern es wird bewirken, was mir gefällt, und ausführen, wozu ich es gesandt habe.

Jesaja 55,11 (ELB)

Mein geliebtes Kind

Vielleicht sind diese Worte ein Trost für dich? Vielleicht entspannen sie die Erwartungshaltung, mit der du dich selbst oft überforderst? Weißt du, mein Arm ist so viel stärker als alles, was du bewirken könntest, und mein Wort so viel machtvoller als jeder deiner gut durchdachten Sätze. Manches musst du nicht bewirken – du könntest es auch gar nicht und darum wäre es nur eine nie versiegende Quelle von Entmutigungen.

Ich bin es, der die Herzen der Menschen berührt und zur Umkehr ruft. Ich bin es, der dein Herz überführt, wenn Überheblichkeit, Neid oder böse Gedanken darin sind. Ich bin es, der die Fäden der Weltgeschichte in der Hand hält.

Das heißt nicht, dass du dich zurücklehnen sollst und die Hände in den Schoß legen kannst. Beileibe nicht! Aber es nimmt dir die Verantwortung, die auf deinen schmalen Menschenschultern lastet. **Ich habe dich erwählt meine Hände und meine Lippen zu sein in deiner Welt.** Aber sei ganz getrost: Nichts wird dich über die Maßen auszehren, denn meine Kraft ist in dir und mein Wort lebt in dir. Gib mir mehr Raum und lass mich bewirken, was dich überfordert. Ich helfe dir so gern!

Diese Verantwortung lege ich zurück in Gottes Hände:

....

....

2. Mai **Fertig-Frieden**

Eine gute Portion Ärger richtig aufkochen
Dazu eine Prise vom milden Selbstmitleid.
Bis dass die Bitterstoffe sich bilden braucht's nicht viel Zeit.
Kauen und verdauen ist nicht so wichtig,
einfach schlucken und auf die Bauchschmerzen warten.
Dann starten mit dem Lächeln
und dem So-tun-als-ob-nichts-wär.
Es ist gar nicht so schwer
sich ausschließlich mit Ballaststoffen zu ernähr'n.
nein – mitnichten!
Wer Blähungen liebt, sollte nicht drauf verzichten.
Mit billigen Fertig-Frieden-Gerichten das Richten erlernen.
Das ist zwar nicht lecker,
aber dafür auch nicht gesund!

Ganz anders die lästige **FriedFertigkeit!**
Dafür braucht es Geduld und Barmherzigkeit
und manchmal sogar Zeit
und Mut sich andern zuzumuten.
Beim Essen, Reden und Kauen
das Schmecken nicht vergessen.
Daneben zuhör'n und Worte aussortier'n,
die den andern empör'n oder stör'n oder gar abschrecken.
Friedfertigkeit wird lang nicht so heiß gegessen wie sie gekocht wird.
Sie ist kein heißer Brei!
Aber dafür ist sie sehr bekömmlich und frei von Heuchelei,
enthält keinerlei Rechthaberei.
Auch Kummerspeck kann man getrost vergessen,
Portionen groß bemessen und sogar satt werden dabei.
Sie köchelt nicht gern im eigenen Sud
und schmeckt nur in Gemeinschaft so richtig gut!

Selig sind die Friedfertigen; denn sie werden Gottes Kinder heißen.

Matthäus 5,9 (LUT)

3. Mai **Aus-Druck**

Ich aber will deine Macht besingen und jeden Morgen deine Gnade rühmen, dass du mir eine sichere Burg warst, und ein Zufluchtsort am Tag meiner Bedrängnis.

Psalm 59,17 (SL)

Lieber Vater im Himmel

Manchmal frage ich mich, warum wir Menschen singen können? Wozu hast du mir eine Singstimme gegeben? Worte zum Reden hätten als Kommunikationsmittel doch auch gereicht.

„Oh, das ist wegen der negativen Gefühle allein schon ein wunderbares Hilfsmittel", wirst du wahrscheinlich sagen. „Singen ist ein Aus-Druck der Seele. Es lässt den Druck ab, der sich aufgebaut hat durch Gefühle wie Stress, Angst, Sorgen oder Selbstabwertung."

Wahrscheinlich hast du mir diesen Auftrag mit dem Dich-besingen und Deine-Gnade-rühmen meinetwegen gegeben. Um mich daran zu erinnern, dass du in den Tagen der Bedrängnis meine Hilfe warst. Genauso wirst du auch in Zukunft wieder mein Schutz und mein Zufluchtsort sein. Darum muss ich mich nicht ständig fürchten und sorgen. **Danke, dass du mir für die druckvollen Tage ein Ausdrucksmittel in die Hand gegeben hast!** Und wenn ich heute nicht laut singen kann, dann kann ich doch auch immerhin noch leise summen und der Hoffnung ein neues Lied schreiben.

Davon will ich summen und nicht verstummen:

....

....

4. Mai **Lebe das, was du sagst!**

Meine Kinder, unsere Liebe darf sich nicht in Worten und schönen Reden erschöpfen; sie muss sich durch unser Tun als echt und wahr erweisen.

1. Johannes 3,18 (NGÜ)

Mein geliebtes Kind

Bitte versteh mich nicht falsch! Ich habe überhaupt nichts gegen schöne Worte! Im Gegenteil: am Anfang war das Wort – mein Wort! Und dieses Wort hatte Power, Macht, Stärke, Schönheit und Wahrheit. Durch Worte kann so viel Gutes angestoßen werden! Das Augenmerk liegt also nicht auf „Worte und schöne Reden", sondern auf „erschöpfen"! Wenn das alles ist, was meine Kinder und Nachfolger auf der Erde tun, dann geht ein wichtiger Aspekt verloren und der Rest wird erschöpft, fad, langweilig und belanglos sein.

Deine Worte und Reden erschöpfen mich und auch deine Mitmenschen, wenn sie losgelöst sind von dem, was du dann tust. Spürst du dieses drängende Gefühl deiner ersten Liebe zu mir noch? Du hast es in der Hand, Beziehungen gerecht zu leben, Bedingungen zu verändern und deinen Mikrokosmos positiv zu beeinflussen. **Rufe diese heilige Unruhe in deine Worte und Taten zurück!** Lebe das, was du sagst und rede von dem, wie du leben willst! *Sei immer bereit, Rede und Antwort zu stehen, wenn dich andere nach der Hoffnung fragen, die dich erfüllt* (nach 1. Petrus 3,15b).

Hier brauche ich Korrektur für mein Handeln:

....

....

5. Mai **Gekrönt mit Ehre und Würde**

Was ist der Mensch, dass du an ihn denkst? Wer ist er schon, dass du dich um ihn kümmerst? Du hast ihn nur wenig geringer gemacht als Gott, mit Ehre und Würde hast du ihn gekrönt.

Psalm 8,5-6 (NGÜ)

Lieber Vater im Himmel

Was ist der Mensch? Wer bin ich schon? Es ist gut, diese Frage dem Einzigen zu stellen, der sie befriedigend beantworten kann. Wer ich bin, ist untrennbar mit der Frage nach meinem Schöpfer verbunden. Weißt du noch, als ich diese Frage mir selbst gestellt habe? Damals, als ich dich noch nicht liebte. Sie führte mich den direkten Weg hinein in die Minderwertigkeit. Sie zog mich hinab in die Dunkelheit. Das ist das Wesen dieser Frage, wenn sie an den Falschen gerichtet wird. Und dann kamst du in mein Leben und schenktest mir zum Einzug in mein Herz diese wortwörtlich „über-weltigende" Antwort: „Du bist mein geliebtes Kind!"

Ich habe einen Vater, der mich mit Ehre und Würde krönt! Warum sollte ich danach noch woanders suchen? Ewig will ich dir danken für dieses Vorrecht, dein Kind zu sein. Wenn ich das heute vergessen sollte im lauten Stöhnen des Tages, erinnere mein Herz daran, dass ich meine Ehre und Würde nicht an falscher Stelle suche. Danke für den Segen des Friedens, den du bereithältst!

Dieser Versuchung, nach Ehre und Würde zu suchen, will ich widerstehen:

....

....

6. Mai **Ein angemessener Preis**

Er sprach zu ihnen: Als ich euch ohne Börse und Tasche und Sandalen sandte, mangelte euch wohl etwas? Sie aber sagten: Nichts.

Lukas 22,35 (ELB)

Mein geliebtes Kind

Weißt du noch, als du der jungen Mutter am brütend heißen Strand geholfen hast, ihre schweren Sachen zu schleppen, damit sie ihre Tochter tragen konnte? Kannst du dich daran erinnern, wie dankbar sie war für deine uneigennützige, spontane Hilfsaktion? Ihr habt euch beide damals die nackten Fußsohlen auf dem glühend heißen Sand verbrannt. Tagelang erinnerten dich die Brandblasen daran. Trotzdem hast du es nicht bereut. Es war das einzig Richtige, ihr zu helfen und so die zarten Fußsohlen des kleinen Mädchens zu verschonen. Manches Mal verlangt dir die Treue und Nächstenliebe etwas ab. Niemals wird dies jedoch dir zum Schaden sein, auch dann nicht, wenn sie einen hohen Preis kostet.

Und weißt du, mein geliebtes Kind: In den meisten Fällen bist nicht du die Person, die andere durchträgt, sondern viel häufiger bist du wie das kleine Mädchen, das in meinen Armen sicher durch die brütenden, wütenden Gefahrenzonen getragen wird. Ich liebe dich so sehr! **Nichts werde ich unversucht lassen, dich zu schützen, zu trösten und zu umsorgen.** Ich wünschte, du würdest das heute im Laufe des Tages am eigenen Leibe spüren können.

Ich will heute Lastenträger sein für ...

....

....

7. Mai **Sei verrückt!**

Der aber unter die Dornen gesät ist, das ist, der das Wort hört, und die Sorge der Welt und der trügerische Reichtum ersticken das Wort, und er bringt keine Frucht.

Matthäus 13,22 (LUT)

Mein geliebtes Kind

Lass dich nicht verrückt machen! Sorgen wird es immer geben und einen Grund zur Angst ebenfalls. **Keine dieser Sorgen jedoch wird an der Situation etwas verändern.** Lass dir keine Angst einjagen, wenn es drunter und drüber geht in deinem Leben. Auch wenn du *mich nicht so erfahren hast, wie die Israeliten damals am Berg Sinai. Sie kamen zu einem Berg, den man berühren konnte, auf dem ein Feuer loderte und der in dunkle Wolken gehüllt war* (Hebräer 12,18), so kannst du meine unsichtbare Gegenwart trotzdem real erleben!

Solange du auf die Sorge fokussiert bist, wird sie dich verrückt machen, dich schwindelig kreiseln und dir ihr hämisches „Siehst du?!" hinterherrufen, wenn du am Boden liegst. Rücke deinen Blickwinkel zurecht und erinnere dich meiner Gegenwart! Diese Art von Ver-rücktheit hat nichts zu tun mit naiver Selbstüberschätzung. Sie rückt nur zurecht, wo deine Perspektive einseitig verrutscht war und die Sorgenseite eindeutig zu viel Gewicht bekommen hat. *Sei mutig und sei stark* (Josua 1,9)! Nicht, weil du so mutig und stark wärst, sondern weil ICH es an deiner Seite für dich bin. Ist es verrückt, einem unsichtbaren Retter und Bodyguard so zu vertrauen? Probiere es heute doch einfach aus!

Diese Sorge sollst du entmachten, Vater:

....

....

8. Mai **Erbarmen für die Armen**

Und alle aßen und wurden satt. Am Schluss sammelte man auf, was übriggeblieben war – sieben Körbe voll.

Matthäus 15,37 (NGÜ)

Lieber Vater im Himmel

Wir haben deine Welt pervertiert. Die Hälfte der Menschheit hungert und die andere versucht, trotz üppigem Essen schlank zu bleiben. Wir werfen so viele Lebensmittel weg und leiden an dem Überfluss, der unsere Bäuche dick und unsere Herzen träge macht. Und doch verändern wir unser Verhalten nicht.

Oh Gott – erbarme dich! Ich will auf Jesus sehen, wie er das Brot und die Fische geteilt hat Am Ende waren alle satt und es war sogar noch reichlich übrig. Bitte lehre mich zu teilen, wie du es getan hast: uneigennützig und voller Liebe für jeden.

Angenommen, jemand, der alles besitzt, was er zum Leben braucht, sieht seinen Bruder oder seine Schwester Not leiden. Wenn er sich ihnen nun verschließt und kein Erbarmen mit ihnen hat – wie kann da Gottes Liebe in ihm bleiben? (1. Johannes 3,17)

Dein Erbarmen für die Ärmsten der Erde will sich in meinen Händen erfüllen. **Deine Fürsorge für die Bedürftigen will sich in meinen Taten zeigen.** Deine Hilfe für die Entrechteten will sich durch meine Worte Gehör verschaffen. Deine Liebe, Vater, bleibt in mir, indem ich sie mit anderen teile.

Hier will ich, was in meinen Händen liegt, einsetzen, um Not zu lindern:

....

....

9. Mai **Nicht mehr die Luft anhalten**

Der HERR selbst geht vor dir her. Er steht dir bei und verlässt dich nicht. Immer hält er zu dir. Hab keine Angst und lass dich von niemandem einschüchtern!

5. Mose 31,8 (HFA)

Mein geliebtes Kind

Ich habe dir geboten, dass du dich von niemandem einschüchtern lassen sollst. Wie oft steht das in meinen Worten, dieses: „Hab keine Angst!" Vielleicht findest du es anmaßend, dass ich dir das gebiete? Wie so ein unsensibler Vater, der sein Kind ermahnt, dass es sich nicht so anstellen soll. Dass es „keine Angst haben muss"? Doch davon allein ist Furcht noch nie verschwunden.

Beobachte dich selbst einmal: Wenn du den Kopf einziehst und die Luft anhältst – wie verkrampft ist dann alles an dir! Die Fluchtbereitschaft macht dich fertig, weil der Druck dadurch noch erhöht wird. Mein Heiliger Geist dagegen, *ruach* wird er auch genannt, was Atem Gottes heißt, möchte bei dir ein- und ausströmen. Die Ausatmung ist wie eine Befreiung. Nur wer loslassen kann, was sich sowieso nicht halten lässt, wird diese Entspannung erleben.

Es ist dir nicht verheißen, dass du kein Grauen erlebst. Aber mein Versprechen steht in all den Schwierigkeiten fest: Ich, der Herr, dein Gott bin mit dir in allem! Das ist der Grund, warum du die Luft nicht weiter anhalten musst: Du bist nicht allein! Ich kämpfe für dich! Ich will dein Trost sein!

Diese Angst macht mir noch Druck:

....

....

10. Mai **gesegnet, um zu segnen**

Der HERR denkt an uns und segnet uns.

PSALM 115,12A (LUT)

Mein geliebtes Kind

Wenn ich an dich denke, dann muss ich automatisch lächeln. In meinen Augen bist du ein Mensch mit einem riesigen Potential! Die Begabungen und Talente, mit denen du gesegnet bist, liegen ganz klar auf der Hand. Niemals, wirklich niemals habe ich an dir gezweifelt oder hätte mir gewünscht, bei deiner Erschaffung anders vorgegangen zu sein! Warum auch? Für deinen Platz in der Welt gibt es niemanden, der dafür geeigneter wäre als du!

Aber mein Segen umfasst nicht nur deine Stärken. Er ist weit mehr als Schutz oder Geborgenheit. Mein Segen beinhaltet Resilienz. Er schenkt dir die Kraft, aus schweren Situationen und notvollen Umständen innerlich gestärkt hervor zu gehen. Mehr noch: Du erhältst dadurch die Befähigung, andere zu segnen.

Gerade auf deiner Verwundung und Gebrochenheit liegt eine starke Verheißung: *Ich will dich segnen und du wirst ein Segen sein!* (1. Mose 12,2) In deiner Stärke UND in der Zerbrechlichkeit! Ich sehe schon jetzt viel von diesem Segen in deinem Umfeld aufkeimen. Wie selbstgesäte Stiefmütterchen wächst er durch die Ritzen deines trostgepflasterten Lebensweges und bringt deine Mitmenschen zum Lächeln und zum Nachdenken.

Diesen Segen möchte ich heute weitergeben:

....

....

11. Mai **Ewigkeit im Herzen**

Er hat alles schön gemacht zu seiner Zeit, auch hat er die Ewigkeit in ihr Herz gelegt; nur dass der Mensch nicht ergründen kann das Werk, das Gott tut, weder Anfang noch Ende.

Prediger 3,11 (LUT)

Mein geliebtes Kind

Weder den Anfang noch das Ende kannst du ergründen. Woher du kamst und wohin du gehen wirst – das liegt außerhalb deines Verstehens. Die wirklichen Geheimnisse des Lebens kann man mit dem Verstand nicht erfassen. Dennoch weißt du tief innen um diese Wahrheit: Da ist ein guter Gott, der das alles geschaffen haben muss. Einer, der die Ordnung liebt und sie aus dem Chaos heraus geschaffen hat. Dieses Sehnen, das sich ein bisschen wie Heimweh anfühlt, das du spürst, wenn du zum Sternenhimmel aufblickst oder auf einem Berggipfel stehst. Dieses Hoffen, das sich tapfer dem Entsetzen des Todes entgegenstellt. Dieses ehrfürchtige Pochen in dir, wenn du ein Neugeborenes im Arm hältst.

Das ist die Ewigkeit, die ich in dein Herz gelegt habe! Sie ist wie ein unsichtbares Band von mir zu dir. Was hättest du von dem Wissen um meine Existenz, wenn du nicht in Kontakt zu mir kommen könntest? Dein Leben auf der Erde ist gewollt und geplant. **Du hast einen Platz in der Geschichte der Welt erhalten, den nur du ausfüllen kannst.** Da ist eine unsichtbare Dimension, um die dein Herz weiß. *Kämpfe den guten Kampf, der zu einem Leben im Glauben gehört, und gewinne den Siegespreis – das ewige Leben, zu dem Gott dich berufen hat.* (1. Timotheus 6,12)

Mein Herz ist voller Dankbarkeit, weil ...

....

....

12. Mai **Geerdet im Himmel**

Auch gabst du mir dein Heil als Schild zur Deckung, deine rechte Hand verlieh mir Halt und Sicherheit. Weil du dich zu mir herabneigtest, wurde ich siegreich und groß.

Psalm 18,36 (NGÜ)

Lieber Vater im Himmel

Dieses Bild bekomme ich nicht mehr aus dem Kopf: Du beugst dich herab aus deinem perfekten Himmel, um mir in die Augen zu sehen! Wie ein rücksichtsvoller Erwachsener, der vor einem Kind in die Knie geht, um es nicht einzuschüchtern.

Erst wenn das Kind lang genug in deine Augen geschaut hat, nimmst du es in die Arme und setzt es auf deine Schultern. So getragen sind wir geerdet im Himmel und doch noch ganz Teil dieser Welt. Danke für den Schutz, den du gewährst und den Trost, den ich an manchen Tagen so verzweifelt brauche. Danke, dass du mich festhältst, auch wenn es sich manchmal ganz schön wackelig anfühlt auf deinen Schultern.

Ich möchte dir wirklich vertrauen und dir alles zutrauen, aber manchmal reicht dieses Wollen nicht. Dann falle ich zurück in meine alten Verhaltensmuster: Ich misstraue dir und mir und meinen Mitmenschen. Ich werte dich und mich und meine Mitmenschen ab. Es scheint das Klügste zu sein, dass ich mir selber helfe, damit mir geholfen ist. Entlarve diese alten Lügen, Vater! **Beug dich herab zu mir, damit ich die Wahrheit in deinen Augen lesen kann.**

Dieser Wahrheit will ich Glauben schenken:

13. Mai **Bleib mir treu**

Und doch hebt unsere Untreue seine Treue nicht auf, denn er kann sich selbst nicht untreu werden.

2. Timotheus 2,13 (ELB)

Mein geliebtes Kind

Bleib dir selber treu! Wie oft hast du das schon gehört? Und sicher liegt in diesem Satz eine wichtige Botschaft! Es ist gut, sich treu zu bleiben in dem, was man als richtig erkannt hat. Es ist so wertvoll, dass man sein Leben danach ausrichten will. Versteh mich nicht falsch: Ich finde es richtig, dass du Werte hast, an denen du dich orientierst! Ich meckere nicht über deine individuelle Brille, durch die du die Welt betrachtest! Im Gegenteil: Ich habe dich so gemacht und ich wollte, dass du dir in diesen Dingen treu bleibst!

Wenn du ehrlich bist, musst du aber zugeben, dass du dir nicht nur in den guten Werten treu bleibst, sondern auch in den schlechten Gewohnheiten. Darum will ich nicht sagen: „Bleib wie du bist!" Ich sage dir stattdessen: „Werde so, wie ich dich gemeint habe!" Komprimiert auf die wichtigsten Werte, denen du treu bleiben sollst, bleibt dann diese Essenz übrig: *Gottes Wort halten und Liebe üben und demütig sein vor deinem Gott.* (Micha 6,8) Darin ist alles andere enthalten. Ist es nicht schön, dass ich von „Liebe üben" spreche? Beim Üben passieren auch immer wieder mal Fehler. Du musst also nicht schon perfekt sein. Das anzuerkennen macht dich demütig und frei. Ich bin gespannt, wie sich das heute in deinem Leben bemerkbar machen wird.

Meine Treue zu dir soll so sichtbar werden:

....

....

14. Mai **Glauben schenken**

Denn ich weiß, dass am Ende von allem, was ich jetzt durchmache, meine Rettung stehen wird, weil ihr für mich betet und weil Jesus Christus mir durch seinen Geist beisteht.

Philipper 1,19 (NGÜ)

Lieber Jesus

Mit dir und deinem Geist fühle ich mich nicht mehr so allein. Das ermutigt mich wirklich sehr, weil ich gerade in den Not-Tagen so gern der Lüge Glauben schenke, ich wäre verloren. Doch ich will meinen Glauben nicht mehr so gutgläubig verschenken an etwas, das nicht glaub-würdig ist oder mir sogar Schaden zufügen will.

Bitte erinnere mein Herz daran, dass meine Rettung bereits beschlossene Sache war, bevor ich dich kannte. Du lässt nicht zu, dass ich vergeblich kämpfe und falle und dass ich überwunden werde von Not, Zweifel oder Angst. Am Ende von allem, was ich jetzt durchmache, wird meine endgültige Rettung stehen. Das weiß ich, weil du es mir ins Herz geschrieben hast.

Du dreieiniger Gott schützt mich gleichzeitig von oben, von allen Seiten und von innen. *Von allen Seiten umgibst du mich und hältst deine Hand über mir.* (Psalm 139,5) Nur dieser Wahrheit will ich meinen Glauben schenken. Sie macht mich stark genug durchzuhalten. Sie macht mich schwach genug, auf deine rettende Hand zu vertrauen.

Dieser Wahrheit will ich meinen Glauben schenken:

....

....

15. Mai **herausreden**

So spricht Jahwe: Stellt euch an die Wege und schaut, fragt nach den ewigen Pfaden: Wo ist hier der Weg zum Glück? Dann geht ihn und findet Erfüllung! Aber sie sagen: Wir wollen nicht!

Jeremia 6,16 (NeÜ)

Mein geliebtes Kind

Wie sehr vermisse ich die stillen Begegnungen mit dir. Weißt du noch, dass wir am Anfang unserer Liebe redeten und redeten, bis alles herausgeredet war und wir uns einfach nur noch aufs Beieinander-Sein konzentrieren konnten? Dann gingen wir still nebeneinander, die Hände ineinander verschlungen. Nur du und ich und die Schönheit der Schöpfung um uns herum.

Was ist passiert seitdem? Ständig bist du in Eile, hetzt den wichtigen Terminen hinterher. Du versuchst, die Zeit einzuholen, oder besser noch: sie zu überholen! **Glaubst du, man kann mit der Hetze das ausgleichen, was einem an Zielsicherheit fehlt?** Warum bist du so hartnäckig daran interessiert weiterzukommen, obwohl das Ankommen aus deinem Blickfeld gerutscht ist?

Komm zur Ruhe, mein Kind! Besinne dich auf die ewigen Werte, auf das, was du als richtig erkannt hast! Wie gern helfe ich dir dabei. Auch heute werde ich wieder unseren stillen Weg gehen. Kommst du mit?

Das möchte ich beherzigen:

....

....

16. Mai

Danke für alles!

Ich will dir danken für meine Zerbrechlichkeit
Sie läutert das Vertrauen, das ich in dich habe
Ich will dir danken für mein Versagen
Ich bin keinen Deut besser als jeder andere und dennoch geliebt
Ich will dir danken für die Schmerzen
Obwohl sich alles in mir dagegen wehrt, weiß ich
dass sie meinen Charakter schleifen
Ich will dir danken für die Traurigkeit meiner Seele
Sie lehrt mich, alles auf die Hoffnung zu setzen
Ich will dir danken für die unerfüllte Sehnsucht
Immer wieder zieht sie mich in deine tröstenden Arme
Ich will dir danken für die Verwundung meines Herzens
Ohne sie könnte ich das Wunder der Heilung nicht erleben
Ich will dir danken in der lähmenden Angst
Und deine Stärke preisen, bevor du eingegriffen hast
Ich will danken, als gäbe es keine Not, keine Sorgen, keinen Tod
Nicht, weil meine geistigen oder geistlichen Fähigkeiten
das hergäben
Sondern weil ich mich dazu entscheide
Ja, ich will!
In guten wie in schlechten Tagen.

Freut euch allezeit! Hört niemals auf zu beten!
Dankt Gott unter allen Umständen!

1. Thessalonicher 5,16-17 (NeÜ)

17. Mai **Allem gerecht werden**

Darum wollen wir mit Zuversicht vor den Thron unseres überaus gnädigen Gottes treten, damit wir Gnade und Erbarmen finden und seine Hilfe zur rechten Zeit empfangen.

Hebräer 4,16 (NeÜ)

Lieber Vater im Himmel

Deine Worte treffen mich ins Herz heute. Du sagst, dass ich gerecht bin. Punkt. Dein Wort ist wahr und verlässlich, darum will ich es mir zu Herzen nehmen. Ich habe so oft das Gefühl, allem nicht gerecht zu werden. Es gibt so viele Anforderungen und Erwartungen an mich. Sie alle zu erfüllen ist unmöglich. Dennoch lasse ich die Latte da oben und versuche täglich, an meiner Sprungkraft zu arbeiten. Die Wahrheit aber ist, dass mich diese Haltung überanstrengt und frustriert. Ich werde ihr nie gerecht werden. Am allerwenigsten werde ich dabei mir selber gerecht, denn meine Belange stelle ich oft ganz hinten an. So fühle ich mich schnell übergangen und unwichtig.

Danke für deine Ermutigung heute: Ich BIN gerecht und ich BIN gerechtfertigt. Ich bin fertig mit dem Thema Gerechtzuwerden. Allein aus Gnade – das ist dein liebevolles Entgegenkommen! **Weil du weißt, dass es mir unmöglich ist, allem gerecht zu werden und vor dir gerechtfertigt zu sein, lässt du Gnade vor Recht ergehen.** Das lässt mich aufatmen und dankbar sein. Alle Belange heute lege ich dir ans Herz: Schenke mir Kraft, Freude und auch Gelingen, und eine große Portion Selbstbarmherzigkeit.

Diesen Erwartungsdruck will ich heute ablegen:

....

....

18. Mai **Auf der Schwelle**

Er sprach: „Hagar, Magd Sarais, woher kommst du und wohin gehst du?“

1. Mose 16,8 (ELB)

Mein geliebtes Kind

Unterm Strich bleibt das, was am Ende zählt. Am Ende des Wüstenweges fragt niemand nach den Strapazen des Weges, den Umwegen oder Abkürzungen. Zwei Fragen bleiben dann noch: „Woher kommst du“ und „Wohin gehst du?“

Woher du kommst, das hatte einen enormen Einfluss darauf, wer du geworden bist. Wer du als Kind warst, wird dir noch heute unbewusst dazwischenreden. Deine Familie hat dich geprägt und vielleicht auch manches Mal beschnitten in deinem Werden. Du würdest dich wundern, wenn du sehen könntest, wie viel von deinem Verhalten, von deiner individuellen Weltsicht und deiner Art zu fühlen von diesem „Woher“ bestimmt wird.

Ich habe dir das Recht gegeben, mich als deinen Vater anzurufen! Die Frage nach dem „Woher“ wurde so für dich neu definiert. Du bist hineinadoptiert in meine heilige Familie. Du bist mein rechtmäßiges Kind – egal, ob du dich so fühlst. Die Beantwortung der zweiten Frage hängt jedoch final davon ab. Wer mein Kind geworden ist, darf der Frage nach dem „Wohin“ getrost und getröstet ins Auge sehen. Das allerletzte Ziel deines Lebensweges ist dein Vater-Haus. Ich werde sehnsüchtig auf dich warten, das kannst du mir glauben! **Mit weit geöffneten Armen stehe ich an der Schwelle zum ewigen Leben, um dich in Empfang zu nehmen.** Lass dieses Bild ganz tief in dein Herz sinken, damit es zu einer tröstlichen Gewissheit in Notzeiten werden kann.

Auf diese Wahrheit will ich mich konzentrieren:

....

....

19. Mai **Das Irdische loslassen**

Ich bitte Gott, dass er euch aus seinem unerschöpflichen Reichtum Kraft schenkt, damit ihr durch seinen Geist innerlich stark werdet.

Epheser 3,16 (HFA)

Lieber Vater im Himmel

Wie sehr bin ich angewiesen auf diese unsichtbare Kraftquelle! Je zerbrechlicher ich mich fühle, desto mehr sehne ich mich nach Geborgenheit bei dir. Wie oft habe ich früher gedacht: „Das mache ich später einmal" oder: „Das möchte ich irgendwann mal sehen!" Jetzt merke ich, dass dieses „Später" längst da ist und dass „Irgendwann" vielleicht nie kommen wird. Es war mir nicht bewusst, wie schnell das gehen würde. **Mein Herz ist noch geerdet, ist boden-ständig und denkt und fühlt irdisch. Ich will nicht loslassen!** Jedenfalls noch nicht, und schon gar nicht loslassen will ich meine Stärke. Ich will nicht bei dir um Kraft flehen müssen wie eine Bettlerin mit leeren Taschen.

Liebevoll legst du mir den Arm um die Schultern und gehst mit mir in die gute Stube. „Erst mal Tee trinken und dann reden wir über alles", sagst du. Und ich fühle mich sofort gesehen und getröstet. Ich war dir noch nie egal und werde dir nie egal sein. Auch wenn ich nicht so tapfer meiner Zukunft entgegengehe, wie ich das gern von mir hätte. Du wirst Gnade um Gnade schenken, und Kraft, so viel wie nötig ist. Und dann, lieber Vater, verankere mein Herz bei dir, dass es mit jedem Tag ein wenig mehr lernt, das Irdische loszulassen.

Diese Kraftquelle will ich anzapfen:

....

....

20. Mai **Spiegel der Liebe**

Wie sich im Wasser das Angesicht spiegelt, so ein Mensch im Herzen des anderen.

Sprüche 27,19 (LUT)

Mein geliebtes Kind

Du bist kein übrig gebliebener Restposten. Du bist nicht vergessen worden oder übersehen und dann aussortiert worden. Ich sehe in dir etwas Einzigartiges, Wunderschönes und Wertvolles! Meine Heilige Schrift ist voller Liebesbezeugungen für dich. **Aber manchmal braucht der Mensch einfach den Menschen, um es in Menschensprache zu hören, dass er geliebt und kostbar ist.** Ich weiß, wie sehr sich dein Herz nach diesen Worten sehnt und ich kann ihn gut verstehen, deinen Wunsch nach Anerkennung!

Du bist nicht der einzige Mensch mit diesem starken Bedürfnis, auch wenn manch einer so tut, als wäre ihm dieses Sehnen fremd. Du kannst nicht machen, dass man dich liebt, respektiert und wertschätzt. Aber du kannst selbst so ein Spiegel für andere sein! Sei ein guter Freund und Ermutiger! Sei freigiebig mit Anerkennung und Wertschätzung! *Macht also einander Mut und baut euch gegenseitig auf.* (1. Thessalonicher 5,11) Du wirst nicht leer ausgehen, wenn du andere lobst. Auch wenn nicht jeder deine Freundlichkeit spiegeln oder zurückgeben wird, bitte ich dich darum, nicht aufzugeben. Lass dich davon nicht entmutigen. Das sollte dich nicht davon abhalten, dein Herz als Spiegel zur Verfügung zu stellen.

Diese fehlende Anerkennung soll mich nicht meine Berufung kosten:

21. Mai **Verborgene Wahrheit**

An jenem Tag werdet ihr erkennen, dass ich in meinem Vater bin und ihr in mir und ich in euch.

Johannes 14,20 (ELB)

Mein geliebtes Kind

Gerade dann, wenn du dich entwurzelt und fallengelassen fühlst, bin ich dir am meisten nahe. Ich halte dich nicht einfach nur an der Hand, so wie ihr eure Kinder an der Hand haltet, damit sie nicht in ihr Verderben rennen. Ich halte dich als ganze Person – mit Leib und Seele – vollkommen eingeschlossen IN meiner schützenden Hand.

Vielleicht kannst du es dir so vorstellen, wie ein noch nacktes Küken, das aus dem Nest gefallen ist. Sollte ich es an einem Flügelchen mit spitzen Fingern aufheben? Nein! **Ich werde es vorsichtig auflesen und in meine wärmenden Hände einschließen!** So bist auch du in mir geborgen.

Aber das Geheimnis wäre kein Geheimnis, wenn man es so leicht verstehen könnte. Du bist in Jesus und ER ist in dir und ihr seid in mir. Wie bei diesen russischen Matrjoschka-Holzpuppen immer eine noch kleinere Puppe in der nächsten versteckt ist, so bist du in Jesu Liebe eingeschlossen. Und so wird das Geheimnis fort und fort weitergeführt. Aber die ganz äußere Umhüllung, also die letzte Instanz, die unendliche Dimension, das bin ich, dein Vater, der Schöpfer des Himmels und der Erde. Letztendlich ist alles in mir verborgen. *Fürchte dich nicht! Ich bin der Erste und der Letzte!* (Offenbarung 1,17)

Das habe ich heute erkannt:

....

....

22. Mai **Weisheit in gute Hände abzugeben**

Wenn die Weisheit in dein Herz kommen wird und die Erkenntnis deiner Seele gefällt, dann wird Besonnenheit dich beschirmen, Einsicht wird dich behüten.

Sprüche 2,10-11 (SL)

Mein geliebtes Kind

Vom allerersten Augenblick an habe ich dich geliebt! Du kannst dir nicht vorstellen, wie umfassend das Wort „Wunschkind“ auf dich zutrifft in meinen Augen. Dass du bist, ist das Ergebnis meines Sehnens nach dir. Niemand ist vergleichbar mit dir. Für mich bist du nicht ersetzbar oder austauschbar, weil es in der ganzen Welt und zu allen Zeiten keinen Menschen gibt oder gab, der so ist wie du.

Ich habe so eine Freude daran, dich aufwachsen zu sehen! Deine Weisheit nimmt zu und die Erkenntnisse, die du hinzugewinnst, begeistern mich. Ich bin ganz dein stolzer Papa!

Das will ich dir nicht verschweigen: Natürlich bist du noch nicht am Ende deiner Entwicklung angelangt. Mit jedem Tag wächst du mehr in deine Berufung hinein. Ich erwarte nicht, dass du alles verstehst und sofort umsetzen kannst. Leg dir die Latte, über die du springen willst, doch nicht selber immer zu hoch. Weisheit lässt sich nicht erzwingen. Sie will zutraulich gemacht werden, sich behutsam in deinen Gedanken einleben. Strecke dich aus nach ihr, aber nicht mit gierigen Händen. Nimm sie entgegen als mein kostbares Geschenk an dich.

Dieser Verheißung will ich Glauben schenken:

23. Mai **Glück**

Es verschenkt sich
rieselt wie Konfetti
in die Ritzen meiner Seele
prickelt wie Brausepulver
und hüpft auf einem Bein:
„Komm und feier mit!“, lockt es
„Feier mit mir das Leben!“

Es verschenkt sich
flattert wie ein Zitronenfalter
in den neugeborenen Frühling
schimmert wie Tauperlen
und strahlt vergnügt:
„Komm und nimm mich!“, jubelt es
„Nimm mich in den Arm!“

Du verschenkst dich
zärtlich wie Honigmilch
in meine müde Seele
bebend, belebend
mich aus dem Staub erhebend:
„Komm zur Ruh!“, flüsterst du
„Ruhe dich aus beim Glück
Ich trag dich ein Stück
mein geliebtes Kind!“

Du zeigst mir den Weg, der zum Leben führt. Du beschenkst mich mit Freude, denn du bist bei mir; aus deiner Hand empfange ich unendliches Glück.

Psalm 16,11 (HFA)

24. Mai **verirrt und verwirrt**

Wir alle irrten umher wie Schafe, die sich verlaufen haben; jeder ging seinen eigenen Weg. Der HERR aber lud alle unsere Schuld auf ihn.

Jesaja 53,6 (HFA)

Mein geliebtes Kind

Denkst du manchmal an die Zeit, als du alles noch selbst geschultert hast? Wie beschwerlich der Weg war und wie einsam du dich oft gefühlt hast? Weißt du noch, wie sehr dein Rücken dich geschmerzt hat vom Tragen deiner Last? Wie verwirrt du warst, als du einfach nicht mehr weiter wusstest? Ich erinnere mich daran, als wäre es gestern gewesen. Wie sehr wünschte ich mir damals, dir helfen zu können und dir meine Liebe zu zeigen! Aber du wolltest nichts von mir wissen. Hartnäckig lehntest du jedes meiner Hilfsangebote ab. Du dachtest, dass du dich selber retten könntest.

Ich hätte dir gern so vieles erspart, aber du musstest selbst an den Wendepunkt in deinem Leben kommen, an dem du deine Ohnmacht nicht mehr verstecken konntest. Endlich konntest du die Last und den Stolz ablegen. Nie vergesse ich, wie befreit du auf einmal warst und wie leichtfüßig und dankbar. Es war das Beste, was dir jemals passieren konnte in alle Ewigkeit! **Niemals habe ich es bereut, dich gerettet und zu meinem Kind gemacht zu haben!** *Du bist die Freude meines Herzens! Ich liebe dich über alles. Wenn ich dich ansehe, dann jubelt meine Seele* (nach Zefanja 3,17).

Diesen Zufluchtsort will ich wieder aufsuchen:

....

....

25. Mai **Fehleinschätzung**

An dem Tag, als ich zu dir rief, hast du mich erhört; du hast mir Mut verliehen und meiner Seele Kraft gegeben.

Psalm 138,3 (NGÜ)

Lieber Vater im Himmel

Warum nur mache ich es so oft noch genau anders herum? Ich strample und kämpfe, so lange, bis ich selbst keine Kraft mehr habe. Dann gebe ich entmutigt auf und erst danach fällt mir ein, dass ich zu dir um Hilfe rufen könnte. Immer wieder falle ich auf meine Selbstüberschätzung rein.

Anstatt zuerst dir alles anzuvertrauen, auch die vermeintlich leichten Dinge, die ich selbst mit links erledigen kann, erliege ich immer wieder der Fehleinschätzung, dich nur mit „dem Wichtigen" zu belästigen. Das ist eine seltsame Mischung von Arroganz im Sinne von „Das erledige ich doch selbst mal eben" und Misstrauen nach dem Motto: „Warum solltest du dich für meine kleinen Probleme interessieren? Wenn ich mir nicht helfe, dann wird mich gar nicht geholfen."

Danke, dass du diese falschen Gedanken heute mit diesem Vers entlarvst. Vergib mir bitte meine Alleingänge und erinnere mich heute immer wieder an deinen starken Arm, der mir in jeder Situation zu Hilfe kommen will!

Kannst du mir heute in dieser Sache helfen?

26. Mai **Tu es einfach!**

So steh nun auf! Denn an dir ist's zu handeln, und wir wollen mit dir sein. Sei getrost und tu es!

Esra 10,4 (LUT)

Mein geliebtes Kind

Ich freue mich, dass du sensibel auf dein Gewissen hörst! Du hast erkannt, wo du falsch liegst und hast nicht auf den Anteil anderer Menschen verwiesen. Deine Einsicht ist der erste Schritt zur Veränderung! Ich bin wirklich stolz auf dich, weißt du? Weil ich ja weiß, wie gern du eigentlich im Recht bist. Trotzdem hast du mir zugehört und dich meinen Argumenten nicht verschlossen.

Der erste Schritt ist also getan: Du siehst deinen Anteil an der Misere. Bleib nun nicht bequem und beleidigt am Boden, sondern steh auf! Dieser „Aufstand" ist der wichtigste Schritt, weil dein Blick nun in die richtige Richtung gehen kann. Im Klartext heißt das: Erwäge einen neuen Standpunkt! Bleib aber nicht darauf stehen, sondern geh den nächsten Schritt und den übernächsten! Wie beim Suchen einer verlorenen Sache musst du in Bewegung bleiben, neue Perspektiven ausprobieren, um sie wiederzufinden.

Sei getrost und tu es einfach! Unabhängig davon, ob andere sich ebenfalls in Bewegung setzen. Nicht, weil es einfach wäre. Ich weiß, wie schwer es dir fällt. Aber es wird sicher einfacher, wenn du weißt, dass ich mit dir sein will!

Der nächste Schritt wird sein, dass ich …

....

....

27. Mai **himmlischer Rückenwind**

Gutes und Barmherzigkeit werden mir folgen mein Leben lang, und ich werde bleiben im Hause des HERRN immerdar.

Psalm 23,6 (LUT)

Lieber Vater im Himmel

Gutes und Barmherzigkeit werden mir folgen? Vielleicht sollte ich nicht so durch mein Leben eilen, damit das Gute mich einholen kann und damit ich diese Segensspur hinter mir überhaupt erst einmal wahrnehme! Du kennst mich. Du weißt, dass ich häufig sogar vor mir selbst davonlaufe. Angetrieben von dem Wunsch, mehr zu erreichen, mehr zu bewirken – und gleichzeitig todmüde von den Anforderungen, die das Leben an mich stellt. Im Hause des Herrn bleiben immerdar – das klingt dagegen nach Wellness, gar nicht nach spiritueller Anstrengung.

Ich möchte mich nicht von meinen Antreibern verfolgen lassen, die mich zu mehr Leistung und größerem Erfolg anpeitschen, sondern von deiner Liebe und Barmherzigkeit. Danke für deinen himmlischen Rückenwind! Vater, bitte lehre mich, meinen Weg zu gehen und im Herzen dabei in deinem Haus zu bleiben. **Ich will keine Spur der Verwüstung hinter mir herziehen, sondern Spuren voller Liebe und Barmherzigkeit hinterlassen, in den einzelnen Begegnungen dieses Tages.** *Du machst die Finsternis um mich hell, du bist mein Licht.* (2. Samuel 22,29)

Über diese Spur deiner Barmherzigkeit in meinem Leben staune ich:

....

....

28. Mai **Die ewige Wahrheit**

Ich werde jeden beachten, der hier zu mir betet, und auf seine Bitten hören.

2. Chronik 7,15 (HFA)

Mein geliebtes Kind

Ich kenne die fatalen Folgen, die Nichtbeachtung bei Kindern hervorruft: Sie ziehen sich zurück und glauben irgendwann, dass ihre Bedürfnisse nicht wichtig sind. Oder aber sie versuchen, sich durch aggressives, negatives Verhalten Beachtung zu verschaffen. Wie auch immer sich das Minderwert-Gefühl äußert: Verursacht wird es durch grausame Ignoranz oder unentschuldbare Gleichgültigkeit.

Niemals, mein Kind, wirklich niemals sind das die Eigenschaften deines himmlischen Vaters! Ich bin ein Gott, der hinsieht, hinhört und sogar das Verborgene kennt. Nie würde ich einfach weghören, wenn du dich mit einer Bitte an mich wendest, nie wegsehen, wenn du deine Hand hilfesuchend nach mir ausstreckst. Auch wenn du manchmal dieses Gefühl haben magst: Es entspricht nicht der Wahrheit! Selbst wenn keine einzige deiner Bitten deinen Wünschen gemäß erfüllt würde, bliebe es bei dieser ewigen Wahrheit: **Du bist mein geliebtes Kind und ich liebe dich bedingungslos und sorge für dich!**

Nun denkst du vielleicht: „Das klingt ja alles schön und gut, aber wie kommt diese Wahrheit ganz praktisch in mein Herz?" Diese Therapie empfehle ich dir dazu: Lerne mein heutiges Ermutigungswort auswendig, bis du es im Schlaf kannst: *Bei Gott allein kommt meine Seele zur Ruhe, von ihm kommt mir Hilfe.* (Psalm 62,2)

Vater, du hörst auch diese Bitte:

....

....

29. Mai **unterjocht, um frei zu sein**

Nehmt mein Joch auf euch und lernt von mir; denn ich bin gütig und von Herzen demütig; und ihr werdet Ruhe finden für eure Seele. Denn mein Joch ist sanft und meine Last ist leicht.

Matthäus 11,29-30 (EÜ)

Mein geliebtes Kind

Der Wunsch, frei über dich selbst entscheiden zu können, ist ganz tief in deiner Seele verankert. Schon auf den ersten Seiten meiner heiligen Schrift kann man davon lesen, dass der Mensch selber denken und entscheiden will. Er hat sich das Recht, Gut und Böse voneinander zu unterscheiden, teuer erkauft hat. Leider stimmen dieses geheime, innere Wissen und das daraus resultierende Verhalten oft nicht überein. Häufig wird die Wahrheit über Gut und Böse bis zur Unkenntlichkeit pervertiert.

Wenn ich dich einlade, unter mein Joch zu kommen, dann nicht, um deine Freiheit einzuschränken oder um dich irgendwie zu bevormunden. Ich bitte dich aus reiner, väterlicher Liebe darum, weil ich das Beste für dich nicht nur will, sondern auch vollbringen kann. Achte auf meine Wegweisungen und bleibe ganz in meiner Nähe, damit ich dich in einem gesunden Tempo führen und beschützen kann, so wie gute Väter das für ihre Kinder tun.

In dieser Sache will ich mich führen lassen:

....

....

30. Mai **Willkommen im Heil-Land**

Er wird meine Stadt bauen und meine Weggeführten freilassen.

Jesaja 45,13 (ELB)

Lieber Vater im Himmel

Loslassen gehört nicht zu meinen Stärken. Ich hasse es, gewohnte Orte und liebgewonnene Menschen zurückzulassen und umzuziehen an einen neuen Ort. Weißt du noch, wie ungern ich schon als Kind mein vertrautes Zuhause zurückließ, um in eine neue Stadt zu ziehen? Wie oft habe ich mich wie entwurzelt gefühlt, wie gegen meinen Willen verschleppt.

Die Stadt, die du für mich baust, wird dagegen ein Ort des Friedens sein, da bin ich sicher. Der Menschensohn, der das Heil im Namen trägt, hält mir ein Stück Heil-Land frei: *Was du mir für mein Leben geschenkt hast, ist wie ein fruchtbares Stück Land, das mich glücklich macht.* (Psalm 16,6) Interessanterweise ist dieser Ort auch mein eigenes Herz. Dort baust du deinen Tempel in die Stadtmitte und lädst mich ein, mit dir dort zuhause zu sein. **Alle weggeführten und weggesperrten Gefühle und Träume wirst du freilassen und den Schönsten unter ihnen Raum zur Verwirklichung schaffen.** *Du stellst meine Füße auf weiten Raum!* (Psalm 31,9) Das darf ich mit eigenen Augen sehen und dankbar auf die vollständige Erfüllung dieser Verheißung warten.

Die Freilassung dieses Weggeführten sehne ich herbei:

....

....

31. Mai **unerträglich lieblos**

Denn der Herr ist zutiefst barmherzig und voller Mitgefühl.

Jakobus 5,11b (NGÜ)

Mein geliebtes Kind

Mein Wesen ist Warmherzigkeit. Nichts ist mir so zuwider wie ein kaltes Herz, das nicht mitfühlen will. Ich bin zutiefst barmherzig und voller Mitgefühl für dich, denn ich lebe in deinem Herzen. An dem Ort, wo deine Seele mit ihren Gefühlen tanzt. Ich liebe den leidenschaftlichen Tango, den fröhlichen Foxtrott und auch den melancholischen Blues. Manchmal summen wir auch einfach nur nach meinem Herzschlag. Ich bin nicht nur in der Liebe, ich BIN die Liebe! Und darum ist es für mich unerträglich, wenn du lieblos und unbarmherzig bist. Vor allem mit dir selbst! Ist dir das schon aufgefallen? Niemand geht härter mit dir ins Gericht als du selbst. Die gleichen Punkte, die du bei deinen Mitmenschen „ent-schuldigst", verurteilst du bei dir selbst hart.

Das entspricht jedoch nicht meinem Urteil. **Mein Urteil über dich ist bereits gesprochen und für alle Zeiten rechtsgültig: Du bist mein geliebtes Kind und Erbe!** *So sehr liebe ich dich, dass ich meinen einzigen Sohn gab, damit jeder, der an ihn glaubt, nicht verloren geht, sondern ewiges Leben hat* (nach Johannes 3,16).

Diese Unbarmherzigkeit gegenüber mir selbst möchte ich ablegen:

....

....

1. Juni

lichtgewebt

Und ob ich schon wanderte
im Dunkeln
im Tränental
Ein Sonnenstrahl
und Tropfen funkeln
Hoffnung nach der Nacht
Wunder wahr gemacht
Tropfnass verheulte Weben erbeben
ergeben sich der Zuversicht
und schütteln alten Ballast ab
Willkommen neues Leben
willkommen Morgenlicht

Und ob ich schon wanderte im finstern Tal, fürchte ich kein Unglück; denn du bist bei mir.

Psalm 23,4a (LUT)

2. Juni **liebliche Erkenntnis**

Denn Weisheit wird in dein Herz eingehen, und Erkenntnis wird deiner Seele lieblich sein. Besonnenheit wird dich bewahren und Einsicht dich behüten.

Sprüche 2,10-11 (LUT)

Mein geliebtes Kind

Weisheit kommt nicht von Wissen, das du dir draufschaffen kannst. Du wirst nicht automatisch weiser, wenn du mehr und mehr weißt! Aber Weisheit im Sinne von „Erkenntnis“ hat etwas mit Erkennen zu tun. Wenn dein Herz mein Herz am Klang meiner Stimme erkennt, dann wirst du weise. Wenn es mein Herz in der Schönheit meiner Schöpfung erkennt, dann wirst du weise. Lerne mich kennen in meinem heiligen Wort! Lerne mich lieben und du wirst feststellen, dass ich dich zuerst geliebt habe.

Weisheit im Sinne von „Besonnenheit“ hat etwas mit Besinnen zu tun. Wenn sich deine Seele darauf besinnt, mir zu danken, wird sie beschenkt mit einer großen Befriedung des Herzens. Wenn sich deine Seele darauf besinnt, wer ihr in jeder Lebenslage die Treue hält, wird sie beschenkt mit einer wundervollen Hoffnung und Zuversicht. Lerne zu danken und du wirst verstehen, dass es deinetwegen heilsam ist! Lerne mir zu vertrauen und du wirst nicht enttäuscht werden! Die Weisheit, von der ich rede, ist eine Herzenseinstellung!

Hier wünsche ich mir mehr Weisheit:

3. Juni **nicht mehr zusammenreißen**

Ich bin der Herr, der dich heilt.
2. Mose 15,26b (ELB)

Mein geliebtes Kind

Deine Schmerzen nehme ich ernst. Alle deine Klagen sind von mir gehört worden. Warum sollte ich mein geliebtes Kind gerade in Zeiten der Not allein lassen? Niemals wirst du von mir hören, dass du dich nicht so anstellen sollst. *Ich rette dich und bringe selbst die Schwächsten noch heim.* (Zefanja 3,19)

Ich mag euer Menschenwort „zusammenreißen" nicht. Es ist in sich falsch und irreführend und zeigt dir wortwörtlich, was du mit deiner Seele anstellst: Sie zerreißt sich! Ein auf lange Zeit nicht gewürdigter Schmerz führt zu Brüchen von Beziehungen, von Vertrauen, Hoffnung und Glauben. Sogar die Liebe selbst kann daran zerbrechen. Nichts wird dir so sehr helfen, wie ein Arztbesuch beim Experten deines Vertrauens. Ich will so gern dieser Arzt für dich sein: Der Heiler deiner Schmerzen, aber ich behandle dich nicht gegen deinen Willen. Komm zu mir und vertraue dich mir mit deiner Not an. Selbstverständlich meine ich damit auch die seelischen Schmerzen! Komm zu mir und erlebe, dass ich dich hundertprozentig ernst nehme.

Ich will mich nicht mehr zusammenreißen, sondern …

4. Juni **GnadenBrotZeit**

Denn wir wandeln durch Glauben, nicht durch Schauen, wir sind aber guten Mutes und möchten lieber ausheimisch vom Leib und einheimisch beim Herrn sein.

2. Korinther 5,7 (ELB)

Lieber Vater im Himmel

Du kennst doch den Bauern in meinem Nachbardorf. Gerade sah ich ihn, wie er mit seinem grauen Hund über die Straße lief, eine hochgefüllte Schubkarre vor sich herschiebend. Von Zeit zu Zeit sagte er ein leises Wort zu seinem Gefährten, aber die meiste Zeit liefen sie einfach schweigend über die Dorfstraße. Vorneweg der Bauer mit der Schubkarre und dicht hinter ihm der alte, treue Hund.

Ich dachte daran, wie ich in deinem Hause Zuflucht gefunden habe und du beschlossen hast, mir mein Gnadenbrot bei dir zu gewähren. Auf Lebenszeit, und darüber hinaus, habe ich einen Ort, wo ich bleiben darf! Ich will bei dir sein, wie dieser alte, treue Hund und auf deine Stimme hören. Ich will in deine Fußstapfen treten, einfach in deiner Nähe sein.

Es vergeht kein Tag, ohne dass ich dankbar für all das Gute bin, das ich erleben darf. Nicht eine Stunde bin ich ohne deine Barmherzigkeit und nicht einen Wimpernschlag ohne deine Geborgenheit. ***Deine Gnade reicht, soweit der Himmel ist, und deine Wahrheit, soweit die Wolken gehen.*** (Psalm 108,4) Danke, dass ich einheimisch bei dir werden durfte.

Daran erinnere mich heute, wenn ich es wieder vergesse:

....

....

5. Juni **geläutert**

Denn, Gott, du hast uns geprüft und geläutert, wie das Silber geläutert wird.

Psalm 66,10 (LUT)

Lieber Vater im Himmel

Ich fürchte mich vor Feuer. Vater, dieses Läutern macht mir Angst! So wie das Rohsilber im Läuterfeuer von allem Schmutz und Unreinem getrennt wird, so soll auch mein Herz erhitzt und geschmolzen werden, bis es rein und glänzend ist? Das klingt in meinen Ohren nach einem langwierigen, schmerzhaften Prozess.

Ich mache mir bewusst, dass der Goldschmied diese schweißtreibende Arbeit nicht aus Grausamkeit oder Gleichgültigkeit tut. Er weiß schon, wie wertvoll und schön das fertige Silber sein wird. In seinen geübten Händen wird es nicht verbrennen, selbst wenn es dem heißen Feuer ausgesetzt ist.

Vor meinem inneren Auge sehe ich dich mit dem Rohsilber vor dem heißen Feuer stehen. Schweiß rinnt von deiner Stirn und deine Hände sind schwielig und vernarbt. Die ganze Zeit über gibst du acht auf mich, es bleibt dir nicht verborgen, wie es mir geht! Und dann dieses Lächeln auf deinem Gesicht nach der Zeit der Not: „Ja, so habe ich dich von Anfang an gesehen, mein Kind: heilig, wunderschön, strahlend und rein." **Vater, wie gut, dass du mich ansiehst und mich gerade im Schmerz nicht allein lässt!** *In deine Hände befehle ich meinen Geist; du hast mich erlöst, HERR, du treuer Gott.* (Psalm 31,5)

Diese Not halte ich ins Läuterfeuer und bitte dich um Beistand:

....

....

6. Juni **alte Liebe**

Auf euch ruht der Segen des Herrn, der Himmel und Erde geschaffen hat.

Psalm 115,15 (HFA)

Mein geliebtes Kind

Mein Segen ruht auf dir. Es ist wie mit der Liebe: Da gibt es die verliebten Zeiten, die auf der Seele prickeln wie Brausepulver. Aber der Segen, von dem hier die Rede ist, ist wie der Frieden einer alten, treuen Liebe.

Erinnerst du dich noch an das alte Ehepaar damals in der Notfallaufnahme im Krankenhaus? Beide waren schwer krank und mussten auf unterschiedlichen Stationen aufgenommen werden. Es zerriss uns beiden das Herz, wie die alte Frau über die Trennung weinte. Aber es verging nur eine kleine Zeit, die Tür öffnete sich und ihr Ehemann schlurfte gestützt auf einen Infusionsständer an ihr Bett. Von dort ließ er sich auch die ganze Nacht hindurch nicht mehr vertreiben, bis man am Morgen die Krankenhausvorschriften endlich über Bord warf und ihm ein Bett in diesem Zimmer direkt neben seiner Frau gab.

Mein Segen bleibt ebenso treu an deiner Seite. Besonders, wenn es Nacht ist! Er lässt sich einfach nicht abschütteln, weil er dir die Treue geschworen hat. Sollte ich, der ich Himmel und Erde geschaffen habe, nicht mindestens ebenso liebevoll und treu zu dir stehen können, wie dieser alte Herr? *Ich bin ganz sicher: Nichts kann dich von meiner Liebe trennen!* (nach Römer 8,38)

Daran kann ich mich immer festhalten:

....

....

7. Juni **Am Ziel**

Wenn ich gegangen bin und einen Platz für euch vorbereitet habe, komme ich wieder und werde euch zu mir holen, damit auch ihr dort seid, wo ich bin. Und wohin ich gehe – den Weg dorthin kennt ihr.

JOHANNES 14,3-4 (EÜ)

Mein geliebtes Kind

Darf ich dich heute noch einmal an dein Ziel erinnern? Wer sein Ziel nicht im Blick hat, weiß auch nicht, welche Richtung er einschlagen soll. Ist es nicht verrückt, was manche Menschen um dich herum bewegt? Es sind nicht die Füße, die sie bewegen, sondern Gedanken um Anerkennung, Erfolg und schnelles Glück. Aber der so gern zitierte Satz „Der Weg ist das Ziel" ist eine Lüge und führt ins Leere.

Mein geliebtes Kind, ich bitte dich inständig um deinetwillen, dass du meinen Spuren folgst! Erinnerst du dich an die Wanderung durch den verschneiten Wald? Wie hättest du zu mir gefunden, wenn du nicht meinen Spuren gefolgt wärst? Du hättest dich mit Sicherheit verlaufen. **Ich lege auch heute auf deinem Weg Spuren, die dein Herz zu meinem führen.** Orientiere dich an meinen Worten! Sie geben dir neuen Mut und sind dir gute Wegweiser: *Fürchte dich nicht und weiche nicht erschreckt zurück, wenn sie angreifen! Denn ich der HERR, dein Gott ziehe mit dir. Ich lasse dich nicht fallen und verlasse dich nicht* (nach 5. Mose 31,6).

Und am Ziel mein Kind: Am Ziel werde ich alles für dich wunderbar vorbereitet haben! Auf diesen Tag freue ich mich unbändig.

Ich erinnere mein Herz daran:

....

....

8. Juni **ungeschoren davonkommen**

Nie ist ein Schermesser auf mein Haupt gekommen, denn ein Nasiräer Gottes bin ich von Mutterleib an. Wenn ich geschoren werde, dann weicht meine Kraft von mir, und ich werde schwach wie jeder andere Mensch sein.*

Richter 16,17 (ELB) (*Geweihter)

• •

Lieber Vater im Himmel

Ich werde nicht ungeschoren davonkommen! Niemand wird das. Wir werden vom Leben zurechtgestutzt und in unseren Freiheiten beschnitten. Diese Prozedur, die sich Leben nennt, verändert nicht nur mein Äußeres. Auch meine Seele muss vieles über sich ergehen lassen. Jeder Einschnitt tut weh und macht mich misstrauischer. Meint das Leben es gut mit mir? Meinst du es wirklich gut mit mir?

Und da malst du mir heute dieses Bild vor Augen: Vom Hirten, der sein Schaf schert. *An jenem Tag wird Gott, der HERR, sein Volk retten. Er sorgt für sie wie ein Hirte für seine Herde.* (Sacharja 9,16a) Ist das deine Art zu retten? Kein Schaf lässt das freiwillig geschehen und ich stelle mir vor, wie kalt ihm danach sein muss. Diese Schafskälte kenne ich nur zu gut. Aber was das Schaf nicht weiß, wird mir zur tröstenden Gewissheit: Ein Energieschub wird durch die Schur ausgelöst. Es wird ein heißer Sommer kommen und das Fell wird bis zum Winter wieder wachsen. Und ein geschorenes Schaf bleibt doch trotz allem immer noch ein Schaf! **Ich bin ein Geweihter Gottes und werde es auch bleiben, wenn ich mich zurechtgestutzt und nackt fühle.** Ich bin und bleibe dein Kind, um das du dich liebevoll kümmerst. Tausend Dank dafür!

• •

Von dieser Beschneidung werde ich mich auch wieder erholen:

....

....

9. Juni **Transparentpapier**

Das Andenken des Gerechten bleibt im Segen; aber der Name der Frevler wird verwesen.

Sprüche 10,7 (LUT)

Mein geliebtes Kind

Was möchtest du, das über dich einmal gesagt wird? Was soll auf deinem Grabstein einmal stehen? Ein „Gerechter" ist nicht der, der immerzu gerecht war, sondern der, der seine Schwachstellen nicht versuchte zu vertuschen! Der Welt ist ein ehrlicher Frommer lieber, als ein frommer Held, der sich über andere stellt. Einer, der so tut, als ob er keine Probleme, keine Fehler und keine Schuld hätte, ist in Wirklichkeit arm dran. Er wird weder Freunde noch Frieden haben, denn er muss alles daransetzen, die Fassade aufrecht zu erhalten.

Wahrhaft gesegnet ist einer, der seine Fehlbarkeit zugibt. Scheinheiligkeit stößt deine Mitmenschen ab und lässt sie zweifeln an mir, aber Transparenz lässt meine Liebe zu ihnen durchleuchten. Wie durch Transparentpapier kann man das Licht, was dahintersteht, strahlen sehen. Ich stehe in allem hinter dir, bin deine Rückenstütze. Und du – du darfst einfach das Transparentpapier sein! Das, liebes Kind, zähle ich deiner Gerechtigkeit hinzu. Was möchtest du, das über dich einmal gesagt wird? Derjenige, der den größten Einfluss darauf hat, bist du selbst!

In diesem Bereich möchte ich authentischer werden:

....

....

10. Juni **Gott-Vertrauen**

Doch wenn ich Angst habe, vertraue ich dir. Gott, ich preise dein Wort und vertraue auf dich, warum sollte ich mich fürchten? Was können mir Menschen anhaben?

PSALM 56,4-5 (NLÜ)

Lieber Vater im Himmel

Ich wünschte, ich könnte meine Angst ablegen, so wie man ein zu enges Korsett ablegt. Ich wünschte, ich könnte endlich aufhören, die Luft anzuhalten, weil ich ständig in Fluchtbereitschaft bin. Ich wünschte, ich schaffte es, Ordnung in meinem Sorgenkopf und in meinem Herzen zu machen. Ich wünschte, ich könnte anderen mit eben diesem Gottvertrauen entgegentreten, wie du es tust.

„Warum tust du's dann nicht?", höre ich dich förmlich fragen, Vater. Wie oft hast du mir schon gesagt, dass ich mich nicht fürchten soll? Wie lange schon wirbst du um mein Vertrauen?

Ich werde heute bewusst Atempausen einlegen, um mich zu besinnen auf das Schöne, das Kostbare und auf die Gnade dieses Lebenstages. **Ich werde den Sorgen heute kein Asyl in meinem Herzen anbieten, sondern stattdessen mit dem Seelenfrieden eine Tasse Tee trinken.** Ich werde versuchen, meine Mitmenschen heute mit deinen Augen anzusehen. Heute, lieber Vater, heute will ich vertrauen, so gut ich kann.

Das möchte ich mir konkret vornehmen für heute:

....

....

11. Juni **tierliebe Kinder**

Er antwortete und sprach: Es ist nicht schön, das Brot der Kinder zu nehmen und den Hunden hinzuwerfen.

Matthäus 15,26 (ELB)

Lieber Jesus

Diese Frau schreit in großer Not zu dir. Und dann kommt so eine Antwort aus deinem Mund? Genau dieses Gefühl habe ich so manches Mal: Da schreit jemand aus tiefster Seele zu dir, aber wird einfach ignoriert. Wie ein räudiger Hund, den man mit den Füßen tritt. Überhaupt, eine Frau einen „Hund" zu nennen! Was hast du dir dabei gedacht?! Und dann werden die Lieblingskinder am Tisch gefüttert und die „Hunde" sollen hungern?

Ich darf so ein Kind sein und ich schäme mich gerade abgrundtief. Wie kann ich sorglos essen, während sie hungern?

In meinen Gedanken sehe ich mich auf einem großen Stuhl sitzen. Meine nackten Beine baumeln, weil sie noch so kurz sind. Die schönsten Stücke von meinem Teller lasse ich verstohlen unterm Tisch in einer feuchten Hundeschnauze verschwinden. Ein dankbares Schwanzwedeln kitzelt meine Beine.

„Solche Kinder", höre ich dich sagen, „sind mir am liebsten! Kinder mit weichen Herzen! Und solche Hunde sind mir am liebsten! Hunde mit großem Glauben und schier endlosem Vertrauen!"

An dieses kindliche Mitgefühl will ich mich heute erinnern:

....

....

12. Juni **Auf den Knien**

Tragt an den Füßen das Schuhwerk der Bereitschaft, das Evangelium des Friedens zu verbreiten.

Epheser 6,15 (NGÜ)

Mein geliebtes Kind

Wie oft wurde meine Aufforderung, das Evangelium zu verbreiten, pervertiert. Bis hin zu den Kreuzzügen! Es bricht mir fast das Herz, wenn ich die Spur der Verwüstung in so mancher Seele sehe, die durch angst- und druckvolles Erzwingen geschlagen wurde.

Aber Schuhe des Friedens sind keine Springerstiefel, die mit Gewalt daherkommen und mit Manipulation. Wie um alles in der Welt soll das Evangelium des Friedens – meine Gute Nachricht an meine geliebten Kinder – so in die Herzen der Menschen kommen?

Das, was ich mir von dir stattdessen wünsche, ist ein Kreuz-Zug der Liebe. *Denn wer seinen Mitmenschen liebt, tut ihm nichts Böses. So wird durch die Liebe das ganze Gesetz erfüllt. Liebt also eure Mitmenschen, denn ihr wisst doch, dass es an der Zeit ist, aus aller Gleichgültigkeit aufzuwachen. (*Römer 13,10+11a)

Der Kampf, den du an meiner Seite kämpfst, damit Menschen mich kennenlernen, findet auf den Knien statt, nicht auf dem Schlachtfeld!

Wohin will ich heute das Evangelium des Friedens bringen?

....

....

13. Juni **Jubel im Himmel**

Der Herr, euer Gott, ist stark und hilft euch! Von ganzem Herzen freut er sich über euch. Weil er euch liebt, redet er nicht länger über eure Schuld. Ja, er jubelt, wenn er an euch denkt!

Zefanja 3,17 (HFA)

Lieber Vater im Himmel

Es fällt mir manchmal wirklich schwer, das zu glauben: Dass du über mich jubeln willst? Über mich? Wie schaffst du das, an meiner Schuld vorbei zu sehen? Warum solltest du lieben, wen ich selbst nicht einmal lieben kann?

Immer wieder hemmt mich dieses Gefühl meiner Unzulänglichkeit, ins Gebet zu gehen. Ich erwarte, auf einen mürrischen Gott zu treffen. Auf einen, der mir Vorbehalte macht und mich daran erinnert, was getan werden müsste. Dabei sehne ich mich nach Annahme, Wertschätzung und Ermutigung. Und dann lese ich diesen Satz über deine Gedanken, die so voller Jubel und Freude sind und staune! **Dass du dir überhaupt die Zeit nimmst, über mich zu jubeln, wo doch so vieles Wichtiges zu erledigen ist und eine ganze Welt zu retten ist.** Wahrscheinlich habe ich noch immer ein völlig falsches Bild von dir in meinem Kopf: eines von einem vielbeschäftigten, gestrengen Herrn in tadelloser, schwarzer Richterrobe. Lieber Vater, bitte revolutioniere mein getrübtes Bild von dir.

Auf diese Eigenschaft von dir will ich heute schauen:

14. Juni

Lass gut sein!

ScheiterHaufenWeise Fehler
Dabei wollte ich doch
Perfektion
Exzellenz
Ich singe von Gnade
und bin so gnadenlos mit mir.
Mit dem alten Unrat
der wirklich entsorgt werden muss
schmeiße ich auch
Vertrauen, Barmherzigkeit, Glauben,
Ermutigung und Verheißungen
auf den Haufen.
Soll doch alles verbrennen!
Ich wollte es so
und jetzt tut es doch weh
barfuß in der Asche zu stehn.
Hin-gerichtet durch die eigene Hand!
„Mein Kind“
höre ich ein leises Seufzen
„Lass gut sein!“
Auf-gerichtet durch die heilige Hand
lese ich in deinen Augen
ein Wort:
Gnade

Und er hat zu mir gesagt: Meine Gnade genügt dir, denn meine Kraft kommt in Schwachheit zur Vollendung.

2. Korinther 12,9 (ELB)

15. Juni **weiter als der Himmel**

Denn deine Gnade reicht, soweit der Himmel ist, und deine Wahrheit, soweit die Wolken gehen.

Psalm 108,5 (LUT)

Mein geliebtes Kind

Da ist Gnade, soweit der Himmel reicht!
Wie kamst du nur auf die Idee,
Leistung an ihre Stelle zu setzen und sie anzubeten?

Da ist Wahrheit, soweit die Wolken gehen!
Wie kamst du nur auf die Idee,
Lügen vorzuziehen und ihnen Glauben zu schenken?

Weil ich lebe, sollt auch ihr leben! (Johannes 14,19) Ich halte die ganze Fülle an Gutem für dich bereit. Meine Gnade und meine Wahrheit gelten dir uneingeschränkt. Dennoch lebst du so, als stündest du in einem permanenten Bewerbungsverfahren, dessen Ende ungewiss ist. Die Frage ist aber nicht, ob deine Frömmigkeit ausreicht. Die Frage ist vielmehr, wie weit du deine Herzensporen öffnest, um meine Gnade und meine Wahrheit darin einziehen zu lassen. Schau nach oben zum Himmel! So unendlich weit ist meine Liebe zu dir – sie hat kein Ende. Das ist die Wahrheit, die weiter reicht als dein Herz.

Vater, diese Wahrheit will ich in mein Herz sacken lassen heute:

....

....

16. Juni **auftrumpfen**

Hab keine Angst, du wirst nicht mehr erniedrigt werden! Niemand darf dich je wieder beschämen.

JESAJA 54,4A (HFA)

Mein geliebtes Kind

Sehnlich wünsche ich mir, dich in die Arme zu schließen, um dir Trost und Geborgenheit zu schenken! In keiner der Situationen, in denen du beschämt wurdest, warst du allein. Das ist ja das Schlimmste: Dass du in der Beschämung das Gefühl hast, allein und schutzlos ausgeliefert zu sein. Immer wenn dich etwas bis ins Mark trifft und erschüttert, denke daran, dass ich genau an dieser Stelle bin. Im Zentrum deiner verletzlichen Seele will ich wohnen. Gerade weil ich dich dort am besten trösten und dir beistehen kann. Ich werde nicht zulassen, dass die Beschämung dein Herz zerstört. *Weil du in meinen Augen kostbar bist und wertvoll und weil ich dich liebe.* (Jesaja 43,4)

Bitte hülle dich in diese Worte wie in einen warmen Mantel ein. Nichts wird dich je wieder bis ins Mark beschämen, weil ich dort bin, und weil du darum geschützt, umhüllt und verteidigt wirst. Sie sind wie ein Trumpf, den du hervorholen kannst und so die feindlichen Angriffe abwehren kannst. Meine Liebe ist stärker als alles andere. Auf zärtliche und souveräne Weise wird sie auftrumpfen und dafür sorgen, dass Angriffe an ihr abprallen und dich nicht mehr verletzen dürfen.

Diese Beschämung weise ich von mir:

....

....

17. Juni **nicht auszuhalten!**

Und richtet nicht, so werdet ihr auch nicht gerichtet. Verdammt nicht, so werdet ihr nicht verdammt. Vergebt, so wird euch vergeben.

Lukas 6,37 (LUT)

Mein geliebtes Kind

Denkst du wieder einmal: Du bist schuld?! Schuld daran, dass Beziehungen nicht so harmonisch sind und dein Herz eine Hornhaut gegenüber manchen Mitmenschen bekommen hat? Es war nicht meine Idee von Schöpfung, dass sie penetrant die Schuldfrage stellt. Im Anfang war sie sogar gar nicht vorgesehen. Seit dem Sündenfall ist aber Schuld ein Riesenthema für die Menschheit, und auch für mich. Du erinnerst dich: Mein Sohn wurde wegen ihr hingerichtet! Niemals aber rede ich davon, dass du Schuld bist! Ja, du hast sie dir aufgebürdet. Auf dich. Sie beschwert dein Herz, aber du BIST nicht die Schuld. Vor dem Kreuz darfst du sie ablegen. Der Preis dafür wurde bereits bezahlt!

Das gute, heilige Prinzip des Nicht-Richtens, des Nicht-Verdammens ist jedoch nicht aufgehoben! Nach wie vor helfen diese guten Herzenshaltungen in allen menschlichen Beziehungen. Eine Sache liegt mir jedoch heute für dich auf dem Herzen, mein Kind: Bitte vergiss nicht, dass alle diese Regeln auch für deinen Umgang mit dir selbst gelten! Manchmal kannst du es mit dir selbst nicht aushalten. Manchmal richtest und verdammst du dein Herz. Manchmal kannst und willst du dir in einer Sache einfach nicht vergeben. Das sind keine Kavaliersdelikte! Du verletzt, demütigst und verdammst, mein geliebtes Kind, und das kann ich so nicht stehen lassen. Lege auch diese Schuld ab und beginne dich zu lieben, so wie ich es tue!

Das will ich ablegen, um mein Herz zu erleichtern:

18. Juni **Tu etwas!**

Was der HERR tut, beweist seine Treue, den Unterdrückten verhilft er zu ihrem Recht.

Psalm 103,6 (HFA)

Lieber Vater im Himmel

Die Welt hungert nach Gerechtigkeit. Deine Schöpfung schreit vor Schmerz, Gewalt und Missbrauch. Vater, halte dein Wort und verhilf den Unterdrückten zu ihrem Recht! Du hast es doch versprochen. Reiß die Himmel auf und lass Hoffnung regnen auf das ausgedörrte Land. Tu etwas!

Und dann fällt mein Blick auf meine Hände. Hattest du nicht gesagt, dass du durch meine Hände helfen willst? Hattest du mich nicht aufgefordert, deine Füße zu sein und dahin zu gehen, wo Menschen unterdrückt und versklavt werden, wo sie gefangen, nackt und hungrig sind? War es nicht dein ausdrücklicher Wunsch, in meinen Worten zu sein? Dein Auftrag an mich ist so einfach und klar: „Sei ein Friedensstifter, ein Hoffnungsbringer, ein Kämpfer für die Unterdrückten! Nutze die Möglichkeiten, die du hast, um Gerechtigkeit einzufordern!"

Dennoch verliere ich diesen Auftrag immer wieder aus dem Blick. Das tut mir aufrichtig leid, Vater. Wie gut, dass du mich heute daran erinnerst!

Ich möchte konkret Hilfe leisten, indem ich …

....

....

19. Juni **permanent geliebt**

Ich habe dich schon gekannt, ehe ich dich im Mutterleib bildete, und ehe du geboren wurdest, habe ich dich erwählt.

Jeremia 1,5a (HFA)

Mein geliebtes Kind

Weißt du noch, wie häufig du dich in früheren Zeiten beklagt hast? Nichts konnte ich dir recht machen. Wie oft hast du mir damals das Wort im Mund verdreht und mich missverstanden. Es gab Zeiten, in denen du dich für mich geschämt hast. Ich war peinlich in deinen Augen. Und hat all das eine Auswirkung auf den Grad meiner Liebe zu dir gehabt? Nein – niemals!

Wir froh waren wir, als du aus dieser Zeit der geistlichen Pubertät endlich herausgewachsen warst. Endlich nahmst du meine väterlichen Ratschläge wieder so, wie sie gemeint waren: Als liebevolle Hinweise, wie dein Leben gelingt, wie du in friedevollen Beziehungen leben kannst und dein Potential ausschöpfen kannst, das ich in dich hineingelegt habe. Ich habe dich erwählt und befähigt für ein Leben in Freiheit und Würde. Du bist berufen, dich in meinem Namen für Gerechtigkeit, Frieden und Barmherzigkeit einzusetzen und ich bin jeden Tag stolz auf dich, mein Kind. Übrigens, unabhängig davon, wie erfolgreich du von außen betrachtet wirst. Ich liebe dich vor allem von innen! **Dein Herz ist mir kostbar!** Bitte versorge es gut an diesem Tag!

So will ich mein Herz heute versorgen:

20. Juni **hungrige Worte**

Gott wird ihr Hilfe bringen, wenn sich die Nacht zum Morgen wendet.

Psalm 46,6b (NGÜ)

Lieber Vater im Himmel

Warum kommt die Hilfe erst dann, wenn die Nacht fast vorbei ist? Vater, ich will den erlösenden Frieden schon eher! Ich will deine Hilfe jetzt schon kommen sehen! Ich will dein Eingreifen nicht nur schmerzlich herbeisehnen! „Gierige Worte sind das", denke ich gerade und schäme mich. Doch weil du außerhalb der Erdkugel bist, siehst du das Licht auch schon, bevor es meinen Horizont überschreitet.

Der Moment, wo die Nacht sich zum Morgen wendet, ist der Stillste. ***Darum, Vater, will ich nun still werden und gelassen auf dein Tun warten.*** (Psalm 37,7) Mein Herz ist unruhig, bis es Frieden findet in dir. Du verurteilst mich nicht, weil du um die Not weißt. Du trägst meine Seele auf Händen, gerade dann, wenn sie sich fallengelassen fühlt. Die geflügelten Boten des anbrechenden Morgens sind erwacht und singen der Dunkelheit ihr Hoffnungslied ins Gesicht: **Ein neuer Tag kommt, das Licht ist nicht mehr fern und der, der die hungrigen Seelen sättigen wird, schläft nicht.**

Ach Herr, bitte komm bald!

Auch diese Not ist dir nicht verborgen, Vater:

....

....

21. Juni **Urvertrauen**

Werft nun eure Zuversicht nicht weg! Es wird sich erfüllen, worauf ihr hofft.

***Hebräer* 10,35 (HFA)**

Mein geliebtes Kind

Denkst du, dass ich dich vergessen haben könnte? Fühlst du dich, als hätte ich dich mitsamt deiner Sehnsucht im Regen stehen lassen? Kinder sind so sehr darauf angewiesen, vertrauenswürdige Eltern zu haben! Wenn diese nicht halten, was sie versprochen haben, dann wird es dem Kind noch im Erwachsenenleben schwerfallen, anderen zu vertrauen. Das Urvertrauen wird in der frühen Kindheitsphase gelegt oder eben zerstört. Glaubst du wirklich, dass ich als dein liebender Vater es zulassen könnte, dass dein Urvertrauen zu mir geschädigt wird? Nie im Leben! Ich werde alles, ja wirklich alles daransetzen, um meine Versprechen zu halten!

Nicht jede deiner Sehnsüchte habe ich jedoch versprochen, hier und in diesem Leben stillen zu wollen. Auch wenn du dir etwas vielleicht brennend wünschst, hat es nicht automatisch ein Versprechen meinerseits zur Folge! **Als dein liebender Vater werde ich mich aber um alles kümmern, was du brauchst, um ein Leben in ganzer Fülle zu führen.** Das verspreche ich dir hoch und heilig! *Ich zeige dir den Weg, der zum Leben führt. Ich beschenke dich jeden Tag mit neuer Freude, denn ich werde bei dir sein* (nach Apostelgeschichte 2,28).

Diese Sehnsucht ist dir nicht verborgen:

....

....

22. Juni **verwurzelt**

Seid in ihm verwurzelt, baut euer Leben auf ihm auf. Bleibt im Glauben fest und lasst euch nicht von dem abbringen, was euch gelehrt worden ist. Für das, was Gott euch geschenkt hat, könnt ihr ihm nicht genug danken!

Kolosser 2,7 (NGÜ)

Mein geliebtes Kind

Wurzeln entstehen nicht einfach so über Nacht. Sie wachsen mit ihren Aufgaben. Ein kleiner Eichenkeimling hat noch keine armdicken Wurzeln. Je älter und mächtiger die Eiche aber wird, desto verzweigter und stärker sollte ihr Wurzelwerk auch sein. Bevor eine Eiche zu einem Zufluchtsort für andere werden kann, sollte sie erwachsen sein und gut verwurzelt sein, ansonsten würde sie beim ersten Schaukeln oder beim Bau eines Baumhauses umfallen und andere unter sich begraben.

Menschenkinder, die sich selbst als Stütze anbieten, aber die nötigen Wurzeln dafür nicht haben, können so zu einer Gefahr für sich und andere werden. So hatte ich mir das nicht gedacht! Ich erlaube dir, langsam zu wachsen. **Geh nicht dem Irrglauben auf den Leim, nach außen größer und stärker wirken zu müssen als du es bist.** Befolge stattdessen treu das, was du in meinem Wort lesen kannst und sei dankbar für den guten Boden, in den du deine Wurzeln strecken darfst. Ich werde sie stark machen und dir die Krone geben, die deinem Wachstum entsprechend ist. Im Gegensatz zu dir werde ich dich niemals überfordern.

Diese Wurzel braucht noch Wachstum, für das ich bitten will:

....

....

23. Juni **abgesegnet**

Der Herr segne dich und behüte dich; der Herr lasse sein Angesicht leuchten über dir und sei dir gnädig; der Herr hebe sein Angesicht über dich und gebe dir Frieden.

4. Mose 6,24-26 (LUT)

Lieber Vater im Himmel

Ich mache mich viel zu oft abhängig von dem, wie andere mich beurteilen. Ich will ihren Segen haben für das, was ich tue. Ich lasse meine Daseinsberechtigung gern absegnen von denen, die scheinbar Bedeutung haben. Ich sehne mich nach Frieden und gebe mich dann mit diesem Pseudogefühl zufrieden, etwas geleistet zu haben, etwas zu sein in ihren Augen.

Wie anders ist dagegen der Segen, den du so gern verschenkst. Zusammen mit seinem besten Freund, dem Frieden, leuchtet er über mir. **So einfach ist das: Er leuchtet über mir, wie die Sonne über mir leuchtet. Einfach so, ohne mein Zutun!** Darum will ich mein Gesicht erheben und mich ausstrecken nach diesem Licht. Du bist der Segens-Bringer, der Friedens-Stifter, nach dem die Welt sich sehnt. Leuchte in deine Welt an diesem Tag! Erhebe dein Angesicht und sieh uns gnädig an. Gib uns den Frieden, den die Welt mit ihrem Abglanz nicht geben kann! *Lass leuchten dein Antlitz über mir; hilf mir durch deine Güte* (nach Psalm 31,17). Ich will mir nicht zu schade sein, heute um diesen Segen zu betteln und zu flehen.

Es ist nicht vermessen, um diesen Segen zu bitten:

....

....

24. Juni **Im Aufwind**

Aber die auf den HERRN hoffen, gewinnen neue Kraft; sie heben die Schwingen empor wie die Adler, sie laufen und ermatten nicht, sie gehen und ermüden nicht.

Jesaja 40,31 (ELB)

• •

Mein geliebtes Kind

Du sehnst dich nach mehr Leichtigkeit in deinem Leben? Die Sehnsucht nach Unbeschwertheit belastet so manche Seele. Wie schön wäre es, wie ein Adler die Aufwinde nutzen zu können und fast mühelos durch den Alltag zu schweben, oder doch jedenfalls ein bisschen leichter zu sein.

Wie wäre es, wenn du das Wort „Leichtigkeit" einmal mit „Balance" austauschen würdest? Wer es schafft, eine gute Balance zwischen Leistung und Lohn, zwischen Aufgaben und Bedürfnissen zu schaffen, der lebt ausgewogen. Auch die Adler leben nicht frei von Anstrengung – das Fliegen benötigt eine enorme Muskelkraft und ausdauerndes Training. Aber sie erspüren und nutzen die natürlichen Aufwinde. So können sie große Entfernungen zurücklegen und nicht müde werden.

Genau das lege ich dir auch ans Herz, mein Kind: Lerne in meinem Aufwind zu segeln! **Lebe in einer gesunden Balance zwischen Schaffenszeiten und Auftankphasen!** Sei nicht so unbarmherzig mit dir, dass du dich innerlich ausschimpfst, wenn etwas nicht hundertprozentig gelungen oder noch fehlerhaft ist. Sei ausgewogen in dem, was du von dir erwartest und sieh dich täglich mindestens einmal mit meinen Augen an: Was bist du für ein liebenswürdiges, begabtes und begnadetes Kind!

• •

 **Hier werde ich für mehr Balance sorgen:**

....

....

25. Juni **leckere Worte**

Er aber antwortete und sprach: Es steht geschrieben „Der Mensch lebt nicht vom Brot allein, sondern von einem jeden Wort, das aus dem Mund Gottes geht.“

Matthäus 4,4 (LUT)

Lieber Vater im Himmel

Ich sehne mich nach guten, leckeren Worten! Mein Herz giert förmlich nach dieser überzuckerten Anerkennung und Wertschätzung. Aber so viel ich auch davon bekomme, ich werde nicht richtig satt. Je abhängiger ich von diesem emotionalen Fastfood bin, desto anfälliger mache ich mein Herz auch für giftige Schadstoffe. Ein negatives Wort vermag die vorher hundert positiven auszuhebeln! So von innen vergiftet, fühle ich mich krank und aufgebläht.

Deine Worte sind dagegen eine sättigende Ernährung für meine Seele: voller lebenswichtiger Spurenelemente und Nährstoffe für einen gesunden Stoffwechsel. Die himmlischen Vitamine erfrischen meine Seele und stärken mein emotionales Immunsystem. *Du bereitest vor mir einen Tisch gegen meine Feinde. Du salbest mein Haupt mit Öl und schenkest mir voll ein.* (Psalm 23,5) **Ich weiß nicht, warum ich dennoch so oft ohne Appetit und mürrisch an deinen Tisch komme, so als gäbe es nur geschmacksneutrale Ballaststoffe zu essen bei dir.** Kannst du mir das bitte vergeben?

Bitte überrasche mich neu mit deinem nahrhaften Wort!

26. Juni **Du sprichst mir aus der Seele**

Wagemut – wo man sonst schweigt
Bekenntnis – wo man sich nicht zeigt
Aufbruch – wo man sonst verharrt
Güte – wo man ängstlich spart
Hoffnung – wo man sonst verzagt
Glaube – der Vertrauen wagt
Fragen – wo man sonst nur nickt
Zweifel – und wenn er noch so zwickt
Dankbarkeit – wo man sonst giert
Demut – wo der Stolz grassiert
Liebe – wo man sonst verletzt
Verzeihen – auch wenn man lieber petzt
Segnen – wo der Frieden fehlt
Freispruch – wo der Ärger schwelt
Milde – wo man sonst ankreidet
Mitleid – weil mein Nächster leidet

Mein Herz will Segen weitergeben
und ist doch oft so außer Atem
von deinem Wirken zu erzählen
Oh Gott, nimm all mein Streben
bewirke deine Wundertaten
und sprich mir aus der Seele

Denn Gott ist's, der in euch wirkt beides, das Wollen und das Vollbringen, nach seinem Wohlgefallen.

Philipper 2,13 (LUT)

27. Juni **Liebeserklärung**

Laut jubelt der Vater eines Gerechten; er freut sich über einen verständigen Sohn.

Sprüche 23,24 (NeÜ)

Mein geliebtes Kind

Nimm dir diese Worte einmal so richtig zu Herzen! Lächle bei der Vorstellung darüber, dass ich wie ein liebeskranker Papa über dich laut juble. So begeistert bin ich von dir! Und zwar ganz unabhängig von dem, was du leistest oder darstellst. Die Worte über dich, die du in deiner Kindheit immer wieder gehört hast, wurden zu deiner inneren Stimme. Sie sagt dir, wer du bist und wie du bist. Sie gibt dir ungeschöntes Feedback. Ob du willst oder nicht: Sie wird dich permanent bewerten und vergleichen. Oftmals wird aus dieser Bewertung eine Abwertung. Beständig erinnert die innere Stimme dich dann an deine Unzulänglichkeiten und Fehler.

Diesen inneren Automatismus möchte ich verändern, mein Kind. Ich möchte, dass du heute auf die Stimme deines himmlischen Vaters hörst: Auf meine Liebesbezeugungen und Treueschwüre, auf meine Jubelrufe über dich! *Ich freue mich über dich mit Wonne und drohe dir nicht, denn ich liebe dich! Ich juble laut, wenn ich dich sehe!* (nach Zephanja 3,17). Die Dankbarkeit darüber wird dein Herz heil machen.

Mein himmlischer Vater jubelt über mich, weil …

....

....

28. Juni **Dieser Tag heißt „Heute“**

Darum hat Gott einen neuen Tag festgesetzt, an dem er sein Versprechen erfüllen will. Dieser Tag heißt „Heute“. Lange Zeit nach seiner ersten Zusage ließ er durch König David sagen: „Heute, wenn ihr meine Stimme hört, dann verschließt eure Herzen nicht.“

Hebräer 4,7 (HFA)

Lieber Vater im Himmel

Mein Bestreben des Tages liegt darin, dass ich versuche, alle To-dos am Abend abgehakt zu haben. Die Zeit ist begrenzt, die mir zur Verfügung steht, darum sollte ich sie auskosten! Ich will mein Herz nicht verschließen! Nein – da sind so viele Dinge, die wirklich wichtig sind. Heute, wenn ich deine Stimme höre, dann will ich sie mir zu Herzen nehmen und alles erledigen, was du mir aufträgst! Ich will ein braver, treuer und zuverlässiger Diener sein und meine Aufgaben ernst nehmen.

Je mehr und je größer sie sind, desto mehr muss ich mich daransetzen, dass dieses Ziel erreicht wird. Nun lese ich dein Wort an mich: ***„Darum lasst uns alles daransetzen, zu dieser Ruhe Gottes zu gelangen.“*** (Hebräer 4,11a) Darum geht es dir also hier? Dass ich mein Herz nicht verschließe vor der Ruhe? ALLES daransetze? Aber ich will doch allem gerecht werden!

„Nein, mein Kind, du willst vor allem gerecht werden“, höre ich deine leise Erwiderung in meinem Herzen. „Deine erbrachte Leistung ist nur leider keine Eintrittskarte zum Erlebnispark meiner Verheißung. Der Tag, an dem ich meine Verheißung erfüllen will, heißt ‚Heute'. **Heute steht das Tor zum Garten der Ruhe offen.** Der Eintritt ist frei, aber er kostet dich etwas: das Loslassen deiner To-do-Listen. Diese Zeit bei mir ist ausschließlich für uns zwei da, fürs „To-be."

So will ich das To-be heute umsetzen:

....

....

29. Juni **Misstrauen straft Gott Lügen**

Lasst euch nicht in Verwirrung bringen. Glaubt an Gott und glaubt auch an mich!

Johannes 14,1 (NeÜ)

Mein geliebtes Kind

Du hast immer die Wahl: Willst du vertrauen oder willst du misstrauen? Je nachdem, welche Erfahrungen du gemacht hast und wie du sie für dich deutest, wirst du mehr zur einen oder mehr zur anderen Seite tendieren. Vertrauen ist immer etwas, was man freiwillig gibt. Niemand kann zum Vertrauen gezwungen werden. Ich aber werbe um dein Vertrauen! Weil ich weiß, was das Misstrauen in dir anrichtet, appelliere ich an dein Herz: Vertrau mir, mein Kind! *Denn wer überwindet, soll mit weißen Kleidern angetan werden, und ich werde seinen Namen nicht austilgen aus dem Buch des Lebens, und ich will seinen Namen bekennen vor meinem Vater und vor seinen Engeln.* (Offenbarung 3,5)

Misstrauen will dir einreden, dass dein Herz bei mir nicht sicher ist. Es straft alle Verheißungen, die ich über dir ausgesprochen habe, Lügen. Ich aber bin der Gott, der die Wahrheit IST. Darum kann ich gar nicht lügen. Schon gar nicht in so einer wichtigen Sache. *Stell mich doch auf die Probe und sieh, ob ich meine Zusage halte! Denn ich verspreche dir, dass ich dann die Schleusen des Himmels wieder öffne und dich überreich mit meinem Segen beschenke* (nach Maleachi 3,10b). Wenn du dich verletzlich machst vor mir und dein Herz öffnest, werde ich dieses Vertrauen NIEMALS missbrauchen! Das verspreche ich dir hoch und heilig!

In dieser Frage misstraue ich dir noch immer, Vater:

....

....

30. Juni **Du schaffst das!**

Ich will dich lehren und dir den Weg zeigen, den du gehen sollst; ich berate dich, nie verliere ich dich aus den Augen.

Psalm 32,8 (HFA)

Mein geliebtes Kind

Weißt du noch, wie du das Fahrradfahren gelernt hast? Erinnerst du dich an die vielen Versuche, an denen ich tief gebeugt hinter dir herlief, die Hände an deinem Gepäckträger? Du hast dich immer wieder prüfend umgeschaut, bestimmt wolltest du dich vergewissern, dass ich immer noch da bin. „Schau nach vorn!", rief ich dir zu. Und du hast mir vertraut und wurdest sicherer und schneller. Und dann kam der Moment, wo ich dich das erste Mal los ließ! „Du schaffst das!", rief ich hinter dir her und du warst wie beseelt vom Fahrtwind und von der Freiheit. Bis du dich umschautest und mich weit zurück erblicktest ...

Es hat ein paar Wochen gedauert, bis die Schürfwunden geheilt waren und du bereit warst für einen nächsten Versuch, alleine zu fahren. Ich war so beeindruckt von deiner Beharrlichkeit, mein Kind, und bin es immer noch. Es ist nicht unehrenhaft zu scheitern, das weißt du heute, und es gehört zum Leben dazu. Du darfst wissen, dass ich immer hinter dir bin! Ich sporne dich an und rufe dir in deinem Rücken mein „Du schaffst das!" zu, aber ich mute dir auch zu, die Balance über dein Leben zu finden. Niemals jedoch verliere ich dich dabei aus den Augen. Und da ist noch etwas, das du wissen solltest: Ich bin unglaublich stolz auf dich!

Ich werde heute hören auf dein „Du schaffst das!" in meinem Rücken, weil ...

....

....

1. Juli **Ich denke**

Ich denke zu viel, was die Anderen wohl denken
Wie ich dabei wegkomme oder bei ihnen ankomme
Ich denke zu wenig, wer ich eigentlich sein möchte
Wie ich dir ähnlicher werde
Ich denke zu oft, was noch getan werden müsste
Wie ich alles, was ansteht, schaffen kann
Ich denke zu selten, wer auf ein Lächeln von mir wartet
Wieso ich Sachen und Aufgaben über Menschen stelle
Ich denke zu mutig, was ich wuppen kann
Wenn ich mich nur genug anstrenge
Ich denke zu vorsichtig, wozu du fähig bist
Wenn einer sich dir ausliefert, mit Herz und Hand

Der Mensch hält alles, was er tut, für gut, doch Jahwe prüft die Motive.

Sprüche 21,2 (NeÜ)

2. Juli **Blinde Kuh**

Als er ausstieg, sah er die vielen Menschen und hatte Mitleid mit ihnen und heilte ihre Kranken.

MATTHÄUS 14,14 (EÜ)

Lieber Vater im Himmel

Ich musste gerade an dieses Spiel „Blinde Kuh" denken. Die blinde Kuh wird mit verbundenen Augen so lang um sich selber gedreht, bis sie keine Orientierung mehr hat. Danach soll sie auf die anderen Mitspieler zugehen und sie erwischen.

Vater, ich fürchte, dass ich manchmal wie so eine blinde Kuh durchs Leben stolpere. Dass ich vom vielen Drehen um mich selbst die Aufmerksamkeit für meine Mitmenschen verloren habe. Es fällt mir schwer, auf sie zuzugehen, wenn mir so schwindelig ist. Ich will das nicht mehr! Kannst du mir helfen, die Binde von meinen Augen abzulegen, damit ich die Menschen um mich herum wieder wahrnehmen und sehen kann? Dass ich nicht in meinem selbstmitleidigen Kreisen um mich und meine Probleme die Menschen vernachlässige, die du mir anvertraut hast.

Und Vater, das Gleiche erbitte ich auch für mein Land: Wir haben eine globale Verantwortung für die Mitmenschen auf unserem Planeten. **Vergib uns Privilegierten das Kreisen um unsere „Wehwehchen", während andere um ihr nacktes Überleben kämpfen!** Öffne meinem Volk die Augen für Mitmenschlichkeit, Barmherzigkeit und Gerechtigkeit! So wie Jesus es uns vorgemacht hat, wollen wir aus unserem Hamsterrad herauskommen, um uns voller Mitleid anderen zuzuwenden.

Vater, öffne meine Augen und mein Herz für:

....

....

3. Juli **Barmherzigkeit zumuten**

Seid barmherzig, wie euer Vater barmherzig ist!
LUKAS 6,36 (NEÜ)

Mein geliebtes Kind

Barmherzigkeit ist nicht gerade hip in deiner Welt. Im Gegenteil: Jeder soll auf sich achtgeben, an sich glauben, sich treu bleiben und so weiter. „Wenn jeder an sich denkt, ist für alle gesorgt!“ ist ein allseits beliebter Slogan. Er würde nur funktionieren in einer perfekten Gesellschaft, in der alle kerngesund, stabil und frei wären. Aber was ist, wenn jemand nicht für sich selbst sorgen kann? In einer Welt voller Individualisten ist kein Platz für Bedürftige, Einsame und Kranke.

Warmherzigkeit ist nicht gerade hip in deiner Welt. Im Gegenteil: Neben den Menschen, die vielleicht sogar durch eigenes Verschulden in Missstände geraten sind, gibt es eine große Menge von Notleidenden, die ganz ohne eigenes Zutun in Sklaverei, Angst, Krankheit oder Gewalt gefangen sind. Für beide wünsche ich mir mitleidiges Erbarmen von dir! So, wie auch ich barmherzig mit dir bin an jedem neuen Tag!

Wohl dem, der barmherzig ist und gerne leiht und das Seine tut, wie es recht ist. (Psalm 112,5) **Ja, ich mute dir zu, großmütig zu sein!** Und ja, ich werde mich leidenschaftlich dafür einsetzen, dass auch mit dir barmherzig umgegangen wird in Zeiten der Not.

Ich bitte um Vergebung für mein unbarmherziges Denken! Bitte lehre mich Großmut in dieser Sache:

....

....

4. Juli **Rettervorhersage**

Er griff aus der Höhe, erfasste mich, zog mich heraus aus großen Wassern.

Psalm 18,17 (ELB)

Lieber Vater im Himmel

Wie schmerzhaft muss meine Vergesslichkeit für dich sein? An das „große Wasser" erinnere ich mich. Es hat leider noch immer einen festen Platz in meinem Herzen. Sobald die Wogen der Angst wieder einmal über mir zusammenschlagen, sind sie wieder da: diese Gefühle der Mutlosigkeit und der Sorge und das Selbstmitleid. Dabei war die Erfahrung der Rettung doch so unfassbar und wundervoll. Genauso, wie du es versprochen und vorhergesagt hattest, warst du in der Zeit der Not da! Du zogst mich aus der Tiefe und gabst darauf acht, dass mein Kopf nicht mehr unter die Wasseroberfläche geriet. Mehr als dieses eine Mal hast du mein Leben gerettet. **Daran will ich denken und deiner Rettervorhersage Vertrauen schenken.**

Ich will unbeirrbar an der Hoffnung festhalten, zu der ich mich bekenne. Denn auf dich, Gott ist Verlass. Du hältst, was du zugesagt hast (nach Hebräer 10,23). Heute erinnere ich mich bewusst an den Tag meiner Rettung! Ich sage zu mir selbst: „Weißt du noch, wie Gott eingegriffen hat? Weißt du noch, wie du fast betrunken von seiner Liebe und Herrlichkeit warst?"

An diese Situation denke ich dabei besonders:

....

....

5. Juli **Den Vater anrufen**

Rufe mich an, dann antworte ich dir und teile dir große, unfassbare Dinge mit, von denen du nichts weißt.

JEREMIA 33,3 (NEÜ)

Mein geliebtes Kind

Beten ist nicht der letzte Schrei, wenn alles andere nicht gewirkt hat. Vielleicht denkst du manchmal erst viel zu spät daran, dass ich deine Gedanken ja sowieso kenne. **Ich höre den Sorgen, die in deinem Hirn kreisen, beim Knirschen zu.** Die Befürchtungen, die dich umtreiben, bleiben nicht vor mir verborgen. Anderen kannst du vielleicht etwas vorspielen, möglicherweise auch dir selbst. Aber mir machst du nichts vor!

Und das sollst du wissen: *Ich bin immer bei dir, jeden Tag, bis zum Ende der Welt* (nach Matthäus 28,20). Wenn das so ist, warum rufst du mich dann nicht gleich als Ersten zur Hilfe? Teile mit mir deine Gedanken und Gefühle. Nicht, weil ich sie nicht auch sonst verstünde, sondern weil du erst im Mitteilen dich selbst verstehst! Unsere Zweisamkeit (man nennt es auch beten, aber beten ist so viel mehr als ein Gespräch) ist keine Zeitverschwendung! Während du betest, klären sich die Dinge in deinem Kopf und blockieren dich nicht mehr. Die Geheimnisse des Lebens erfährst du nicht im Tun, sondern im Ruhen. Während du bei mir sitzt und auf meinen Herzschlag hörst, werde ich sie dir offenbaren.

Warum habe ich diese Sorge bis jetzt für mich behalten?

....

....

 sitzen gelassen?

Es war gegen Mitternacht, als Paulus und Silas beteten und Gott mit Lobliedern priesen. Die anderen Gefangenen hörten zu.

Apostelgeschichte 16,25 (NeÜ)

Lieber Vater im Himmel

Mitten in der Nacht hat doch kein Mensch Lust auf Loblieder? Wer singt schon lauthals im Gefängnis Danklieder an einen Gott, der einen hinter Gittern sitzengelassen hat? Ich staune über Paulus und Silas und werde erinnert an meine letzte Nacht: Sie war zu lang und wieder einmal voller dunkler Gefühle, die verzweifelt auf einen Silberstreif am Horizont warteten! Wie verängstigte Kinder hockten sie in meinen Gehirnwindungen und ließen mich nicht schlafen.

Ist das deine Stimme gewesen, die da in mir zu summen anfing? Auf einmal war da dieses Lied: „Our God is an awesome God. He reigns from heaven above, with wisdom with power and love!" Mein Gott, du bist überwältigend und großartig! Du regierst im Himmel und auf der Erde! Dein Machtbereich erhellt selbst die dunkelste Nacht. Mit Weisheit, Kraft und Liebe verteidigst du dein Reich gegen jede Finsternis. Die dunklen Gefühle hörten zu, während mein Herz summte. Eins nach dem anderen fing an zu weinen und legte den Kopf in deinen Schoß. Wir haben sie heute Nacht einfach dort sitzen gelassen. Du hast deine Augen offen gehalten über mir bei Tag und bei Nacht (nach 2. Chronik 6,20). Was für ein Tröster bist du, Gott!

Diesen dunklen Gedanken lege ich in deinen Schoß:

7. Juli **Wie kommst du nach Hause?**

Denn im Haus meines Vaters gibt es viele Wohnungen. Sonst hätte ich euch nicht gesagt: Ich gehe hin, um dort alles für euch vorzubereiten.

Johannes 14,12 (HFA)

Mein geliebtes Kind

Weißt du noch, wie du einmal ganz verloren dort im Niemandsland standest? Niemand interessierte sich dafür, wie orientierungslos du warst und wie hilflos. Du versuchtest nach außen hin zu lächeln, aber eigentlich war dir zum Heulen zumute. Wie ein Engel stand dieser junge Mann plötzlich vor dir und fragte dich: „Und wie kommst du nach Hause?" Gut, dass du ihm vertrauen konntest und dass er wirklich dafür gesorgt hat, dass du nach Hause kommst.

Genau wie damals steht auch heute ein Engel vor dir und fragt dich mitfühlend: „Und wie kommst du nach Hause?" Ich selbst habe ihn dir in den Weg gestellt, um dich an mich zu erinnern. Und daran, dass es ein Zuhause für dich gibt! **Hier ist ein Ort, an dem du wirklich zu hundert Prozent willkommen bist!** Schon in deinem Diesseits kannst du eine Ahnung davon bekommen, wie es einmal im Jenseits sein wird. Ich statte diesen Ort mit Frieden aus und mit Ruhe. Du kannst ihn jederzeit in deinem Herzen aufsuchen und mir dort begegnen. Und wenn deine Tage auf der Erde gezählt sind, dann wirst du für immer hier einziehen. Das wird ein Heimkommen werden!

So will ich mich an die unsichtbare Realität erinnern:

....

....

Unterirdisch

Sie ploppen wie Pilze aus dem Boden
über Nacht, überraschend, überall
farbenfroh und formenreich – aber giftig
den Guten oft zum Verwechseln ähnlich
Neid ähnelt gern der Demut
Ehrgeiz dem Fleiß
Lüge tarnt sich als Wahrheit
und Stolz tut so als wäre er Großmut
Die Liste ließe sich beliebig fortführen

Sie ploppen wie Pilze aus dem Boden
Alles hat eine Vorgeschichte, einen Untergrund
Dort bildete sich ein unterirdisches Netz
Im Dunkeln sprossen dünne, blasse Finger
griffen ineinander
nahmen neues Land in Besitz
um es am Tag X mit giftigen Fruchtkörpern zu fluten
Heute ist Tag X und neue Sporen fliegen
Ich hätte besser aufpassen sollen
was ich im Untergrund dachte
im Unterbewusstsein wachsen ließ

Vater, erbarm dich und säubere meine unterirdischen Gedanken
Ich bereue, dass ich sie dort unten gären ließ
Vater, erbarm dich und öffne meine Augen, dass ich sehe!

Als Jesus weiterging, liefen ihm zwei Blinde nach und schrien: „Du Sohn Davids, hab Erbarmen mit uns!“

Matthäus 9,27 (HFA)

9. Juli **bissige Hunde**

Jeden Abend kommen meine Verfolger wieder, knurren wie bissige Hunde und streifen umher in der Stadt. Sie streunen auf der Suche nach Fraß, und wenn sie nicht satt werden, dann knurren sie.

Psalm 59,15-16 (NGÜ)

Lieber Vater im Himmel

Meine Stadt ist nicht mehr sicher. Besonders nachts höre ich das Bellen der Hunde. Ich bin verängstigt, weil sie sich zusammengerottet haben gegen mich. Wenn es Abend wird, wird auch ihr Heulen lauter und dann liege ich wieder wach und versuche mir die Ohren zuzuhalten. Das jedoch verscheucht sie nicht. Ich habe sogar versucht, sie zu zähmen. Die Brocken, die ich ihnen zuwarf, haben sie verschlungen, nur um eine noch größere Gier zu bekommen.

Ich aber will singen von deiner Stärke und am Morgen jubelnd preisen deine Gnade. (Psalm 59,17) **Lobpreis gegen die knurrende Meute der Lügenstimmen in mir?** Mit einem Loblied soll ich die bösen Ankläger vertreiben, mich nur mit einem Lied bewaffnet der Angst entgegenstellen?

Vater, das erscheint mir reichlich naiv. Aber weil du es sagst, will ich es versuchen. Ich will singen von deiner Stärke! Je zerbrechlicher ich mich fühle, desto mehr. Ich will deine Gnade preisen! Je höhnischer die falschen Hunde heulen, desto mehr. Baue eine Festung des Vertrauens um mein angefochtenes Herz!

Die Hunde, vor denen ich mich fürchte, heißen:

....

....

10. Juli **Passwort Wahrheit**

Ihr werdet die Wahrheit erkennen und die Wahrheit wird euch frei machen.

Johannes 8,32 (ELB)

Mein geliebtes Kind

Wie oft hast du das nun schon gehört: Dass du zur Freiheit berufen bist und dass nur die Wahrheit dich frei macht? Lügen machen Gefangene. Sie haben die Tendenz, im ersten Moment verführerisch zu wirken, aber dann umstricken sie dich wie Spinnen ihre Beute. Es war NIE ihre Absicht, dir irgendetwas Gutes zu tun. Darum hasse ich die Lüge! Du bist gedacht und gemacht als freier Mensch, der selbstständig denkt und Verantwortung für seine Entscheidungen übernimmt. Unfreiheit aber deformiert deine Seele.

Wann immer dich nun dein Gewissen anklagt, darfst du wissen: Ich bin barmherziger, als dein eigenes Herz und mir ist nichts verborgen (nach 1. Johannes 3,20). **Meine Wahrheit macht keine Gefangenen!** Darum ist es so wichtig, dass du nicht nur Lügen entdeckst, entlarvst und aus deinen Gedanken verbannst, sondern auch das Gute – nämlich meine Wahrheit – erkennst und in dein Herz einlädst. Die Wahrheit ist dein Passwort für ein wahrhaft freies Leben als mein geliebtes Kind!

Sprich deine Wahrheit mir ins Herz, Vater, dass ich …

....

....

11. Juli **SegenRegen**

Ich werde sie und die ganze Umgebung meines Hügels segnen und den Regen fallen lassen zur rechten Zeit. Regengüsse des Segens werden es sein.

Hesekiel 34,26 (NeÜ)

Mein geliebtes Kind

Manche Verheißungen sind einfach zu schön, um wahr zu werden, oder? Hast du gedacht, dass ich dich vergessen haben könnte? Wie eine Topfpflanze, die in der sengenden Sommerhitze stehen gelassen wurde und dem Vertrocknen geweiht ist?

Mach Rast in der Senke vor meinem heiligen Berg. Lagere dort und warte auf den Segen-Regen, der dort niedergehen wird. Die Wolken werden sich genau hier abregnen. Du wirst mit dem heilenden Segen überschüttet und übergossen werden. *Ich gieße Wasser auf den dürstenden Boden, rieselnde Bäche auf das trockene Land.* (Jesaja 44,3)

So viel wie du für den heutigen Tag brauchen wirst, wird dir gegeben werden. Keine Faser deines Körpers wird trocken bleiben. Wie durch eine warme Sommerregendusche wirst du erfrischt und dein Durst gestillt werden. Das ist nicht nur eine wunderschöne Verheißung, das ist Wahrheit, die ich über dir ausspreche. Vertrau mir und harre auf ihre Erfüllung *und ich werde dich einpflanzen in dein Land. Und du sollst aus deinem Land nicht mehr herausgerissen werden* (nach Amos 9,15).

Ich sensibilisiere mich dafür, den Segen zu spüren, indem ich …

....

....

12. Juli **Um alles in der Welt**

Es ist mein Wunsch, dass du gesund bleibst und dass es dir in jeder Hinsicht gut geht – so gut, wie das im Hinblick auf deinen Glauben der Fall ist.

3. Johannes 1,2 (NGÜ)

Mein geliebtes Kind

Du magst die Schwäche nicht, ich weiß. Bedürftig zu sein ist ein Gefühl, das du um alles in der Welt vermeiden willst. Am liebsten wärst du für immer jung, gesund, erfolgreich und stark. **Noch viel wichtiger als die Gesundheit deines Körpers ist aber die Gesundheit deiner Seele!** Bist du ebenso bemüht um Unversehrtheit im Hinblick auf deinen Glauben?

Du darfst sicher sein, dass ich *deinen inneren Menschen Tag für Tag erneuere mit Kraft und Stärke und Hoffnungsmut* (nach 2. Korinther 4,16). Alles, was ich dafür brauche, ist ein Herz, das sich meinem Heiligen Geist anvertraut. Ich gebe dir auch für diesen Tag die Kraft, die du brauchen wirst, darauf kannst du dich verlassen. Aber bitte versuche nicht um alles in der Welt durchzuhalten! Gib nicht vor, stärker zu sein als du bist, und verlange dir nicht mehr ab als dir guttut. Gesund zu sein im Hinblick auf deinen Glauben heißt in erster Linie, ehrlich zu sein mit dir und deinen Kraftreserven. Und *ohne meinen Segen ist alles umsonst! Denen, die ich liebe, gebe ich alles Nötige im Schlaf* (nach Psalm 127,2).

Gerade mit den Kindern, die sich ihrer Zerbrechlichkeit bewusst sind, kann ich Großes bewirken. Heute können wir genau damit beginnen.

Ich wünsche, in diesem Bereich gesünder zu sein:

....

....

13. Juli **Gnade wird Recht**

Da sprach ich: Herr, Herr, lass doch ab. Wie sollte Jakob bestehen? Es ist ja so klein. Der Herr ließ es sich gereuen. Auch das soll nicht geschehen!, sprach der Herr, Herr.

Amos 7,5-6 (ELB)

Mein geliebtes Kind

Die Kleinen dieser Welt trifft jedes Unglück umso härter. Was denkst du, was ist gerecht? Alle gleich zu behandeln? Ein Urteil ganz unvoreingenommen durchzuziehen würde die Kleinen jedoch immer schwerer treffen als die Starken. **Ich will ein Gott der kleinen Leute sein!** In meiner Barmherzigkeit kann ich nicht vorbeisehen an ihrer Not, noch ihre Schreie überhören. Von einem harten Urteilsspruch lasse ich mich also manches Mal abbringen. Das ändert weder an meiner Souveränität etwas, noch verwässert es die Gerechtigkeit. Ganz im Gegenteil! Gnade ist die Erfüllung der Gerechtigkeit.

Fühlst du dich den „Kleinen“ zugehörig? Gerade dann, wenn du dich verloren, hilflos und verängstigt fühlst, werde ich umso mehr Liebe aufwenden, um dich wieder „aufzu-richten“. Denn genau das ist meine Art zu richten. Nicht Gnade vor Recht, sondern Gnade wird Recht!

Ihr Großen und Starken und Privilegierten dieser Welt: Nehmt euch ein Beispiel an mir!

Vater, ich glaube, du legst mir diese Sache aufs Herz:

....

....

14. Juli

ganz still

Ganz still sitzt du da
den Blick geheftet auf den, der da starb
faltige Hände gefaltet im Schoß
Der Herr ist mein Hirte, er kommt mir nah
sein Stecken und Stab
sind Frieden und Trost

Ganz still hängst du da
die Arme geöffnet, dein Blick ruht auf mir
du weitest dein Herz
durchbohrte Hände durchbrechen den Schmerz
Du Herr bist mein Hirte, du kommst mir nah
du kennst die Straße durchs finstere Tal

Ganz still bin ich hier
das Herz gerichtet auf den, der mich liebt
wie Weihrauch schwebt ein Gebet zu dir auf
Du Herr, bist mein Hirte, du bist mir nah
Das sind die Arme, in die ich lauf
Und Gutes und Gnade werden mir folgen immerdar

Der Herr ist mein Hirte mir wird nichts mangeln.

Psalm 23,1 (LUT)

15. Juli **medium**

Meine Lieben, wir sind schon Gottes Kinder; es ist aber noch nicht offenbar geworden, was wir sein werden. Wir wissen: Wenn es offenbar wird, werden wir ihm gleich sein; denn wir werden ihn sehen, wie er ist.

1. Johannes 3,2 (LUT)

• •

Lieber Vater im Himmel

Ich bin nichts Besonderes. Weder überragend in meiner Leistung, noch auffallend in meiner Schönheit, meiner Weisheit oder meinen Erfolgen. Ich bin eher so medium. Manchmal schäme ich mich meiner Durchschnittlichkeit. Ich wäre so gern großartiger und genialer, oder jedenfalls in einer Disziplin herausragend.

Ja – ich weiß, wie du darüber denkst, Vater. Wie oft habe ich gehört, dass ich dein Kind bin, und damit gut so, wie ich bin. Ich glaube das auch! Und trotzdem ist da manchmal dieses andere, bohrende Gefühl.

„Es ist noch nicht offenbar geworden, was wir sein werden!" **Das berührt mich an eben dieser wunden Stelle, die vergeblich auf Anerkennung hofft.** Es hält mein Vertrauen in dich wach, dass du mich kennst und alles Kostbare ans Licht holen wirst, was du in mich hineingedacht hattest. Bis dahin aber, lieber Vater, will ich – so gut ich kann – das tun, was mir aufgetragen ist: leidenschaftlich lieben!

• •

Meine Liebe soll sich heute so zeigen:

....

....

16. Juli **Treue hüten**

Vertraue auf den Herrn und tue Gutes; wohne im Land und hüte Treue.

Psalm 37,3 (ELB)

Mein geliebtes Kind

Du hast doch dieses Land geerbt, in dem die Treue zuhause ist. Wie kam es, dass du in die Nachbarsgärten geschielt hast? Dieses fremde Land nahm deine Gedanken gefangen. Ich bin froh, dass du deine Ohren nicht völlig vor mir verschlossen hast. So hörtest du meine Stimme *und nahmst sie dir zu Herzen, in dem Land, in dem du gefangen warst* (nach 2. Chronik 6,37).

Hüte das Land der Treue! Überlasse die Treue nicht sich selbst. Sie ist zu kostbar, um verloren zu gehen. Finde die besten Weideplätze für sie. Nie sollte sie sich in Nachbars Garten verirren, weil das Gras dort irgendwie grüner scheint. Beschütze sie, wenn nötig, sogar mit deinem Leben. Es wird immer wieder mal wilde Tiere geben, die sie gierig verschlingen wollen oder ihre Unbeflecktheit rauben wollen. Sie stellen sich listig an und verführen klug. Aber man darf ihnen nicht trauen, denn sie kommen, um zu vernichten, zu morden und zu fressen. Die Treue würde still wie ein Lamm geopfert werden.

Sie würde sich nicht wehren können. Darum missbrauche nicht das Vertrauen, dass sie dir entgegenbringt. Enttäusche sie nicht und sei ihr ein guter Hüter!

Wo braucht meine Treue gerade besonderen Schutz?

17. Juli **Das ewige Leuchten**

Er wird nicht verzagen und zusammenbrechen, bis er das Recht auf Erden aufgerichtet hat.*

Jesaja 42,4a (ELB) *(lichtlos werden)

Mein geliebtes Kind

Die Welt ist kein sich-selbst-stabilisierendes System mehr. Ich hatte sie perfekt gedacht, geplant und geschaffen. Aber seit dem Sündenfall regiert sich nicht quasi alles von selbst. Alles ist der Vergänglichkeit unterworfen, sogar die Zeit! Ich hatte ein vollendetes Ökosystem und eine fehlerlose Verkettung des Segens vor Augen. Nun ist es nicht so, dass ich frustriert aufgegeben habe, nachdem das Böse Sand und Geröll ins Getriebe geschmissen hat. Ich bin nicht ohnmächtig, schaue nicht hilflos zu, wie meine Welt sich selbst zerstört. Gnade und Gerechtigkeit heißt nach wie vor der Maßstab, der gilt. Auch wenn du das manchmal schwerlich glauben kannst, weil das Chaos die Zähne fletscht und Ungerechtigkeit das Ruder scheinbar übernommen hat.

Ich, der heilige Gott, werde NIEMALS lichtlos werden! Ich bin das Licht selber. In alle Ewigkeit und bis in den letzten Winkel jeder Dimension wird es scheinen. Wie dunkel auch dein Leben sich anfühlen mag: Es liegt nicht an der abnehmenden Kraft meines Lichts, sondern an deiner mangelnden Fähigkeit, dieses ewige Leuchten wahrzunehmen. Dein Herz muss nicht verzagen, weil ich es auch nicht tue. *Ja, mit ewiger Liebe habe ich dich geliebt!* (Jeremia 31,3)

Ich habe dieses Leuchten bereits erlebt, als ich …

....

....

18. Juli **Das Licht von oben loben**

Alle gute Gabe und alle vollkommene Gabe kommt von oben herab, von dem Vater des Lichts, bei dem keine Veränderung ist noch Wechsel von Licht und Finsternis.

Jakobus 1,17 (LUT)

Lieber Vater im Himmel

Weißt du noch, was du sagtest, als ich dich bat, mir dieses Geheimnis zu erklären? „Wozu brauchst du Worte, wenn du zum Himmel sehen kannst?" Wie überwältigt war ich damals. Wie oft erinnerte ich mich an diesen Satz, wenn ich nachts die Sterne über mir glitzern sah oder am Tag die Tiefe des blauen Himmels.

Als du zu Beginn der Zeit das Licht gezeugt hast, war niemand Geringeres als das All Zeuge deiner Schöpfungsmacht! ***Die Himmel können deiner Hände Werk bezeugen!*** (nach Psalm 8,3) Wer solche Zeugen hat, muss sich nicht selbst rechtfertigen. **Die Welt spricht für ihren Schöpfer. Sie sagt mehr, als Worte das je könnten.** Und so wie die Schöpfung staunt und summt und sich dir entgegenstreckt, so will auch ich in das Lob einstimmen und deinem Glanz singen! Erinnere mich heute an deine vollkommenen Gaben! Ich will dich loben für deine Güte und Größe, für die Schönheit und die Perfektion, mit der du alles geplant hast.

Heute will ich wieder staunend zum Himmel sehen, denn …

....

....

19. Juli **Augen-Licht**

Und Gott öffnete ihre Augen, und sie sah einen Wasserbrunnen; da ging sie hin und füllte den Schlauch mit Wasser und gab dem Jungen zu trinken.

1. Mose 21,19 (ELB)

Mein geliebtes Kind

Not macht nicht nur erfinderisch. Oft macht Not einfach nur seelisch blind und lähmt den Verstand. Sie macht dich unfähig, irgendetwas Sinnvolles zu tun. Vermischt mit Angst ist sie wie ein lähmendes Gift für verwundete Herzen. Gerade in diesen hart umkämpften Zeiten bist du auf mich angewiesen. Ich will nicht, dass du dich blindlings in dein Verderben stürzt! Ich will nicht, dass du verdurstest, obwohl die Quelle doch in deiner direkten Nähe ist.

Das Einzige, was du tun musst ist: ruhig halten! *Lass deinen Aufruhr und erkenne, dass ich allein Gott bin* (nach Psalm 46,11a). Strecke mir dein Gesicht entgegen und vertraue meinen Händen. **Werde still bei mir und verbiete deinen Ängsten und Lügen, dich weiter zu quälen.** Deine Augen will ich waschen und trockene Krusten entfernen, um sie behutsam wieder zu öffnen. Ich schenke dir das Augen-Licht zurück. Lass es strahlen mitten hinein in das Dunkel deiner Angst. Dann wirst du dich wieder orientieren können und den Durst deiner Seele stillen können. Deine Rettung ist beschlossene Sache – halte noch diese kleine Weile aus und du wirst es sehen.

Vater, hier bin ich blind vor Angst:

....

....

20. Juli **Glücksfasten**

Ist das ein Fasten, wie ich es wünsche, ein Tag, an dem sich der Mensch demütigt: wenn man den Kopf hängen lässt wie eine Binse, wenn man sich mit Sack und Asche bedeckt? Nennst du das ein Fasten und einen Tag, der dem HERRN gefällt?

Jesaja 58,5 (EÜ)

Mein geliebtes Kind

Manchmal wundere ich mich schon sehr über deine Gedankengänge. Wie kommst du auf die Idee, ich hätte Freude daran, wenn du deine Seele demütigst und erniedrigst, wenn du Glücksfasten betreibst und meinst, mich damit beeindrucken zu können? Ich will keine fromme Leistung von dir und ich weiß, dass du das nicht gern hörst, aber: Du wirst nicht allem gerecht werden! Du kannst dir selbst noch nicht einmal gerecht werden. Wenn du den Segen, der auf deinem Leben liegt, vervielfachen willst, wenn du mir von ganzem Herzen dienen willst, wenn du dich sehnst nach echter Gemeinschaft mit mir, dann versuche das hier:

Löst die Fesseln der Gefangenen, nehmt das drückende Joch von ihrem Hals, gebt den Misshandelten die Freiheit und macht jeder Unterdrückung ein Ende! Ladet die Hungernden an euren Tisch, nehmt die Obdachlosen in euer Haus auf, gebt denen, die in Lumpen herumlaufen, etwas zum Anziehen und helft allen in eurem Volk, die Hilfe brauchen. (Jesaja 58,6-7) Nutze die Privilegien, die dir zur Verfügung stehen, um Menschen zu helfen, die dich verzweifelt brauchen. Das ist ein Fasten, das mir Freude macht und das dein Leben reich und satt und wirklich zufrieden macht. Aber es ist nicht die Bezahlung für deine Gerechtsprechung. Gerecht bist du schon. Allein aus Gnade!

Hier kann ich ansetzen, um etwas zu verändern:

....

....

 liebens-würdig

Aus Unterdrückung und Gewalt wird er sie erlösen, denn ihr Leben ist kostbar in seinen Augen.
Psalm 72,14 (NGÜ)

Mein geliebtes Kind

Ich kann es dir gar nicht oft genug sagen: Dein Wert ist unantastbar! Keine Gewalt, keine Unterdrückung oder Abwertung kann ihn schmälern. So wie ein Geldschein immer noch den gleichen Wert hat, wenn man ihn mit den Füßen in die Gosse tritt, so bleibt auch jedes Menschenkind wert-voll, egal, was das Leben mit ihm anstellt.

Mach deine Würde nicht abhängig von dem, wie andere dich sehen oder behandeln – noch nicht einmal, wie du dich selber manchmal siehst oder behandelst. Ich habe dich befreit von der Gewaltherrschaft der Lügenstimmen, die dich niederschreien wollen. **Ich habe der Unterdrückung ein Ende gesetzt, weil du liebens-würdig und lebens-wert bist in meinen Augen!** Ich verabscheue jede Manipulation und jeden Machtmissbrauch! Weder dich vergesse ich, noch meine zu Unrecht versklavten und gedemütigten Kinder in den Armutsvierteln der Erde! Erwarte das Eintreffen meiner Verheißung: *Es wird einen neuen Himmel und eine neue Erde geben, in denen vollkommene Gerechtigkeit wohnt!* (nach 2. Petrus 3,13) Aber auch schon in deinem Hier und heute möchte ich Gerechtigkeit erwirken.

Diese Aussage nehme ich mit in mein Gebet heute:

22. Juli **„über-weltigend“**

Das Licht leuchtet in der Finsternis, und die Finsternis hat es nicht auslöschen können.
Johannes 1,5 (NGÜ)

Lieber Vater im Himmel

Weißt du noch, wie ich mir früher oft gewünscht habe, unsichtbar zu sein und unantastbar? ***Als jedoch die Dunkelheit mächtig wurde, da ist deine Gnade übergroß geworden*** (nach Römer 5,21). Damals wollte die Dunkelheit mich verschlucken, verdauen und nichts mehr von mir übriglassen. Aber da war etwas in mir, das unbedingt leben wollte, das die Sehnsucht nach Leben, Licht und Liebe einfach nicht begraben wollte. Heute weiß ich, dass das dein Licht war. Unbeirrbar hat es mein Herz von innen beleuchtet und mit einer trotzigen Hoffnung geflutet.

Dieses Licht ist unauslöschbar. Es wird uns sogar bis über die letzte angst-einflößende Grenze hinweg leuchten. **Dein Licht ist im wahrsten Sinne des Wortes „über-weltigend“!** Ewig werde ich dir dafür dankbar sein! Vater des Lichtes, komm und erhelle unsere Herzen und Seelen, leuchte von dort hinaus in unsere Familien und Beziehungen, flute deine Welt mit dieser unauslöschbaren Hoffnung, dass wir deine geliebten Kinder sind!

In dieser Sache flehe ich um dein „über-weltigendes“ Licht:

....

....

23. Juli **treu bleiben**

Der, der euch beruft, ist treu. Er wird euch auch ans Ziel bringen.

1. Thessalonicher 5,24 (NeÜ)

Lieber Vater im Himmel

Mich machen diese Worte nachdenklich. Treue ist ein altmodischer Wert geworden. Ihre Halbwertszeit hat sich enorm verkürzt in unseren Tagen. Wir Menschen lieben treue Partner und verlässliche Beziehungen, aber sind immer weniger bereit, selber ein treuer Freund oder Partner zu sein. Dem einzigen, dem wir verlässlich treu sein wollen, sind wir selbst.

„Bleib dir selber treu!" Diese beliebte Aussage ist ein Symptom unserer Ego-Gesellschaft. Und natürlich ist ja auch ein Körnchen Wahrheit darin! Es ist ja wichtig, sich und seinen Werten, Vorstellungen und Wahrheiten treu zu bleiben. Dass ich mich nicht völlig verbiege, um den anderen zu gefallen oder dem 08/15-Menschen zu entsprechen.

Aber in Sachen Treue will ich mir ein Beispiel an dir nehmen, Vater! **So wie du seit ewigen Zeiten treu zu deinen Kindern und zu deinem Wort stehst, möchte auch ich, dass mein Herz verlässlich ist.** Bitte hilf mir, dir und meinen Mitmenschen und auch mir selbst gegenüber treu zu bleiben! Decke die Lecks in meiner Seele auf, durch die das Wasser der Relativierung und Gleichgültigkeit eindringen will! Danke für deine endlose Treue, mit der du mir ein Vorbild bist!

Heute entscheide ich mich, hierin treu zu sein:

24. Juli **Gezeitenwende**

Der Seele den Boden
unter den Füßen weggezogen
von Wogen betrogen
die Flut brandet:
Mein Gott, wo bist du?
Und wo bin ich gelandet?

Gezeitenwende
Mein Herz ist Spielball der Flut
ihre Wut treibt Mut-willen
kannst du nicht kommen
und die Wellen stillen?
Und mit der Hand dieses
Peace-Zeichen machen?
Mein Herz wieder erden
auf festen Grund stellen
kontrollverlustige Zeiten
sind nicht zum Lachen.

Was du als bodenloses Unbehagen
beschreibst mein Kind
das sind die Tage
wo ich dich trage!
Gezeitenwende
Wo bin ich gelandet
gestrandet am Ende
in deine Hände!

Bei Gott allein findet meine Seele Ruhe, von ihm kommt meine Hilfe.

Psalm 62,2 (NGÜ)

25. Juli **Wie von Meisterhand**

Lasst uns aber Gutes tun und nicht müde werden; denn zu seiner Zeit werden wir auch ernten, wenn wir nicht nachlassen.

Galater 6,9 (LUT)

Lieber Vater im Himmel

Ich habe so viel investiert und trotzdem das Gefühl, dass alles vergebliche Liebesmüh war. Ich bin es so leid, immer wieder die kahlen Stellen nachzusäen, die dann doch wieder niedergetrampelt werden. Gibt es eine Möglichkeit, lebensmüde Gedanken mit frischer Kraft aufzutanken? Irgendwie habe ich die Hoffnung aufgegeben, dass mein Weiterlieben Erfolg haben wird.

„Manchmal kannst du den Wald vor lauter Bäumen nicht sehn", sagst du und legst mir einen Arm um die Schulter. „Komm, wir gehen ein Stück!" „Aber ich kann nicht mehr!", jammere ich, „und ich will auch nicht mehr!" Da spüre ich den sanften Druck deiner Hand in meinem Kreuz. „Wie Rückenwind", denke ich erleichtert.

Deine leise Stimme fragt: „Was ist wichtiger: Hoffnung anzubauen, als gäbe es unendlich viel Saatgut? Oder Pessimismus zu säen, als gäbe es nicht schon genug Unkraut? Weiterhoffen kann manchmal ganz schön anstrengend sein, ich weiß." Und auf einmal bin ich da! Stehe am Gipfelkreuz neben dir, ver-wundert, dass es plötzlich so schnell ging. **Wie von Meisterhand im Kreuz geschoben und zum Kreuz gezogen.** Und der Ausblick ist einfach wunderbar.

Hier wünschte ich mir heiligen Rückenwind:

....

....

26. Juli **Botschafter der Liebe**

Mit dieser Botschaft führen wir schließlich niemand in die Irre; wir verfolgen auch keine fragwürdigen Absichten, wenn wir dazu auffordern, sie anzunehmen, und arbeiten nicht mit betrügerischen Methoden.

1. Thessalonicher 2,3 (NGÜ)

Lieber Vater im Himmel

Was ist das für eine Ehre, dass du MICH als deinen Zeugen hier auf der Erde einsetzt! Ich möchte so gern ein würdiger Botschafter deiner Liebe sein. Manchmal wünschte ich, ich hätte dafür „mehr in der Hand". Ich denke dann, dass deine Gute Nachricht noch ein paar Verschönerungsmaßnahmen vertragen könnte, damit sie besser ankommt. Schließlich bin ich der Experte in Sachen Menschen – vielleicht kannst du es dir als Gott doch nicht so gut vorstellen, wie es sich anfühlt, Mensch zu sein … Verrückt, was man unbewusst so an Gedanken hat!

Danke, dass du mich heute darauf hinweist, dass du der Menschen-Experte bist, weil du ihn gemacht hast! Danke, dass du mich daran erinnerst, dass deine Gute Nachricht nicht noch besser gemacht werden kann, weil sie schon das Allerbeste ist, was uns Menschen passieren kann! **Danke, dass du mich als Botschafter deiner Liebe einsetzt und nicht als Botschafter deines Gesetzes.**

Das hindert mich manchmal an der Ausführung meines Auftrags:

....

....

27. Juli **Ausflüchte oder Zuflucht?**

Ihr gehört zu seinen Kindern, die er besonders gesegnet hat und deren Namen im Himmel aufgeschrieben sind.

Hebräer 12,23a (HFA)

Mein geliebtes Kind

Weißt du noch, wie du der kindischen Versuchung nachgabst, etwas zu nehmen, was dir nicht gehörte? Wie heimtückisch dieser Gedanke sich bei dir einschmeichelte, dass es ja niemand merken würde! Ich sehe dein verzweifeltes Gesicht vor mir, als wäre es gestern gewesen. Du konntest es einfach nicht rückgängig machen und wolltest es aber schon gar nicht zugeben. Je mehr Ausflüchte du suchtest, desto trotziger verirrtest du dich.

Ich habe wortwörtlich mit Engelszungen auf dich eingeredet, aber dein in die Enge getriebenes Herz wollte es nicht hören. Das, was mich wirklich traurig machte, war dein Misstrauen mir gegenüber! Was hast du denn befürchtet? Hast du nicht alles noch schlimmer gemacht mit deinem Schweigen?

Dennoch habe ich zu dir gestanden. Das werde ich immer tun! Denn du gehörst zu meinen Kindern! Dein Name steht hier bei mir im Himmel aufgeschrieben und nichts wird daran etwas ändern können. Du hast eine ewige Zuflucht bei mir sicher! Ich bin nicht kleinlich in meinem Segen dir gegenüber und schon gar nicht in meiner Vergebungsbereitschaft. Alles, was dir bewusst ist, darfst du vor mich bringen in der Gewissheit, dass ich dich entlasten werde.

Diese Sache habe ich immer noch nicht bekannt vor dir, Vater:

....

....

28. Juli **Spannung oder Druck?**

Zur Freiheit hat uns Christus befreit. Steht daher fest und lasst euch nicht wieder ein Joch der Knechtschaft auflegen!

Galater 5,1 (EÜ)

Mein geliebtes Kind

Spannung dehnt, aber Druck engt ein. Ich möchte, dass du diesen Unterschied verstehst! Dein Leben wird unter Spannung stehen und das ist auch nichts Schlimmes! Im Gegenteil: Die ganze Welt ist so konzipiert. Zwischen den Gegensätzen wie Ebbe und Flut oder Geburt und Tod findet das spannende Leben statt. Spannung dehnt nach außen. Sie weitet deinen Blick, eröffnet neue Standpunkte und weist den Weg zum Gegenüber.

Druck dagegen ist eine Kraft, die komprimiert oder sogar einengt. Ein Herz, das ständig unter Druck steht, reagiert mit Herzmuskelschwäche und im schlimmsten Fall mit einem Infarkt. Dann geht gar nichts mehr. Das meine ich mit dem „Joch der Knechtschaft". Menschen, die alles „in sich hineinfressen", stehen unter einem solchen Druck. Kirchen, die ihre ganze Energie ausschließlich nach innen wenden, werden den Druck des Gesetzes erhöhen. Völker, die nur ihre eigenen Belange „first" setzen, werden den globalen Druck auf die anderen verschärfen.

Ihr Menschenkinder aber seid zur Freiheit berufen! Sei fest und gespannt im Herzen. Aber bleibe dabei so flexibel, dass aus der Spannung kein Druck wird!

Hiervon will ich mich nicht unter Druck setzen lassen:

....

....

29. Juli **willensstark**

Deinen Willen, mein Gott, tue ich gern, und dein Gesetz habe ich in meinem Herzen.

Psalm 40,8 (LUT)

Lieber Vater im Himmel

Ich bin nicht willenlos, wenn ich darum bitte, dass dein Wille geschieht in meinem Leben. Was du willst, will ich hören, Vater, und ich muss nicht befürchten, dass du am Ende sagst: „Siehst du?! Habe ich doch gleich gesagt!" Wenn ich darum bitte, dass dein Wille geschehen soll im Himmel und auf der Erde, dann meine ich damit auch mein Land, meine Stadt, die Beziehungen in meiner Nachbarschaft und bei der Arbeit, meine Familie, meine Ehe und mein Herz. Du bist im allerbesten Sinne willensstark. Gott sei Dank!

Bloß, dass du die umgekehrte Reihenfolge gehst. **Du beginnst mit der Veränderung immer in meinem Herzen.** Die Metamorphose fängt unscheinbar in dieser Keimzelle an. Werde ich sie ernähren mit Licht, oder mit Finsternis? Daraus folgt die weitere Entwicklung, bis hin zu den globalen Problemen der Erde.

Vater, bitte segne mich mit Liebe! Lass von meinem Herzen heute dieses Licht ausgehen, damit das geschehen kann im Himmel und auf Erden, was du willst: Dass Glaube, Hoffnung und Liebe herrschen mit gnädiger und souveräner Hand!

In diese dunkle Ecke meines Herzens will ich dein Licht hineinbitten:

....

....

30. Juli **berührt und geheilt**

Jesus streckte die Hand aus und berührte ihn. „Ich will es", sagte er, „sei rein!" Im selben Augenblick war der Mann von seinem Aussatz geheilt.

Matthäus 8,3 (NGÜ)

Mein geliebtes Kind

Das, was du mir zutraust, hat das Potential zum Wunder. Es liegt nicht an meinem Unvermögen, wenn das Erbetene ausbleibt, und schon gar nicht an meiner Lustlosigkeit, dir zu helfen. Ich bin nicht gleichgültig. „Ich will es – deine Heilung!"

Es ist mein Wunsch, dass du gesund bleibst und dass es dir in jeder Hinsicht gut geht und dass dein Körper so gesund ist wie deine Seele (nach 3. Johannes 1,2). Wer vertrauensvoll mich bittet, wird berührt von meiner himmlischen Hand.

Ich will, dass du rein wirst! Und ich werde dieses Wunder tun an dem, der es mir zutraut. **Ich reinige dein Herz von dem Misstrauen, von Neid und allen bitteren Wurzeln, von bösen Gedanken, von den falschen Aus-Sätzen, die über dich ausgesprochen wurden.** In meiner Berührung liegt die geheimnisvolle Kraft der Heilung. Ja – ich will, dass du rein im Herzen bist und heilig. Und manchmal passiert dann zu diesem inneren Wunder der Seele auch noch ein äußeres Wunder hinzu.

 **Jesus, berühre mich! Auch das traue ich dir zu:**

....

....

31. Juli **Feier-Abend**

Es gibt also noch eine besondere Ruhe für das Volk Gottes. Denn wer in diese Ruhe hineinkommt, wird sich von all seiner Arbeit ausruhen so wie Gott von der seinen ruht.

Hebräer 4,9-10 (NeÜ)

Lieber Vater im Himmel

Nach dieser Ruhe sehne ich mich so sehr! **Ich neige dazu, mich nicht auszuruhen, sondern auszuknocken.** Überarbeitet schläft es sich nicht gut. Mein Feier-Abend ist viel zu oft ein Unfreier-Abend, und mit der Aussicht auf eine ellenlange, nicht schaffbare To-do-Liste am nächsten Tag schläft es sich auch nicht gut.

Wenn ich mir an dir ein Beispiel nehmen soll, dann müsste ich am Abend des sechsten Tages Rückschau halten auf das, was ich getan und geschafft habe. Ich dürfte „Siehe, sehr gut" sagen. Und weil ich ein Mensch und kein Gott bin, dürfte ich auch zu manchem „Siehe, ungenügend" sagen und dich um Vergebung bitten und vor allem um Hilfe!

Um nicht auszubrennen in meiner Leidenschaft für dich und die Menschen und Aufgaben, die du mir anvertraut hast, will ich genau das einüben: Am Ende der Woche auf das Getane zurückschauen und es zurückgeben in deine Hand mit Dank und mit Bitten. **Es ist dein Werk hier auf der Erde, die letzte Verantwortung liegt bei dir!** Und dann machen wir zusammen Feier-Abend!

Ich wünsche mir eine Veränderung in meinem Umgang mit der Ruhe:

....

....

1. August **keine unerhörten Fragen**

Dann sagte er zu mir: Fürchte dich nicht, Daniel! Schon vom ersten Tag an, als du dich um Verständnis bemühtest und dich deswegen vor deinem Gott beugtest, wurden deine Worte gehört und wegen deiner Worte bin ich gekommen.

Daniel 10,12 (EÜ)

Mein geliebtes Kind

Um deiner Worte willen bin ich gekommen! Ohne deine Einladung würde ich dein Herz nicht betreten. Aber du, du hast mich voller Vertrauen gerufen. Dein Flehen kam aus der Mitte deines Herzens. **Je mehr vertrauensvolle Bitten dein Herz verlassen, desto mehr Raum wird für mich frei.** Du hast es schon gespürt: dieses überirdische, leicht schwebende Gefühl in dir. Das kommt daher, weil meine Gegenwart schwere Herzen leichter macht.

Hab keine Angst! Nicht vor dem, was ist, und nicht vor dem, was kommen könnte! Vom ersten Tag an, als du dich mir zuwandtest, habe ich deine Gebete erhört. Du darfst alles vor mich bringen, mein Kind: lautes Flehen und Klagen, unerhörte Fragen oder wildentschlossene Bitten. Ich werde mir all das zu Herzen nehmen. *Nicht aufgrund deiner Gerechtigkeit darfst du mit meinem Eingreifen rechnen, sondern aufgrund meines Erbarmens* (nach Daniel 9,18). Überlass mir das Tun! Ich habe einen umfassenden, transdimensionalen Überblick und ein unendliches Erbarmen.

Diese Bitte will ich endlich aus meinem Herzen lassen:

2. August

nichts ist schlimmer als nichts

Leere Schwärze
Über-All in mir
schwerelosgerissen
entankert

nichts
ist schlimmer als
nichts

Gott
der du Planeten im Nichts aufhängst
erde mein Herz
Stelle meine Füße auf festen Grund

Gott
der du den Himmel ausspannst
befestige die Hoffnung
über dem leeren Raum in mir

Gott spannte den Himmel aus über dem leeren Raum; die Erde hängte er auf im Nichts.

Hiob 26,7 (HFA)

3. August **theoretisch ethisch korrekt**

Aber ich sage euch, die ihr zuhört: Liebt eure Feinde; tut wohl denen, die euch hassen; segnet, die euch verfluchen; bittet für die, die euch beleidigen.

Lukas 6,27-28 (LUT)

Mein geliebtes Kind

Zuhören ist die Grundbedingung! Mein Wort ist voller Erbarmen, Weisheit und Erkenntnis und hat viel mehr Ebenen als nur das geläufige Erdgeschoss! Aber du hörst es häufig wie durch einen Filter. Automatisch werden dadurch leider wichtige Essenzen herausgefiltert, die für die Wahrheit aber essentiell sind!

Hör dieses Wort einmal neu! Als wäre es an dich persönlich gerichtet. Als wäre es nicht nur theoretisch ethisch korrekt, so zu handeln als überzeugter Christ. Merkst du, wie unmöglich dann diese Forderung wird? **Aus dir heraus würdest du NIEMALS deine Feinde lieben, segnen oder umbeten.**

Hör dieses Wort heute einmal neu! Hör es zum Beispiel so, als ginge es bei diesen Feinden um dich! Als ginge es um die Worte, mit denen deine innere Stimme dich verflucht. Beleidigungen, die du gegen dich selbst aussprichst. Abwertende Blicke, die du dir im Spiegel zuwirfst. Du weißt, wie häufig sich sogar Hass darin wiederfindet! Deine Feinde zu lieben ist eine wirklich relevante Alltagsaufgabe!

Der Feind, dem ich heute begegne, heißt:

....

....

4. August **Berufung zur Mündigkeit**

Doch wer sich in das vollkommene Gesetz vertieft, in das Gesetz der Freiheit, wer es immer vor Augen hat und nicht vergisst was er wahrnimmt, sondern danach handelt, der wird dabei glücklich und gesegnet sein.

Jakobus 1,25 (NeÜ)

Mein geliebtes Kind

Freiheit hat nichts mit Willkür zu tun. Nichts mit Bedenkenlosigkeit, grenzüberschreitender Eigenmacht oder Ungebundenheit. Sie ist nicht zügellos, hemmungslos und unverhältnismäßig. Freiheit ist die Berufung zur Mündigkeit! Unverfroren und vertrauensselig, selbstverantwortlich und großzügig.

Freiheit ist keine rosarote Weltanschauung, keine Absage an die Verantwortung für unsere Beziehungen, sondern eine Person: Jesus Christus! Die Wahrheit wird euch frei machen, heißt es und ER sagt von sich: ICH BIN DIE WAHRHEIT! Wenn du dich so sehr sehnst nach Freiheit, mein Kind, dann binde dich an diesen Jesus und an seine Worte, an das Gesetz zur Liebe. Dem, der es nicht erlebt hat, mag es widersprüchlich vorkommen, aber es ist wirklich wahr! Befreiung erlebt, wer sich aus freier Entscheidung bindet an meine guten und global zu verstehenden Regeln. Jeder ist jedem der Nächste. *Liebe deinen Nächsten wie dich selbst* (Galater 5,14) und werde dabei glücklich und gesegnet sein!

Hier benötige ich Befreiung meines Denkens und Handelns:

5. August **herangezoomt**

Was geschehen ist, wird wieder geschehen, was getan wurde, wird man wieder tun: Es gibt nichts Neues unter der Sonne.

Prediger 1,9 (EÜ)

Lieber Vater im Himmel

Diese Gedanken haben etwas Tröstliches, gerade auch dann, wenn ich wieder einmal in meiner Self-made-Melancholie festhänge. Alles ist schon mal gewesen. **Ich bin nicht allein in meinem Schmerz, in meinem Glück, in meinen Fragen.** Solange es Menschen auf diesem Planeten geben wird, wird es auch Hinfaller und Wiederaufsteher geben, Neugeborene und Greise, Erfinder und Bewahrer, Sehnsucher und Entdecker. Je mehr ich mich diesem Gedanken hingebe, desto mehr entferne ich mich von Zeit und Erde. Es ist ein bisschen so, als ob ich mich mit einem Raumschiff wegbewegen würde. Und scheinbar Wichtiges wird immer kleiner und kleiner.

Aber du, Gott, gehst den umgekehrten Weg! Du zoomst mich auf meiner Erde sozusagen heran. Ich bin mitten in deinem Fokus. Du kennst meine Lebensgeschichte, das was mich hier umgibt, meine Familie und mein Haus. Du siehst mich von oben, unten und von allen Seiten. Jede meiner Zellen erkennst du, du liest in meiner DNA wie in einem Buch. Du kennst die Werkstatt meiner Gefühle und Gedanken. All das ist mir zu hoch. Ich kann es nicht begreifen. Das Staunen führt mich mitten hinein in die Anbetung: Mein Gott, du bist erstaunlich, souverän, herrlich und vollmächtig! Dir will ich mich anvertrauen, *denn alles, was wir jetzt sehen, vergeht nach kurzer Zeit. Das Unsichtbare aber hat ewig Bestand* (nach 2. Korinther 4,18).

So möchte ich mein Staunen trainieren:

....

....

6. August **Hand drauf!**

Die Frucht der Gerechtigkeit aber wird gesät in Frieden für die, die Frieden stiften.

Jakobus 3,18 (LUT)

Mein geliebtes Kind

Weißt du noch, wie schwer es für dich als Kind war, dich mit einem anderen zu versöhnen, wenn du dich im Recht fühltest? Der Lehrer bestand darauf, dass ihr euch die Hand gebt und „Entschuldigung" dazu murmelt. Man kann ja nicht wirklich sagen, dass das dann freiwillig und aus ganzem Herzen gesprochen war. Dennoch hatte es eine Wirkung auf beide! Ihr hattet euch kurz in die Augen gesehen und dabei die Verletzung beim Anderen bemerkt. Ihr habt erkannt, dass es euch beiden ähnlich schwerfiel, einen Strich unter die Sache zu machen.

Der andere ist wie du, in vielerlei Hinsicht! Er ist kein total fremdes Wesen. Frieden zu schließen ist möglich auch in den verfahrensten Beziehungen. Alles beginnt mit einem ersten Schritt aufeinander zu. Gerechtigkeit ist ein großes Wort und ein noch größeres Ideal! In Reinform würdet ihr Menschen sie gar nicht ertragen können, weil sie euch selbst überführen würde. Auf der Erde wird sie immer ein Kompromiss bleiben. Aber einer, der wirklich erstrebenswert ist, weil er Beziehungen befriedet.

Zu diesem Friedens-Handschlag will ich mich heute anstiften lassen:

....

....

7. August **Auf und Ab**

Richtet eure Gedanken auf das, was im Himmel ist, nicht auf das, was zur irdischen Welt gehört.
Kolosser 3,2 (NGÜ)

Lieber Vater im Himmel

Weißt du noch, dass ich dieses Kinderlied immer so lustig fand: Auf und Ab! Zwei Leute stehen an genau der gleichen Stelle und erleben doch ganz unterschiedliche Dinge. Der Erste sieht hoch zum Himmel und der Zweite lässt den Kopf hängen. Der Erste riecht den Duft der Freiheit und der Zweite den Gestank eines Kuhfladens vor seinen Füßen. Der Erste sieht ein Wolkenloch, durch den ein Lichtstrahl ihm zuzwinkert und der Zweite sieht ein Loch in seinem Schuh und ärgert sich, dass er nun neue Schuhe kaufen muss. Der Erste hört auf die Vogelstimmen und der Zweite auf den Presslufthammer auf der anderen Straßenseite.

Bei der Erinnerung daran muss ich unwillkürlich lächeln. Natürlich wollte ich immer wie der glücklich lächelnde Erste sein! Was ist nur aus diesem guten Vorsatz geworden? Deine Stimme macht sich leise bemerkbar in meinem Herzen: *Gib deinen Glaubensmut jetzt nicht auf! Er wird einmal reich belohnt werden.* (Hebräer 10,35) Optimismus ist gut, aber Hoffnung ist besser! Ich danke dir, dass du nicht nur meine Gedanken ein bisschen aufhellst, sondern wirklich die Macht hast einzugreifen! Du vertröstest mich nicht, sondern schenkst echte, kostbare Hoffnung. **Danke Vater, für dein beherztes Eingreifen heute in meine erden-lastigen Gedanken!**

Ganz bewusst richte ich meinen Blick heute hierhin:

....

....

8. August **Tränenengebete**

Nimm meine Tränen
behüte sie wie glitzernde Diamanten
Jede erzählt eine Geschichte
von Trauer, vom sehnsüchtigen Hoffen auf der Flucht,
von Schmerz oder vom Verlorensein

Nimm meine Tränen
berge sie in deinen geöffneten Händen
Jede ist so bedürftig
nach Trost, nach ewiger Hoffnung, nach Mitgefühl
oder einfach nach dem Wissen, nicht allein zu sein

Nimm meine Tränen
wie zaghafte Gebete
mit trotzigem Vertrauen
Nimm sie in dein Herz
wie Erinnerungsfotos von deinem geliebten Kind
dem gerade ein Stück Zuhause fehlt

Du hast dir genau gemerkt, wie oft ich nun schon auf der Flucht war. Du kennst jede meiner Tränen. Ist nicht die kleinste Einzelheit in deinem Buch festgehalten?

Psalm 56,9 (NGÜ)

9. August **Das Gefängnis verlassen**

Sie gingen am ersten Wachposten vorbei, dann am zweiten und kamen schließlich an das schwere Eisentor, das zur Stadt führte. Es öffnete sich wie von selbst vor ihnen. Nun hatten sie das Gefängnis verlassen und bogen in eine schmale Straße ein. Da verschwand der Engel.

Apostelgeschichte 12,10 (HFA)

Mein geliebtes Kind

Heute muss ich mit dir über dein Gefängnis reden. Du weißt ja, wie viel mir Freiheit bedeutet und dass es mir schrecklich ist, dich irgendwo eingeschlossen zu sehen. So schlimm es auch ist, gefangen zu sein – noch viel grausamer finde ich es, wenn das Gefängnis selbstgewählt ist. Sicher hast du von Gefangenen gehört, die freiwillig wieder hinter Gitter gehen, weil die Freiheit draußen ihnen Angst macht. Sie provozieren mit einer erneuten Straftat die Festnahme. Das findest du seltsam? Warum verhältst du dich dann genauso, wenn es um dein Lebensthema geht, das dich unfrei macht?

Der erste Wachposten, an dem du vorbei musst auf dem Weg in die verheißene Freiheit, ist dein Kopf. Sag den dich einengenden Gedanken, dass sie keine Macht mehr haben! Enttarne Lügen, die dich klein machen wollen und halte ihnen meine Wahrheit entgegen. Der zweite Wachposten ist schwieriger zu bezwingen. Er ist das Gefühl, ohnmächtig oder hilflos zu sein. Entscheide dich zur Freiheit, auch wenn du sie noch nicht fühlst! Geh weiter, auch wenn du dich vielleicht fürchtest. Das große Eisentor, das ins Leben hinausführt, werde ich selbst dann für dich öffnen.

Welches Lebensthema engt mich ständig ein?

....

....

10. August **Der Papa-Prototyp**

Ich liebe dich, Herr, meine Stärke.
PSALM 18,2 (ELB)

Lieber Vater im Himmel

Ich liebe es, in deiner Nähe zu sein! Die Zärtlichkeit in deinen Worten, die Weisheit deiner Gedanken, die Schönheit deiner Treue. Vater, du bist einfach der beste und tollste Papa! Alle Kinder wollen ja irgendwie mit ihrem Vater beeindrucken und den Besten haben. Du aber bist unvergleichlich – du bist der Prototyp! Ganz besonders staune ich über deine Stärke und Vollmacht. Wie gut ist es, dich zu kennen und zu lieben!

Manchmal kann ich es gar nicht fassen, dass du gerade mich als dein Kind wolltest. Es gäbe so viele, die klüger, schöner oder gehorsamer wären, und dennoch gilt deine Liebe gerade mir. **Liebe braucht keinen Grund und keine Erklärung, sie braucht nur ein Herz, das bereit ist, sie anzunehmen.**

Mein Herz steht dir offen. *Ich liebe dich, Herr, meine Stärke!* Ich liebe dich, du treuer Vater und Ratgeber! Ich liebe dich, du Friedensbringer und Liebhaber meiner Seele! Ich liebe dich, weil du mich zuerst geliebt hast und weil du mich barmherzig und voller Gnade anschaust.

Diese Liebe zu dir soll heute hier sichtbar werden:

....

....

11. August **Vertrauen als Katalysator**

Und da ihr mir nicht einmal glaubt, wenn ich über die irdischen Dinge zu euch rede, wie werdet ihr mir dann glauben können, wenn ich über die himmlischen Dinge zu euch rede?

Johannes 3,12 (NGÜ)

Mein geliebtes Kind

Wie um alles in der Welt willst du meiner unsichtbaren Kraft glauben, wenn du nicht einmal die sichtbaren Zeichen meines Eingreifens in der Welt wahrnimmst?

Wie um alles in dem Himmel soll ich dein Herz mit ewiger Hoffnung füllen, wenn du nicht einmal im Irdischen meine versorgende Hand erkennen magst? *Wenn du zu mir betest und meine Gegenwart suchst, dann werde ich dich vom Himmel her hören und dein Land heilen* (nach 2. Chronik 7,14).

Vertrauen fängt klein an. Es beginnt mit einer Entscheidung in deinem Herzen. Öffne deine Augen, Ohren und Seelensinnesorgane für die sichtbaren Zeichen meiner erstaunlichen Liebe zu dir und ich werde dir noch größere und tiefere Wahrheiten zeigen. Die unsichtbare Welt ist eine tatsächliche und mächtige Dimension, die dein Leben revolutionieren will. **Vertrauen ist der Katalysator im Heilungsprozess deines Herzens.** Ich verspreche dir, dass ich es niemals missbrauchen werde!

Hier will ich meine Wahrnehmungsfähigkeit schärfen:

12. August **scheiterhaufenweise Gnade**

Und er hat zu mir gesagt: Meine Gnade genügt dir, denn meine Kraft kommt in Schwachheit zur Vollendung.

2. Korinther 12,9a (ELB)

Mein geliebtes Kind

Ich weiß, wie sehr du an deinem Erfolg hängst. Du liebst es nicht nur, vor anderen gut dazustehen, sondern auch vor dir selbst. Aber wirklich wahnwitzig ist es, wenn du meinst, mich mit deinen Erfolgen beeindrucken zu können. Ich stehe nicht auf scheinheilige Diener – alles, was ich mir wünsche, sind heilige Kinder!

Es widerspricht deinem Status als Gotteskind in keiner Weise, wenn du scheiterst. Scheitern gehört zu deinem Leben, ebenso wie Licht und Dunkelheit, wie Freude und Leid, wie Tag und Nacht zueinander gehören.

Du musst das Scheitern nicht auf dem Scheiterhaufen deiner Scham opfern. Mein Sohn hat vorgelebt, dass durch die größte Niederlage der Sieg davongetragen wurde. Gesundheit, Wohlstand und Erfolg sind keine automatischen Folgen eines gottgefälligen Lebens. Mache dich also nicht zum Sklaven deines eigenen Größenwahns. Lass dich stattdessen von mir zu einem heiligen Kind des Lichtes umformen. Kinder fallen und machen sich schmutzig. Sie probieren und üben und machen Fehler und lernen daraus. Dafür musst du dich also nicht schämen. Sei nicht so gnadenlos mit dir, sondern nimm dir ein Beispiel an mir: Ich begnadige dich!

Das Peinlichste an meinem Scheitern ist:

....

....

13. August **Licht an!**

Ich, der HERR, ich habe dich in Gerechtigkeit gerufen und ergreife dich bei der Hand. Und ich behüte dich und mache dich zum Bund des Volkes, zum Licht der Nationen, blinde Augen aufzutun, um Gefangene aus dem Kerker herauszuführen und aus dem Gefängnis, die in der Finsternis sitzen.

Jesaja 42,6-7 (ELB)

Lieber Vater im Himmel

Danke, dass du auch heute noch so deutlich sprichst und dass deine Verheißungen zu 100 % eintreffen und wahr sind! Es trifft mich, dass du gleich zweimal mich daran erinnerst, dass ich eine Berufung habe, Licht für die Nationen zu sein und mich für Gerechtigkeit einzusetzen. Danke auch, dass du nicht nur die Starken berufst, die sich mir in Gedanken sofort aufdrängen. Nein, ich bin sicher, dass diese Berufung auch mir gilt. **Wen du berufst, den befähigst du auch. Darauf will ich vertrauen.**

Blinde Augen auftun, Gefangene befreien, Licht sein: Ich denke da an Menschen in meinem Umfeld, die gerade mit Depressionen in der Finsternis sitzen. Ich denke an Gefangene von Ängsten oder Zwangsstörungen. Ich denke an Sklaven ihrer Sucht und an Mitmenschen, die jeden Tag an dem Lichtmangel in ihrem Herzen leiden. Wir brauchen so nötig Licht für die psychisch Gefangenen. Es ist mir ein Rätsel, wie du gerade auf mich kommst in deinen Überlegungen, wen du senden willst, Vater. Aber du wirst deine Gründe haben und ich will dir vertrauen. Öffne meine Augen und mein Herz für die Menschen, die hungern und dürsten nach himmlischem Licht. Sei du meine Zunge, dass ich gute Worte sagen kann. Sei du meine Hände, dass ich sie Notgeplagten reichen kann.

Ich könnte auf diese Art und Weise heute Licht sein:

....

....

14. August **Die Revolution der Hoffnung**

Kennst du das auch,
dass deine Gedanken bocken,
sich instinktiv beschweren,
sich dagegen wehren die Hoffnung aufzugeben?
Wie trotzige Kinder bleiben sie einfach
in deinen Gehirnwindungen hocken.
„Kindisch, diese Meuterei",
denkst du, aber du lächelst dabei
und im Geheimen bewunderst du sie für die
Ignoranz der Tatsachen.
„Widerstand gegen die Staatsgewalt",
eigentlich ist sowas zum Lachen.
Ein Guerillakrieg ohne Aussicht auf Sieg.

Kennst du das auch,
dass deine Ohren rebellieren?
Dass sie hören und trotzdem weiter fantasieren:
„Was wäre, wenn?
Und gibt es nicht auch Wunder, die tatsächlich passieren?"
Wie trotzige Kinder, die sich selbst Mut zusprechen
ihre Träume anmalen, sie hegen und pflegen,
und wenn sie zerbrechen, fragen:
„Vielleicht kann man das ja wieder kleben?"
Was würde ich um so ein Vertrauen geben?!

So lange mein Herz nicht desertiert,
will ich ihm Zuversicht verpassen!
So lange die Hoffnung hier grassiert,
will ich den Mut nicht sinken lassen!
So lange ER treu zu uns hält,
gibt's einen Lichtblick für die Welt!

Treu ist er, der euch ruft; er wird's auch tun.

1. Thessalonicher 5,24 (LUT)

15. August **Trostpreis**

Und so schöne Frauen wie die Töchter Hiobs fand man im ganzen Land nicht. Und ihr Vater gab ihnen ein Erbteil mitten unter ihren Brüdern.

Hiob 42,15 (ELB)

Mein geliebtes Kind

Wie traurig das Wort Trostpreis in Menschenworten klingt! Als wäre er nicht kostbar, der Trost. Als wäre er nur eine billige Vertröstung. Die Töchter der Hoffnung aber werden nicht vertröstet werden, sie werden nicht leer ausgehen! Sondern sie reifen zu den Schönsten heran. So wie das geläuterte Silber erst zu seiner Vollendung kommt, so werden die Töchter der Hoffnung sein. *Hoffnung aber lässt nicht zuschanden werden!* (Römer 5,5) **Halte durch, mein Kind, und gib der Zuversicht ein Zuhause in deinem Herzen.** Gib ihr eine gute Kinderstube, hege und pflege sie, wie man ein über alles geliebtes Kind versorgt. Nähre sie mit guten Gedanken und sprich aufbauende Worte zu ihr. Lehre sie, dass man sich nach dem Fallen wieder aufhelfen lassen kann von mir.

Ungerechtigkeit und Finsternis müssen einmal vergehen. Die Hoffnung wird ein angemessenes Erbe erhalten. Man wird sie nicht zurückweisen wegen ihr Zartheit. Man wird sie nicht messen an ihrer Ellenbogenkraft, sondern an ihrer Vertrauensseligkeit. Je zärtlicher sie sich an mich wendet, desto kostbarer wird der Trostpreis sein.

Ich muss die Hoffnung nicht aufgeben, weil …

....

....

16. August **Miss Trauen**

Und er geht hinein und sagt zu ihnen: Was lärmt und weint ihr? Das Kind ist nicht gestorben, sondern es schläft.

MARKUS 5,39 (ELB)

Lieber Vater im Himmel

Wie oft bin ich drinnen, abgeschirmt vom Tageslicht. Ich verbarrikadiere meine Seele, um mögliche Angreifer abzuwehren, habe mich in mich selbst zurückgezogen, umgeben von Klagemauern und umzingelt von Fragen. Die Frage nach dem „Warum" schmerzt am meisten. Sie isoliert mein Herz gegen jede Art von Trost und Wärme.

Danke, dass du dich heute zu mir hineinbegibst, um mit der Heilung meines Misstrauens zu beginnen. Totgeglaubtes wird lebendig unter deinen Händen. *Du verwandelst meine Klage in einen Reigen, meine Trauer in Freude* (nach Jeremia 31,13). **Wenn das stimmt, und davon will ich ja ausgehen, lieber Vater, dann erwecke aus dem Misstrauen eine „Miss Trauen"!** Ich will eine Frau werden, die dir alles zutraut, die auf deine Barmherzigkeit baut und deiner endlosen Liebe glaubt. Bitte erwecke mich zu einer neuen, lebendigen Hoffnung! Und bitte fang heute an, meine Sinne für deine Vollmacht zu sensibilisieren.

Dieser Winkel meiner Seele dürstet nach Heilung:

....

....

17. August **Wasser abgraben**

Es ströme aber das Recht wie Wasser und die Gerechtigkeit wie ein nie versiegender Bach.

Amos 5,24 (LUT)

Mein geliebtes Kind

Da, wo Gerechtigkeit das Land bewässert, geht es den Menschen gut. Sie müssen nicht hungern und dürsten, denn ihr Boden ist ertragreich. Für alle ist genug da, solange der Bach der Gerechtigkeit nicht versiegt. Das wären paradiesische Zustände, wenn niemand dem anderen das Wasser abgraben würde! Leider sieht die Realität auf der Erde oft ganz anders aus! Wo Gerechtigkeit nicht per Gesetz geregelt wird, entsteht ganz schnell ein Machtvakuum. Ungerechtigkeit breitet sich darin schneller aus als ein bösartiges Virus! Schnell sind alle Schichten der Gesellschaft damit infiziert. Diejenigen aber, die sich am wenigsten wehren können, werden am schlimmsten betroffen sein.

Du lebst auf der Seite der Privilegierten! Wenn es in deinem Land den Bach der Gerechtigkeit gibt, kannst du dich glücklich preisen! Es ist nicht dein Verdienst, dass du dort zur Welt kamst. Wenn du mit einem starken Gerechtigkeitssinn gesegnet wurdest, dann kann es zu deiner heiligen Pflicht werden, ihn für Bedürftige einzusetzen.

Wenn anderen das Wasser abgegraben wird, werde ich ...

....

....

18. August **Hopfen und Malz verloren**

Wir erleben Dinge, die uns traurig machen, und sind doch immer voll Freude. Wir sind arm und machen doch viele reich. Wir besitzen nichts, und doch gehört uns alles.

2. Korinther 6,10 (NGÜ)

Lieber Vater im Himmel

Ich danke dir für dein leises Reden heute direkt in mein Herz hinein: Manchmal liegen Freud und Leid ganz dicht beieinander. So dicht, dass sie kuscheln könnten, wenn sie wollten. Und ich kann mir aussuchen, neben wem ich liege oder von wem ich meine Seele streicheln lasse. Mir passierte gerade so eine Geschichte: Zwei Pferde, die mich schon kennen, weil ich so oft vorbeikomme, eines hellbraun und ein … Zebra! Also nicht wirklich ein Zebra – aber es hat so eine Zebra-Pferdedecke und ich muss jedes Mal lächeln, wenn ich es sehe. Nun lerne ich die Besitzerin endlich mal kennen – und freundlich sage ich, dass ich mich immer freue, wenn ich das „Zebrapferd" sehe. „Was gibt's da zu freuen?", maunzt sie mich schlechtgelaunt an. „Das ist ein hochallergisches Pferd!"

„Oh – das wusste ich nicht", beschwichtige ich und versuche einen zweiten Anlauf: „Ich meine ja nur, es ist doch schön, dass es da dann nicht im Stall stehn muss, sondern hier auf der Weide, mit dieser schönen Decke … ähm …" Sie lässt mich einfach stehen. Das war unsere erste und bis jetzt einzige Begegnung … Dann, nur zwei Schritte weiter, lautes Lachen: Auf dem Gerüst an dem alten Haus sitzen zwei breitschultrige Männer mit bloßem Oberkörper und bespritzen sich johlend gegenseitig mit Bier. Und in mir höre ich deine leise Stimme fragen: **„Wie möchtest du lieber sein? Lieber alles besitzen (vor allem einen Grund zum Klagen), oder bei der Arbeit schwitzen und sich mit Hopfen und Malz bespritzen?"**

Was würde ich zu so einer Frage sagen?

....

....

19. August **freigesprochen!**

Wer könnte es wagen, die von Gott Auserwählten anzuklagen? Niemand, denn Gott selbst spricht sie von aller Schuld frei.

Römer 8,33 (HFA)

Mein geliebtes Kind

Kennst du das auch? Dass die Selbstanklage schlimmer ist als alles andere? Nachts weckt sie dich und lässt dich dann einfach nicht mehr einschlafen. Szenen des Tages laufen noch einmal vor deinem inneren Auge ab. Du hörst Dialoge wieder und wieder in deinem Herzen und versuchst sie richtig einzuordnen. War da nicht eine Anklage in den Worten? Was hast du übersehen oder wo hast du ganz bewusst die Wahrheit gedehnt? Peinliche Momente sind auf einmal wieder da und solche, die dich kaum atmen lassen, weil sie mit Schuld vollgesogen sind. Der Herzschlag rast dir davon und mit ihm der notwendige Schlaf.

Mein Kind, diese verdrängten Dinge wollen alle ans Licht kommen! Und das gerade dann, wenn es dunkel wird! Du weißt, dass es dich krankmacht und dennoch kannst du nichts dagegen tun. Wenn du deine Hilflosigkeit nicht mehr versuchst zu verbergen, kann ich endlich mit meiner Arbeit an deiner Seele beginnen. **Ich spreche leise in dein aufgewühltes Herz: „Wer will es mit mir aufnehmen?! Wenn du meinem Kind an den Kragen willst, musst du erst an mir vorbei!“** Welcher dieser Ankläger sollte noch mächtig sein, nachdem ich selbst, der Herr der ganzen Welt dich freigesprochen habe?

Auch in dieser Sache bin ich bereits freigesprochen:

....

....

20. August **Wunde Seelenpunkte**

Sieh, Herr, wie mir angst ist! Mein Innerstes glüht, mein Herz dreht sich mir im Leibe um, weil ich so sehr widerspenstig gewesen bin.

Klagelieder 1,20a (ELB)

Lieber Vater im Himmel

Es ist mir ein Trost zu wissen, dass du mich siehst. Gerade in diesen Momenten, wenn die Angst auftrumpft, oder mein Herz sich selbst anklagt und ausschimpft. Du schickst mich dann nicht „auf mein Zimmer", um das nervtötende Elend nicht mitansehen zu müssen. Nein – auch in meiner Widerspenstigkeit bleibst du derselbe hinschauende, tröstende und barmherzige Vater.

Aber du verwöhnst mich nicht. Du machst nichts einfach ungeschehen, was nicht in Ordnung war. Immer wieder erinnerst du mein Herz an diese Situationen, die moralisch fragwürdig waren. Du willst nicht, dass sie meine Seele verdunkeln, mattieren und unempfindsam machen dürfen. Darum ist meine Seele so lange unruhig, bis sie dir alles gesagt hat und dir all das freiwillig gezeigt hat, was sie sonst so gern schamhaft versteckt.

Ich will, wenn sich heute diese irritierende Seite meiner Seele zeigt, das als Möglichkeit wahrnehmen, dich an meinen wunden Punkten arbeiten zu lassen. *Meine ganze Hoffnung setze ich auf dich; ich warte auf dein erlösendes Wort.* (Psalm 130,5)

Diesen wunden Punkt will ich nicht vor dir verstecken:

21. August **gesetzmäßiger Gebrauch**

Wir wissen aber, dass das Gesetz gut ist, wenn jemand es gesetzmäßig gebraucht.

1. Timotheus 1,8 (ELB)

Mein geliebtes Kind

„*Das Endziel des Gebotes aber ist Liebe aus reinem Herzen und gutem Gewissen und ungeheucheltem Glauben.*" (1. Timotheus 1,5) Das Endziel des Gebotes ist also NICHT die Einhaltung des Gesetzes! Ich weiß doch, dass kein einziger Mensch dazu in der Lage wäre! Warum also solltest du so tun als ob? Geheuchelter Glaube ist mir zuwider! Ich sehe doch die Zweifel und das Misstrauen. Ich sehe, wo du das Gesetz übertrittst. Vor den Menschen kannst du das vielleicht geschickt verbergen oder sogar fromm begründen, aber ich bin der Gott, der die Herzen erforscht!

Das Endziel des Gebotes ist die Liebe! Wenn du mein Gesetz also gesetzmäßig gebrauchen willst, dann investiere in deine Liebe! Investiere in Barmherzigkeit, die den anderen sieht! Investiere darein, MICH und MEINE WESENSART besser zu verstehen! Investiere deine Kraft in Taten, die Ausdruck meiner Liebe sind! Investiere deine Worte in Menschen, die nach Ermutigung, Wertschätzung und Achtung dürsten! Investiere in ein mutiges Herz, dass es ehrlich ist vor mir und den Menschen. Sogar – oder gerade in seinem Scheitern! Wer das Gesetz so versteht, der ist wirklich frei und wahrhaft gerechtfertigt!

Anstatt auf die Richtigkeit meiner Sichtweise zu bestehen, will ich mich hierauf konzentrieren:

....

....

22. August

Blütenstaubstumm

Labyrinth der Fragen
gewaschen geläuterte Zuversicht
weggetragen und fallengelassen
zu leicht zum Ertrinken
zu schwer zum Ertragen
staubstumme Klagen verblassen und versinken nicht
Manchmal packt mich die Schwermut halt
Aber selbst da steckt ja ein wenig Mut drin
Mut dazu zu stehen
Und Mut dann TROTZDEM
wieder vertrauensselig weiterzumachen
Mut über mich selbst zu lachen
ja ich glaube ich bin schwer mutig heute

Von allen Seiten dringen Schwierigkeiten auf uns ein, und doch werden wir nicht erdrückt. Oft wissen wir nicht mehr weiter, und doch verzweifeln wir nicht. Wir werden verfolgt und sind doch nicht verlassen; wir werden zu Boden geworfen und kommen doch nicht um.

2. Korinther 4,8-9 (NGÜ)

23. August **Abschaffung der Sklaverei**

Denn der Geist Gottes, den ihr empfangen habt, führt euch nicht in eine neue Sklaverei, in der ihr wieder Angst haben müsstet. Er hat euch vielmehr zu Gottes Söhnen und Töchtern gemacht. Jetzt können wir zu Gott kommen und zu ihm sagen: „Abba, lieber Vater!“

Römer 8,15 (HFA)

Lieber Vater im Himmel

Ich bin nicht länger Sklave meiner Ängste und Sorgen. Ich bin nicht länger Sklave der Aussagen, die andere über mich treffen. Ich bin nicht länger Sklave der Ohnmacht. Ich bin noch nicht einmal Sklave meiner eigenen negativen Gedanken, dunklen Seiten, irritierenden Sätze. Manchmal denke oder sage oder tue ich Dinge, die ich selbst nicht verstehe, die ich eigentlich ablehne, weil ich weiß, dass sie mir und anderen nicht guttun.

Vater, diese Gedanken und Gefühle will ich heute als Chance sehen, meinen wunden Punkten auf die Schliche zu kommen. Ich verstecke sie nicht vor dir – der du mich eh durch und durch siehst und kennst und liebst. **Wenn wir unsere Feinde lieben sollen – dann vielleicht auch diese inneren Feinde?** Ich will sie wie Hinweisschilder wahrnehmen, die mich auf etwas hinweisen wollen, das tiefer vergraben liegt. Ich will keine Angst vor ihnen haben. Denn du bist größer als alles! Du willst meine Kämpfe mitkämpfen! Du bist größer als jede Lüge und jede Angst! Größer als Hass. Sogar größer als Tod und Gewalt.

Das fällt mir immer noch schwer zu glauben:

....

....

24. August **ausgesprochen hilfreich**

Ich will dich lehren und dir den Weg zeigen, den du gehen sollst; ich berate dich, nie verliere ich dich aus den Augen.

Psalm 32,8 (HFA)

Mein geliebtes Kind

Ich nehme dich ernst! Besonders die Fragen, Zweifel und deine Hilflosigkeit in manchen Belangen. Man erwartet weise Entscheidungen von dir und klare Worte, aber gerade das erscheint dir zur Zeit unmöglich? Wie willst du überzeugend von Dingen sprechen, wenn du gar nicht weißt, was deine innere Überzeugung ist? Wie willst du deine innere Überzeugung an meinem heiligen Wort messen, wenn sie dir verborgen ist?

Weißt du noch, dass du mal im Spaß gesagt hast: „Wie soll ich wissen, was ich denke, wenn ich nicht darüber rede?" Eigentlich ging es darum, dass du damals lernen wolltest, erst zu denken, bevor du sprichst. Aber liegt in dieser Frage nicht auch viel Wahrheit?

Manches muss du erst aussprechen, bevor es dir klar ist. Deine eher unbewusste Überzeugung wird gefeilt beim Reden darüber. Mein Kind, rede mit mir darüber! So, wie du mit einem Freund darüber reden würdest. Sprich es dir von der Seele, wenn wir gemeinsam unterwegs sind. Gib mir die Gelegenheit, mit den richtigen inneren Fragen deine Worte und Entscheidungen zu lenken.

Heute werde ich diese Entscheidung mit dir besprechen:

25. August **genug genügt**

Seid nicht geldgierig, und lasst euch genügen an dem, was da ist. Denn er hat gesagt: „Ich will dich nicht verlassen und nicht von dir weichen.“

***Hebräer* 13,5 (LUT)**

Lieber Vater im Himmel

„Ich will dich nicht verlassen“, hast du mir versprochen. Und ich mache mir jeden Tag Sorgen um mein Auskommen. Das Drehen ums Geld ist mehr als nur ein Überleben-Wollen. Ich verknüpfe mit dem Geld auch Glück und Erfolg. Unbewusst bilde ich mir ein, dass das wertvoller ist als Beziehungen. Würde ich sonst so viel Zeit und Energie dafür aufbringen?

„Ich will dich nicht verlassen“, hast du mir versprochen. **Und ich will ja nicht verlassen werden, aber ich will mich auch nicht darauf verlassen, dass du dich wirklich um alles kümmerst.** Auch um meine finanziellen Sorgen. Es ist fast undenkbar, dass ein „Genug“ mir als Antwort auf mein Streben wirklich genügt.

„Ich will dich nicht verlassen“, hast du mir versprochen. Und ich will das mit dem Vertrauen wirklich ausprobieren heute, Vater! Ganz bewusst will ich mich auf die Freude über deine Nähe konzentrieren. Wenn du es sagst, dann muss es wahr sein: genug genügt!

Ganz bewusst nehme ich mir heute Zeit für:

26. August **Das Milchkannen-Biotop**

Gott, du bist mein Gott, den ich suche. Es dürstet meine Seele nach dir, mein Leib verlangt nach dir aus trockenem, dürrem Land, wo kein Wasser ist.

Psalm 63,2 (LUT)

Lieber Vater im Himmel

Weißt du noch, wie sehr ich mich über das Spatzennest in der Milchkanne an unserer Haustüre gefreut habe? Die sieben kleinen Piepmätze zwitscherten laut los, sobald sie irgendetwas außerhalb ihrer Welt hörten, in der Hoffnung, dass es die Mutter mit einem fetten Wurm im Schnabel sei. Den lieben langen Tag sehen sie nichts als die dunkle, enge Milchkanne, ihre Geschwister und ein blaues, kreisrundes Loch über ihnen, durch das ab und zu das Gesicht der geliebten Mutter erscheint. Selbst der Klügste unter den kleinen Nachwuchssängern wird sich nicht annähernd vorstellen können, wie die Wahrheit außerhalb der Milchkanne ist.

Vielleicht ist das ein gutes Bild dafür, wie begrenzt auch unsere Sicht der Dinge um uns herum ist? Wie diese kleinen Vogelkinder sitzen wir gierig und hungrig in unserm Leben und dürsten nach der Mutter, die uns kennt und mit Liebe und Nahrung versorgt. Ohne sie sind wir hoffnungslos verloren. Wir denken, wir wüssten so viel. Und für das begrenzte Milchkannen-Biotop „Erde" gibt es unter uns Menschen ja wirklich sehr kluge Köpfe und Experten! Dennoch hat noch niemand von uns einen Blick außerhalb der uns möglichen Dimension getan und könnte davon erzählen. **Das, was ich von den Vogelkindern lernen möchte, ist das unendliche Vertrauen in die Mutter.** Und so will ich wie sie zum blauen Himmel hinaufschauen und alle meine Hoffnung auf dich setzen! Du bist der beste Vater, den man sich nur vorstellen kann. Danke dafür!

Gott, ich staune heute ganz besonders über:

....

....

27. August **Fehlersuche**

Der Herr hat dich wissen lassen, Mensch, was gut ist und was er von dir erwartet: Halte dich an das Recht, sei menschlich zu deinen Mitmenschen und lebe in steter Verbindung mit deinem Gott!

Micha 6,8 (GNB)

Mein geliebtes Kind

Du darfst Fehler machen! Fehler sind menschlich und es ist albern, sie vor mir verstecken zu wollen! Ist es nicht tieftraurig, wenn Menschenkinder aus Angst vor Fehlern erstarren in Untätigkeit? Niemand erwartet ernsthaft Perfektion von dir, mit Ausnahme von dir selbst. Aber dieser Erwartungsdruck wird dich auf die Dauer krank machen und deine Motivationsmuskeln lähmen. Warum verlangst du dir selbst Unmenschliches ab? Diese gnadenlose Fehlersuche hast du ganz sicher nicht von mir geerbt! Denn ich bin von Herzen barmherzig und gnädig.

Es ist nicht so, dass ich dich ermutige, Fehler zu machen, aber ich ermutige dich, überhaupt etwas zu machen! Fang mit dem an, was ich dir heute direkt vor die Füße lege. Und hab keine Angst vor Unvollkommenheit und vor Fehlern. Ich kann sogar die Fehler gebrauchen, um meine Ziele zu erreichen. Das soll also nicht deine Sorge sein! Im Annehmen der Aufgabe wirst du erst in deine ganze Stärke und Vollmacht hineinwachsen. Unterschätze nicht den Segen, der deine Kraft potenzieren wird und die Gnade, die deine Fehler ausgleichen wird.

Dieser Fehler ist mir besonders unangenehm:

....

....

28. August **Die guten Tage**

Siehe, jetzt ist sie da, die Zeit der Gnade; siehe, jetzt ist er da, der Tag der Rettung.

2. Korinther 6,2b (EÜ)

Lieber Vater im Himmel

Weißt du noch, wie ich in der letzten Woche in meinem aktuellen Lieblingskleid im Garten gearbeitet habe? Ich hatte einfach keine Lust gehabt, nach dem Frühstück mit meinem Mann mich noch einmal umzuziehen. Lächelnd fragte er mich: „Wolltest du das Kleid nicht aufheben für gute Tage?" Und dann platzte es aus mir heraus: **„Das hier sind die guten Tage!" und dann weinte ich vor Glück und Dankbarkeit und auch ein wenig aus Verzweiflung über die Kürze eines Menschenlebens.** Daran dachte ich, als ich dieses Wort von dir gerade hörte. Jetzt ist der Tag des Heils und ich verpasse es, ihn gebührend zu feiern und dir meinen Dank zu bringen.

Bitte erinnere mein Herz an die Zeiten der Gnade! Meine Augen sind viel zu oft auf die anstehenden Sorgen und Arbeiten gerichtet, und auf das, was von mir erwartet wird. Oder auch auf das, was ich von mir selbst erwarte – das ist in den meisten Fällen herausfordernder. Lenke meinen Blick auf die Wunder, die du tust um mich herum. Erleuchte meine Sicht auf die Welt, damit ich dankbar im Herzen werde. *Denn bei dir ist die Quelle des Lebens, und in deinem Lichte sehen wir das Licht.* (Psalm 36,10)

Bitte erinnere mich an die Zeit der Gnade durch …

....

....

29. August **Die Butter vom Brot nehmen**

Früher gehörtet ihr selbst zur Finsternis, doch jetzt gehört ihr zum Licht, weil ihr mit dem Herrn verbunden seid. Verhaltet euch so, wie Menschen des Lichts sich verhalten.

Epheser 5,8 (NGÜ)

Mein geliebtes Kind

Bist du dir dessen bewusst, heilig zu sein? Keine Dunkelheit der Welt kann das Licht der Himmel auslöschen! Warum denkst du immer zuerst an deine Fehler und Unzulänglichkeiten, wenn du das hörst? Du könntest dich doch stattdessen über meine Gnade freuen! Bitte versteh mich nicht falsch: Ich verharmlose die Finsternis nicht! Sie macht meine geliebten Kinder unfrei und zerstört Beziehungen!

Wer an die Finsternis in seinem Leben glaubt, sollte erst einmal das Licht erleben! Wie machtvoll es ist und wie befreiend!

Seitdem du dich mir zugewandt hast, bist du ein Kind des Lichtes, geheiligt und freigesprochen von oberster Stelle! Kinder machen Fehler, sie machen sich oft dreckig oder probieren trotzig Dinge aus, die ihnen nicht guttun. Lieben ihre Eltern sie deshalb weniger? Verlieren sie darum ihren „Kind“-Status oder werden sie als Folge dessen enterbt? *Wenn nun ihr, die ihr doch böse seid, dennoch euren Kindern gute Gaben zu geben wisst, wie viel mehr wird euer Vater im Himmel Gutes geben.* (Matthäus 7,11) Selbstabwertung ist Futter vom Tod – lass dir nicht die Butter vom Brot nehmen! Du BIST mein geliebtes Kind – und damit gehörst du zum Licht.

Das will ich nicht vergessen:

30. August **MahlZeitRaum**

Du bereitest vor mir einen Tisch im Angesicht meiner Feinde.

Psalm 23,5 (LUT)

Lieber Vater im Himmel

„Ich kann doch nicht essen, wenn diese Widersacher mir dabei zusehen!", denke ich empört. Ich sehe dich förmlich lächeln, als Antwort zu meinem Widerspruch. „Natürlich kannst du!", sagst du. „Was willst du ihnen denn entgegensetzen, wenn du nicht gewappnet bist?"

Lügen haben kurze Beine, sagt man ja. Aber sie haben auch einen langen Atem! Ihre Kondition ist einfach besser als meine. Darum holen sie mich immer dann ein, wenn ich nicht ordentlich gefrühstückt habe an deinem Tisch. Ihre bösen Blicke erschrecken mein Herz, aber du Vater siehst mich liebevoll an. ***Du befreist mich von der Übermacht meiner Feinde, von allen, die mich hassen und so viel stärker sind als ich.*** (2. Samuel 22,18) Und dann stellst du dich zwischen sie und mich, und du wartest, bis ich mich gestärkt habe. Mit der Gewissheit dieser Stärkung im Bauch gehe ich heute aus dem Haus.

Vater, ich brauche Stärkung für meinen Tag besonders in dieser Hinsicht:

....

....

31. August **Morbus Herzenshärte**

Der Mensch leidet nicht in erster Linie
an einer Denkblockade
Zumeist handelt es sich um den
gemeinen Morbus Herzenshärte
Wir brauchen weniger „Was bringt mir das?“
und mehr „Was kann ich ändern?“
Wir brauchen frisch durchgespülte
Gehirnwindungen
mit lebendigem Wasser

Gott kannst du das bitte korrigieren
und einmal feucht durchwischen
meine Gedanken aufmischen
meinen Standpunkt erfrischen?
Ich will inzwischen
die Synapsen polieren

Schaffe in mir, Gott, ein reines Herz und gib mir einen neuen, gewissen Geist.

Psalm 51,10 (LUT)

1. September **Götterbild**

Du sollst dir kein Götterbild machen, auch keinerlei Abbild dessen, was oben im Himmel oder was unten auf der Erde oder was im Wasser unter der Erde ist.

2. Mose 20,4 (ELB)

Mein geliebtes Kind

Weißt du noch, wie großartig du mich fandest, als wir uns kennenlernten? Du warst wie ein kleines Kind, das überall mit seinem tollen Papa angibt. Alles hast du mir damals zugetraut. Bis die ersten Gebete nicht so erhört wurden, wie du es dir vorgestellt hattest. Dein Bild von mir fing an zu bröckeln. Ich weiß noch gut, wie verzweifelt dein Herz um die Aufrechterhaltung gekämpft hat. Es tat mir weh, dich so leiden zu sehen. **Dennoch war die Enttäuschung unumgänglich, denn du musstest verstehen lernen, dass ich nicht in deine Gedankensysteme passe und nicht „funktioniere".**

Noch später dann wurden deine Blicke gelenkt auf Katastrophen und auf das Leid der Welt. Noch etwas von deinem schönen Bild von mir bröckelte. Wie ich das zulassen konnte, fragtest du dich? „Unerhört", dachtest du, dass die Dinge nicht so einfach sind, wie du gedacht hattest. Dein Herz bebte, tief erschüttert, als das Leid dann bei dir selber einzog. Es ließ nicht mehr viel übrig von deinem ehemals heroischen Bild von mir. Ich habe mit dir geweint, als du verletzt aufgabst. Als du merktest, dass du nie die Kontrolle über mich haben wirst und mich niemals verstehen wirst.

Dennoch hat in dieser Zeit etwas Neues in dir zu keimen begonnen: ein kostbarer Keim der Hoffnung. Ein Wissen, dass du nicht alles verstehen musst, aber vertrauen darfst!

Obwohl ich dich nicht verstehe, will ich dir das hier anvertrauen:

....

....

2. September **wirklich frei!**

Wenn euch der Sohn frei macht, so seid ihr wirklich frei.

JOHANNES 8,36 (LUT)

Mein geliebtes Kind

Eine Religion, die auf Angst aufbaut, hat niemals das Ziel, ihre Anhänger frei zu machen. Im Gegenteil: Je höriger sie sind, desto einfacher ist es für den Anführer. Aber Manipulation und Liebe schließen einander aus. **Gehorsam kann man erzwingen, vertrauensvolle Liebe aber nicht.** Wie oft wird mit einer subtilen Beeinflussung den Menschen vorgegaukelt, dass sie frei wären und dass es um ihr Wohl geht. Was ist das für eine Religion, die Menschen abhängig macht?

Ich aber bin kein Religionsstifter! Ich suche keine Anhänger oder Fans, sondern wünsche mir Beziehung. Gute Beziehungen entstehen jedoch nur aus einer echten Freiheit heraus. Nur wer frei ist, Ja oder Nein zu sagen, hat eine echte Entscheidungsoption.

Die Bausteine in meiner DNA sind: Liebe, Wahrheit, Gnade und Freiheit! Das klingt nicht nach einer Religion, oder? Das hört sich doch an wie ein Angebot für eine freie und wilde Beziehung zu deinem Schöpfer! *Glücklich ist der Mensch, den Gott zurechtweist! Der Allmächtige will dich erziehen! Sträube dich nicht!* (Hiob 5,17) Meine liebevollen Erziehungsmaßnahmen haben ein einziges Ziel: dich zu einem heilen, freien und verantwortungsvollen Erwachsenen zu machen.

Ich traue mich, dir diese Frage zu stellen, Vater:

....

....

3. September **Klagende Engel**

Seht zu, dass ihr nicht eines dieser Kleinen verachtet, denn ich sage euch, dass ihre Engel in den Himmeln allezeit das Angesicht meines Vaters schauen, der in den Himmeln ist.

Matthäus 18,10 (ELB)

Lieber Vater im Himmel

Es ist doch unmöglich, sich an so eine Anweisung zu halten. Jeden Tag passiert hundertfach weit mehr als nur die Verachtung dieser Kleinen! Überall auf der Welt werden Kinder missbraucht, gedemütigt und übersehen. Ich fühle mich nicht direkt, aber doch indirekt daran mitschuldig. Meine Lebensweise trägt dazu bei, dass ihre Lebensumstände so qualvoll sind. Dass ihre Engel allezeit nun aber vor dir stehen und petzen, wo ich wieder nicht eingegriffen habe, wo ich meine Privilegien nicht genutzt habe, um ihre Not zu lindern, das ist aber doch ein bisschen übertrieben. Ich bemühe mich doch!

„Ach, Liebes!", höre ich dein Seufzen in meinem Herzen. „Aber die Engel petzen doch nicht! Wie kommst du darauf? Sie klagen! Sie erheben ihre Stimmen für die Stimmlosen und die Missachteten. Oft haben sie auch damals die Stimme für dich erhoben. Du warst auch einmal klein, erinnere dich! Heute aber bist du erwachsen und übernimmst Verantwortung. **Darum geht es: Erhebe, wo es dir aufs Herz gelegt ist, deine Stimme für die Armen und Entrechteten!** Werde nicht innerlich gleichgültig angesichts der allgegenwärtigen Not! Aber du musst auch nicht die Last der ganzen Welt in deinem Herzen tragen. Wie gut ist es doch, dass Kinder einen direkten Zugang zu meinem Angesicht haben, dass sie so ein starkes Mandat durch ihren persönlichen(!) Engel haben. Keines von ihnen übersehe ich!"

Diese Sache ist mir wirklich wichtig, Vater:

4. September **Beten – der letzte Schrei**

Und des Herrn Kraft war da, um zu heilen.

Lukas 5,17b (ELB)

Mein geliebtes Kind

Meine Kraft zu heilen ist da. Aber wo bist du? Wann bist du das letzte Mal Jesus aufs Dach gestiegen, um in seiner Nähe zu sein? Ich vermisse deine Stimme, deine Augen, die echte unmittelbare Begegnung mit dir! Sehnlichst wünsche ich mir, dich zu entlasten von dem, was dich quält und handlungsunfähig macht. Ich bin der Gott, der da ist! Jahwe, das ist mein Name. Wo bist du? Zu wem schreist du in der Not? **Ich wünschte, dein Gebet wäre nicht der letzte Schrei! Es sollte der Erste sein!**

Aber manchmal fehlt selbst zum Schreien die Kraft. Manchmal hast du nicht einmal mehr ein Gramm Motivation zu beten. Weißt du, genau dafür sind deine Geschwister überall in den Kirchen bekannt: dass sie füreinander beten, einstehen und die Bewegungslosen im Gebet zu Jesus bringen. Vertraue dich jemandem an, der für dich betet, wenn du selbst gelähmt vor Not, Schmerz, Bitterkeit oder Scham bist. *Bekenne vor jemandem deine Unfähigkeit.* (Jakobus 5,16) Wenn du dich in deiner Bedürftigkeit zeigst, werden andere dir zu Hilfe kommen und einen Weg für dich zu meinem Herzen finden.

Ich will in dieser Angelegenheit um Hilfe bitten:

……………………………………………………………………

……………………………………………………………………

5. September

anhalten
Im Zentrum der Angst.
Mit nichts als der Lade in der Hand,
die für das Vertrauen stand
in den einen Gott, den Heiligen.
Um mich herum die eiligen
Gebete und Gedanken:
Hilf, oh Gott! Lass mich nicht wanken!
aushalten
Wer mag schon mitten durch den Jordan gehn?
Mit nichts in der Hand
als dem vertrauenvollen Flehn:
Hilf, oh Gott! Und halt die Wand
der aufgestauten Flut noch einen Augenblick
mit starkem Arm zurück!
anhalten
erfordert Mut.
Ich liebe diese FlussBettGeschichten!
Aber ich bin nicht gern die Hauptfigur.
Ich mag es nur am Ufer zu stehn
und vom Happy-End zu berichten.
Mitten im Jordan, im Zentrum der Angst
kann ich nur noch flehn:
Hilf bald, oh Gott, um die Flut
zurückzuhalten

Die Priester blieben mit der Bundeslade so lange im Jordan stehen, bis alles ausgeführt war, was der Herr dem Volk durch Josua befohlen hatte. Schon Mose hatte Josua diese Anweisung gegeben. Das Volk ging, so schnell es konnte, durch das trockene Flussbett.

Josua 4,10 (GNB)

6. September **unantastbar?**

Der Übermut deines Herzens hat dich betrogen, dich, der in den Schlupfwinkeln der Felsen wohnt, in der Höhe seinen Sitz hat und in seinem Herzen spricht: Wer wird mich zur Erde hinabstürzen?

Obadja 1,3 (ELB)

Mein geliebtes Kind

Hochmut kommt vor dem Fall! Du kennst diese Warnung. Tragisch ist, dass meist die Falschen sich diesen Schuh anziehen. Diejenigen, die sowieso schon gut darin sind, sich selbst abzuwerten. Aber meine Worte hier sind gerichtet an die Stolzen, die meinen, sie wären erhaben und fehlerlos und unantastbar in ihrer Gesinnung.

Bist du ein Adler, dass du denkst, fliegen zu können? So ein Überflieger, der über den Dingen steht? Wohnt so viel Stolz in deinem Herzen, dass du vergessen hast, wer du bist? Denkst du, du kannst dich ewig verstecken in den Schlupfwinkeln deiner frommen Selbstüberschätzung? Wenn dich auch nur eine dieser Fragen packt und etwas in dir anrüttelt, dann bitte ich dich flehentlich zur Besinnung zu kommen! Schadensfreude ist keine meiner Eigenschaften. Ich will nicht, dass du fällst! Aber ich will auch nicht, dass du dir etwas vorschwindelst, denn du bist in Gefahr, wenn du deine Bodenhaftung verloren hast.

Darum entlarve den Hochmut, der dich heimtückisch zu Fall bringen will. Liefere ihn mir aus, damit ich dich in Sicherheit bringen kann. **Ich will dich neu erden in meiner himmlischen Liebe und dir Mut schenken, der sich nicht überschätzt.** De-Mut ist weit mutiger und mächtiger als Hoch-Mut!

Dieser Hoch-Mut hat sich bei mir eingeschlichen:

....

....

7. September **Staub aufwirbeln**

Jahwe ist geduldig und von gewaltiger Kraft, doch keinen lässt er ungestraft. In Sturm und Wetter nimmt er seinen Weg, seine Füße wirbeln Wolken auf.

Nahum 1,3 (NeÜ)

Lieber Vater im Himmel

Anmaßend wäre es wohl, wenn ich behaupten würde, dich zu kennen! Wie sollte ich durch die Enge meines Sichtfensters deine Dimensionen erfassen? Wie vermessen ist es zu denken, ich hätte ein gutes Stück deiner gewaltigen Kraft schon erlebt? Oder ich könnte irgendetwas vor dir geheim halten?

Du liest nicht mein Tagebuch, Vater. Du liest mein Herz! Und du ziehst die richtigen Schlüsse daraus. Das finde ich ein wenig unheimlich. Wenn du nicht immer wieder deine Liebe, Geduld und Gnade beweisen würdest, dann wäre das beängstigend. Du lässt nicht „gut sein", wo noch kein Friede ist. **Du wirbelst so lange den Staub meiner Schuld auf, bis ich endlich anfange, in meinem Herzen sauber zu machen.** Ich will dieses väterliche „Räum dein Zimmer auf!" mit neuen Ohren hören: Meinetwegen erinnerst du mich an die Staubbecken meines Herzens! Du hast keine Stauballergie, aber du hasst den Staub, der mir die Luft zum Leben verdreckt und mich krank macht.

In dieser Staubecke will ich heute mit Putzen beginnen:

....

....

8. September **Bewegungs-Freiheit**

Der Gelähmte sprang auf, und tatsächlich: Seine Beine trugen ihn; er konnte gehen! Der Mann folgte Petrus und Johannes in den inneren Tempelvorhof, und immerfort lief er hin und her, hüpfte vor Freude und pries Gott.

Apostelgeschichte 3,8 (NGÜ)

Mein geliebtes Kind

Ist da diese lähmende Stille in deiner Hoffnung eingezogen? Ist dein Gebet im Gewohnheitsmodus erstarrt? Wer sich immer um sich selber kreist, darf sich über Schwindel nicht wundern. Er schwindelt dir vor, dass du dich um dich selber kümmern musst, denn sonst tut es ja niemand! Er schwindelt dir vor, dass die Möglichkeiten begrenzt sind. Aber es gibt mehr als deine Möglichkeiten!

Warum sollten die Gebetserhörungen immer die anderen erleben? Befreie deine erstarrten Hoffnungen! Du bist nicht der Ohnmacht ausgeliefert. **Du hast dein Herz meiner Liebe ausgeliefert und diese Liebe hat die Macht, Gelähmtes in Bewegung zu bringen.** Ich liebe es, deine Seele in die Freiheit zu entlassen! Ich freue mich, wenn du hin und her hüpfst vor lauter Freude wie ein Kind. Genug Grund dazu gibt es auch in deinem Leben. *Freu dich, weil ich deine Rettung bin! Freu dich, weil ich deine Kraft bin und deine Schritte beflügle* (nach Habakuk 3,18).

Das will ich der lähmenden Hoffnungslosigkeit entgegensetzen:

....

....

9. September

Von Gnade ummantelt

zu schwach
mich der Entmutigung in den Weg zu stellen
zu ängstlich
ihr die Stirn zu bieten mit einem trotzigen Dennoch
zu hoffnungslos
dem Taugenichts von Misstrauen die Tür zu weisen
Sollte Gott wirklich gesagt haben?

Wie gut dass du in die Herzen siehst
und gerade auf zaghafte Schreie hörst
Du legst Gnade
wie einen wärmenden Mantel um meine Schulter
Wie ein Gentleman
nimmst du mir den Ballast von der Seele
und trägst ihn für mich
und ich darf weitergehen
ummantelt von Gnade

Du also, mein Kind, sei stark in der Gnade, die dir in Christus Jesus geschenkt ist!

2. Timotheus 2,1 (EÜ)

10. September **Gut gemeint?**

So sprach der HERR Zebaoth: Richtet recht, und ein jeder erweise seinem Bruder Güte und Barmherzigkeit, und bedrückt nicht die Witwen, Waisen, Fremdlinge und Armen, und denke keiner gegen seinen Bruder etwas Arges in seinem Herzen!

Sacharja 7,9-10 (LUT)

Mein geliebtes Kind

Dem Anderen gute Absichten zu unterstellen fällt leicht, solange du dich gut von ihm behandelt fühlst. Sobald du dich aber ungerecht behandelt fühlst, wird diese Aufforderung zu einer echten Charakterprüfung. Kannst du dem Bruder Gutes unterstellen, der dich übervorteilt, der deine Grenzen missachtet, dich abwertet oder nicht respektiert? Vielleicht hat er seine ganz eigene Sicht der Dinge? Vielleicht hat er es tatsächlich gut gemeint? Wenn es schon so schwer ist, dem Bruder oder der Schwester das Gute zu unterstellen, wieviel schwieriger ist es bei anderen?

Jeder ist einfach so verliebt in seinen Standpunkt, dass er ihn ungern aufgibt, um eine Sache aus anderer Perspektive zu betrachten. Aber nicht umsonst hast du Vorstellungskraft in die Wiege gelegt bekommen. Versetze dich in die Situation deiner Mitmenschen und es wird deine Art, sie zu sehen, verändern! Segne und umbete Menschen in schwierigen Lebenslagen und solche mit vermeintlich schwierigen Charaktereigenschaften. Erweise Barmherzigkeit den „Seltsamen" in deinem Umkreis – und beginne damit am besten bei deinem Bruder!

Diese Person ist mir direkt dazu eingefallen:

....

....

11. September **Recht haben oder Rechthaberei?**

So soll Aaron die Namen der Söhne Israels in der Brusttasche auf seinem Herzen tragen, wenn er in das Heiligtum geht, zum gnädigen Gedenken vor dem HERRN allezeit. Und du sollst in die Brusttasche tun die Lose „Licht und Recht", sodass sie auf dem Herzen Aarons seien, wenn er hineingeht vor den HERRN, dass er die Entscheidungen für die Israeliten auf seinem Herzen trage vor dem HERRN allezeit.

2. Mose 28,29 (LUT)

Mein geliebtes Kind

Wenn du denkst, du hast Recht und Licht auf dem Herzen, wenn du zu mir kommst, dann möchte ich dir den Blick schärfen: Du hast nur recht aus deiner Perspektive! **Wenn du auf deinem Blickwinkel beharrst, wird dein Rechthaben schnell zur Rechthaberei.** Der Einzige, der Recht multiperspektivisch beurteilen kann, bin ich, denn ich bin außerhalb der menschlichen Rechtssysteme.

Wenn du denkst, dass du dringend Licht in eine Angelegenheit bringen musst, dann muss ich dich auch hier enttäuschen. Du kannst kein Licht machen, aber du kannst eine Leuchte sein und Licht weitergeben. Der Einzige, der das Licht IST, bin ich.

Wenn du deine Belange vor mich bringst, trage dieses demütige Wissen um dein Recht und dein Licht auf dem Herzen. Auf diesem Gebet wird Segen liegen. Das Miteinander der Menschen auf der Erde wird nur durch so ein Gebet wirklich nachhaltig verändert. Aber die Veränderung beginnt in deinem Herzen und nicht durch Ausgrenzung, Abschottung oder Misstrauen.

Mein Gebet für die Welt wird heute sein, dass …

....

....

12. September

Ein himmlisches Gastgeschenk

Da ist Heiliger Geist in dir
Atem Gottes
Tröster und Übersetzer
Zuhilfekommer
Der Fürsprecher will gerufen werden
will eingeladen werden
Er ist ein Gentleman
tappt nicht unhöflich
in die Fettnäpfchen deiner Seele
fällt nicht mit der Tür ins Haus
Siehe, ich stehe vor der Tür
und klopfe an! (Offenbarung 3,20)
Magst du ihn einlassen?
Magst du ihm dein Herz
als Wohnung anbieten und nicht
nur ein Gästezimmer?
Wo er einzieht bringt er
ein kostbares Gastgeschenk mit:

Frieden!

Himmlischen Frieden
den die Welt nicht kennt!
Allein dafür lohnt es sich schon
ihn hereinzubitten!

Aber der Tröster, der Heilige Geist, den mein Vater senden wird in meinem Namen, der wird euch alles lehren und euch an alles erinnern, was ich euch gesagt habe.

Johannes 14,26 (LUT)

13. September **Ein gutes Gewissen**

Besser wenig mit Gerechtigkeit als viel Einkommen mit Unrecht.

Sprüche 16,8 (LUT)

Mein geliebtes Kind

Ein gutes Gewissen ist viel mehr wert als ein sanftes Ruhekissen! Lass dir keine Lüge als Wahrheit andrehen! Viel zu oft trüben Täuschungen deinen Blick. Die Welt dreht mir gern das Wort im Munde rum und stellt mich hin als den *lieben Gott,* der sicher „mal ein Auge zudrückt". Aber das ist eine Irreführung und dein Herz weiß das auch insgeheim.

Niemals wirst du auf Dauer glücklicher mit einem Besitz sein, der unrechtmäßig zustande kam. Und ich meine jetzt nicht die Frage, ob eine Sache legal ist! Vieles, was legal ist, ist ethisch zumindest fragwürdig. Am besten fragst du dazu dein Gewissen – wenn es nicht von außen manipuliert wurde, dann liefert es dir wertvolle Hinweise.

Nimm es lieber hin, mit weniger zufrieden zu sein, als dass dein Herz riskiert zu verdrecken. Wer großzügig und bescheiden ist, wird mit wenig wirklich zu-Frieden sein. Diesen Frieden kann man sich nicht kaufen. Er ist unverkäuflich, kostbar und unbezahlbar.

Ich werde in dieser Frage heute auf mein Gewissen hören:

....

....

14. September **Auf dem Schemel sitzen**

So spricht der HERR: Der Himmel ist mein Stuhl und die Erde meine Fußbank; was ist's denn für ein Haus, das ihr mir bauen wollt, oder welches ist die Stätte, da ich ruhen soll?

Jesaja 66,1 (LUT)

Lieber Vater im Himmel

Wenn du auf diesem Stuhl sitzt, dann will ich auf der Fußbank davorsitzen: Mit beiden Beinen auf der Erde, aber mit dem Kopf in deinem Schoß! Du kennst die Bedürftigkeit meiner Seele, darum werde ich dir nichts vormachen oder „um einen richtigen Stuhl betteln". Nichts werde ich eintauschen wollen gegen diesen Schemel zu deinen Füßen, weil es einfach keinen besseren Ort gibt, um Geborgenheit zu empfangen. *Gnade und Frieden wird sich bei mir dadurch vermehren, dass ich dich immer besser und tiefgründiger kennenlerne* (nach 2. Petrus 1,2).

Wenn du davon redest, dass wir hier „deine Kirche bauen sollen", dann sollten wir vielleicht genau hiermit anfangen?! Unser Herz dir zur Verfügung stellen. **Nicht bessere Programme schmieden oder schönere Häuser bauen, sondern mehr auf dem Schemel sitzen und dich in unser Herz einladen.** Du bist wirklich ein erstaunlicher Gott und ein trostreicher Papa! Um wieviel einladender wird die Kirche sein, in der getröstete Menschenkinder ein- und ausgehen.

So werde ich mich im Alltag daran erinnern:

....

....

15. September **fallengelassen oder freigesetzt?**

Der stolzeste unter den deutschen Bäumen
ist sich nicht zu schade
hunderte schüchterne Eichelbrigaden
in einen ungewissen Feldzug zu senden
um den VergebLichtMangel
des aufziehenden Winters mit Hoffnung zu blenden

Hunderte von fallengelassenen Worten
an fruchtbaren Orten
freigesetzt
können für hunderte Jahre
ab jetzt
das Gesicht unseres Planeten prägen.
Mögen es mutige, tolerante,
friedevolle, relevante Worte sein!
Hoffnung beginnt oft verwegen klein!

Denn Weisheit zieht ein in dein Herz, und Erkenntnis wird deiner Seele lieb. Besonnenheit wacht über dir, Verständnis wird dich behüten.

Sprüche 2,10-11 (ELB)

16. September **spirituelle Ertüchtigung?**

Aber mein Volk mache ich stark, weil es zu mir gehört, und in meinem Namen werden sie ihr Leben führen. Darauf gebe ich, der HERR, mein Wort!

Sacharja 10,12 (HFA)

Mein geliebtes Kind

Es sind so viele Lügen verbreitet worden über „das Göttliche", dass die Menschheit im wahrsten Sinne verblendet ist. Sie sucht Erleuchtung und sehnt sich nach Licht, dass sie immer neue Methoden der spirituellen Ertüchtigung ausprobiert. „Selbst ist der Mann", weiß der moderne Mensch und weist dabei diese alte Wahrheit weit von sich: Dass allein der Mann, der die Liebe predigte und dafür sogar ans Kreuz ging, Licht ins Dunkel bringen kann.

Du kannst dich nicht selber selig machen. Du kannst dich nicht selber stark machen. Aber du kannst dich von mir stark machen LASSEN! Die Religion, die meinen Sohn im Namen trägt, ist viel mehr als eine Religion! Sie ist mein eingelöstes Versprechen an mein Volk: Ich, der Herr, gebe dir mein Wort darauf, dass du in Beziehung zu mir leben darfst. In meinem Namen offenbare ich mein Wesen: **Ich bin der, der für dich da ist!** (nach 2. Mose 3,14) So wie ein Vater oder eine Mutter ihr Kind am Abend mit nur einem Satz trösten kann, so tröste auch ich dich in meinem Namen: Ich bin der **Ich bin da!** Auch heute in deinem herausfordernden Alltag.

Das will ich in meinem Herzen festhalten:

....

....

17. September **Blutvergießen**

Und fast alle Dinge werden mit Blut gereinigt nach dem Gesetz, und ohne Blutvergießen gibt es keine Vergebung.

Hebräer 9,22 (ELB)

Mein lieber Jesus

Ich verstehe das nicht. Wie soll man etwas mit Blut reinigen? Wir Eltern versuchen doch im Gegenteil immer, die Blutflecken aus den Kleidern unserer Kinder herauszubekommen! Wir kennen Wäschewaschen mit Wasser – aber niemals mit Blut!

Nach dem Gesetz gibt es keine Vergebung ohne Blutvergießen? Was ist das für ein blutrünstiges Gesetz? Alles in mir wehrt sich dagegen. Ich will nicht, dass Blut vergossen wird, damit ich rein werde. Ich will nicht daran schuld sein, dass jemand sein Blut und sein Leben lässt!

Ein Testament ist gültig, wenn der Tod eingetreten ist, weil es niemals Kraft hat, solange der lebt, der das Testament gemacht hat! (Hebräer 9,17) **Damit ich als Erbe das ewige Leben bekomme, muss der Erblasser vorher sterben.** Das Testament tritt erst nach seinem Tod in Kraft. Jesus – du hast deinen Tod eingeplant, um mir das ewige Erbe auszuzahlen, das mir eigentlich gar nicht zustehen würde. Dein Blut macht mich rein. Wie soll ich jemals ein Wort finden, das meiner Dankbarkeit genügt?

Heute ist mir wieder einmal wichtig geworden, dass …

....

....

18. September **Selbsterkenntnis**

Gut ist der HERR, eine feste Burg am Tag der Not. Er kennt, die Zuflucht suchen bei ihm.

Nahum 1,7 (EÜ)

Mein geliebtes Kind

Erlaube dir, Zuflucht zu suchen! Erlaube deiner Seele, Hilfe anzunehmen! Hör doch endlich auf damit, gegen dich und deine Zerbrechlichkeit anzukämpfen. So, als wärst du unanfechtbar. Ich kenne dich doch. Wenn ich dich wegen deiner Schwäche ablehnen würde, was wäre ich dann für ein Vater? Komm in meine starken Arme und suche Schutz bei mir!

Vor der Erlaubnis, so zu sein, wie du bist, steht jedoch die Selbsterkenntnis. Erkenne deine Ohnmacht in dieser Sache an. Erkenne an, dass du in mancherlei Hinsicht schutzbedürftig und orientierungslos bist. Und erkenne dich an, so wie ich dich anerkenne. Denn ich liebe dich, genauso wie du bist. Deine guten und deine schwierigen Seiten sind mir bekannt, so wie ich auch um all deine Begabungen und Beschränkungen weiß. **Erkenne an, dass du liebens-wert bist!**

Unauslöschlich habe ich deinen Namen auf meine Handflächen geschrieben. (Jesaja 49,16) Er ist mir immer vor Augen. Erlaube deiner Seele, bei mir Zuflucht zu finden.

Dieses Thema beängstigt mich gerade:

....

....

19. September **Gesetzeshüter**

Es sind nämlich nicht die Hörer des Gesetzes gerecht vor Gott, sondern die Täter des Gesetzes werden gerechtfertigt werden.

Römer 2,13 (ELB)

Mein geliebtes Kind

Ich bin nicht der liebe Gott, der beide Augen zudrückt. Ich drücke NIEMALS die Augen zu! Ganz im Gegenteil: Meine Augen sind überall und ich sehe gerade dahin, wo meinen Kindern Unrecht geschieht. Ich hasse die Sünde und mein Gesetz hat sich seit Urzeiten nicht verändert. Was aber überhaupt nicht hilft, ist allein Hörer des Gesetzes zu sein. Warum sollte dich der Gang in die Kirche oder das Hören einer Predigt gerecht machen?

Viel wichtiger ist doch, dass das Gehörte Auswirkungen in deinem Leben außerhalb der frommen Mauern zeigt! Das ist der Anspruch des Gesetzes. Aber auch dessen penible Einhaltung macht dich nicht gerecht, sondern „du wirst gerechtfertigt werden". Der Passiv ist kein Zufall! Denn niemand – auch nicht der Gerechteste unter euch – kann sich selbst rechtfertigen. *Alle werden umsonst gerechtfertigt durch seine Gnade, durch die Erlösung, die in Christus Jesus ist.* (Römer 3,24) Diese Gnade spricht dich frei von der Verdammnis, aber sie macht dich nicht frei davon, das Gute zu tun! Du bist gerufen, dich an meiner Stelle einzusetzen für Gerechtigkeit in deinem Umfeld, für Wahrheit, Treue, Freundlichkeit, für Großzügigkeit und Hilfsbereitschaft. Keine leichte Aufgabe, ich weiß! Aber eine lohnende, denn es wird dein Leben reicher machen und dein Herz mutiger.

Dafür will ich mich heute einsetzen:

....

....

20. September **Das Buch der Denkwürdigkeiten**

In jener Nacht floh dem König der Schlaf. So befahl er, das Buch der Denkwürdigkeiten, die Chronik zu bringen.

Esther 6,1 (ELB)

Mein geliebtes Kind

Was ist passiert, dass der Schlaf vor dir flieht? Hast du ihn erschreckt, beleidigt, gedemütigt oder ihm gedroht? Lass dir Zeit mit der Antwort, mein Kind, und widersprich nicht gleich so empört! Ich greife dich nicht an, sondern ich will dir helfen. Wenn du dich permanent mit negativen Gedanken umgibst, muss du dich nicht wundern, wenn sie deine Ratgeber werden: Habgier, Neid und Eifersucht raten dir, mehr zu leisten, um anerkannt zu sein. Sie zetteln Verschwörungstheorien an, denen du glauben sollst.

Selbstmitleid und Selbstabwertung und die grausame Selbstzerstörung kreisen um das, wofür ihr Name steht: um das Selbst. Egal, in welcher Tarnung er kommt: Egoismus hat Zerstörung im Sinn!

Angst, Sorge und Misstrauen sind die gefährlichsten Ratgeber. Sie geben vor, dich schützen zu wollen, aber sie spinnen ein Netz um dich, das dich unfrei machen wird. Selbst das pseudodemütige schlechte Gewissen erweist dir einen Bärendienst. Reue geht auf den anderen zu, aber das schlechte Gewissen bleibt mit sich selbst allein.

Wenn der Schlaf vor dir flieht, dann halte es wie König Ahasveros: Lies in deinem Buch der Denkwürdigkeiten! Erinnere dich daran, was dir Gutes zuteil wurde! Dankbarkeit ist ein gerechter und treuer Ratgeber in der Not.

An diese Dankwürdigkeit denke ich heute:

....

....

21. September **desertierte Gedanken**

Und alle Soldaten hier sollen sehen, dass der HERR weder Schwert noch Speer nötig hat, um uns zu retten. Er selbst führt diesen Krieg und wird euch in unsere Gewalt geben.

1. Samuel 17,47 (HFA)

Lieber Vater im Himmel

Weißt du noch, wie viel Macht die Angst früher über mich hatte? Ich hatte sie nicht in mein Leben eingeladen, sie war einfach auf einmal da und beanspruchte eine große Menge meiner Kraft. Es war, als wären meine Gedanken desertiert. Sie wollten nicht mehr auf mich hören.

Als du in mein Leben kamst, hast du mir versprochen, dass du sie für mich zurückgewinnen wirst. Sie werden unter deiner Herrschaft wieder erstarken, weil sie sehen, wie vertrauenswürdig du bist. Du führst seitdem die Kämpfe für mich und ich bin jeden Tag dankbar dafür! **Du bist der Herr über meine Gedanken und sie dürfen sich nicht mehr gegen mein Herz wenden.** Du selbst führst den Krieg und du wirst ihn gewinnen. *Dein Geist gibt mir die innere Gewissheit, dass ich dein Kind bin* (nach Römer 8,16).

Wenn heute wieder einmal einer dieser Gedanken-Soldaten zum Feind überlaufen will, dann will ich mich daran erinnern, wie mächtig du bist und dass du bereits den Sieg errungen hast. *Denn ich war wie ein Schaf, das sich verlaufen hatte. Jetzt aber bin ich zu meinem Hirten, dem Hüter meiner Seele, zurückgekehrt* (nach 1. Petrus 2,25).

Dieser Gedanke spielt mit dem Gedanken zu desertieren:

....

....

22. September **verwaiste Gefühle trösten**

Ich werde euch nicht allein und verwaist zurücklassen. Ich komme zu euch!

JOHANNES 14,18 (NEÜ)

Mein geliebtes Kind

Lass es ruhig auf meinen Schoß klettern, dein inneres Kind! Es hat viel gesehen und viel erlebt und sich oft vergeblich nach Schutz und Trost gesehnt. Ich möchte es so gern halten und trösten! *Erfahre es selbst und sieh mit eigenen Augen, dass ich gütig! Glücklich zu preisen ist, wer bei mir Zuflucht sucht* (nach Psalm 34,9).

Ich habe mitbekommen, wie dieses Kind sich nach Aufmerksamkeit gesehnt hat und nach Lob. Manchmal hat es mütterliche Nähe wirklich schmerzlich vermisst oder die väterliche, bedingungslose Liebe. Zu selten hat es den zärtlichen Stolz in den Augen seiner Eltern gesehen, dabei haben sie sich wirklich Mühe gegeben. Auch sie waren Kinder, denen manches vorenthalten wurde. Ich kümmere mich um sie, genauso, wie ich dich versorgen möchte.

Lass es mich stillen, dein inneres Kind, wie eine Mutter ihr Kind stillt! Ich will es wiegen auf meinen Knien und es mit meinem „Ich bin da!" in den Schlaf summen. Keinen Tag war es ohne meine Liebe! Auch, oder gerade dann nicht, wenn es sich verloren fühlte, es hilflos oder überfordert war. Auch nicht, als andere seine Grenzen missachteten. Ich habe nie weggesehen und nie sein Schreien überhört. Ich habe nie aufgehört, deine verwaisten Gefühle zu trösten. Heute nicht – und damals schon gar nicht!

Dieses Trostbedürfnis bringe ich dir heute, lieber Vater:

23. September **Von der Seele reden**

Nur bei Gott wird meine Seele still, von ihm kommt meine Hilfe.

Psalm 62,2 (NeÜ)

Lieber Vater im Himmel

Danke, dass ich von meiner Seele reden darf bei dir. Du findest mich nicht penetrant und selbstbezogen, nur weil ich von mir selber rede. Weißt du, ich versuche mir darüber klar zu werden, wer ich bin, wenn ich mit dir rede. Weil ich weiß, dass du mich nicht abwertest, so wie ich das selbst oft tue. Und weil ich hoffe, dass du mich nicht verurteilst, so wie Menschen das oft gegenseitig tun. Danke, dass ich von meiner Seele reden darf bei dir, ohne Verschönerungsmaßnahmen. Du hast ja gesagt, dass du mich liebst, unabhängig von den vielen menschlichen Faktoren, die ich automatisch immer hinzuziehe.

Danke, Vater, dass ich mir das von der Seele reden darf, ohne zu befürchten, dass du dieses Wissen gegen mich verwendest. Du wirst mir zu Hilfe kommen, das hast du versprochen. *Verbirg dein Gesicht nicht vor mir, wenn ich in Bedrängnis bin! Neig dich herab und höre mich an! Jetzt rufe ich, erhöre mich doch bald!* (Psalm 102,3) Alles, was mich umtreibt, mache ich jetzt offen vor dir, der meine Seele still machen wird.

Diese Fragen überbeanspruchen meine Seele gerade:

24. September **Kein Schläferstündchen**

Da trat der Kapitän an ihn heran und sagte zu ihm: Was ist mit dir, du Schläfer? Steh auf, ruf deinen Gott an!

Jona 1,6 (ELB)

Mein geliebtes Kind

Du kennst diese Situation: Einige arbeiten und schwitzen und versuchen „das Schiff zu retten“, und dann gibt es diese Schläfer. Die sich zurücklehnen und den anderen bei der Arbeit zusehen oder sie am besten noch kritisieren. Die Aktiven fühlen sich dann meist schnell, und oft auch zu recht, ausgenutzt. Kein Wunder, dass da Unmut laut wird. Ich meine heute dich mit dem: *„Was ist mit dir, Schläfer?“*

Jona war auf der Flucht vor mir und dem Auftrag, den er bekommen hatte. Er hatte sich verkrochen, um meinem Reden zu entkommen. So wie mit Jona damals habe ich auch mit dir heute etwas vor. **Ich will mit dir reden und du verkriechst dich, schließt die Tür zwischen uns und hältst dir die Ohren zu.** Als könntest du meinem Reden so entkommen!

Steh auf und ruf deinen Gott an! Du darfst mit mir diskutieren, streiten, du kannst schimpfen und trotzen, aber bitte entziehe dich nicht der Konfrontation! Bleib in Kontakt mit mir! Ich bin an Deck und manövriere das Schiff sicher durch den Sturm, aber ich brauche dich in meiner Mannschaft!

Dieser Herausforderung will ich mich stellen:

25. September **NiemalsLand**

Als nun Josua alt und hochbetagt war, da sprach der Herr zu ihm: Du bist alt geworden und bist hochbetagt, und sehr viel Land ist noch übrig, das in Besitz genommen werden muss.

JOSUA 13,1 (ELB)

Lieber Vater im Himmel

Das ist so eine Sache, die ich mir nicht gern sagen lassen würde. Später einmal, wenn ich auf die vielen Tage, Wochen und Jahre zurückblicken werde, die ich an deiner Seite bewältigt habe. **Dieses Land, das du mir zugedacht hast, soll kein NiemalsLand werden!** Wie konnte ich so tun, als wäre ich schon fertig hier? War ich zu bequem, das neue Land zu bewirtschaften? Oder hatte ich mich schon in meinem Schrebergarten zurückgezogen – frustriert, weil man mir die Anerkennung verwehrt hat, die ich mir gewünscht hatte?

Wenn du sagst, dass du mich für würdig, begabt und demütig genug hältst, um dieses Land einzunehmen, welche Berechtigung hätte ich, das zurückzuweisen? Ich würde dich Lügen strafen, wenn ich es nicht betreten und bewirtschaften würde. Falsch verstandene Demut ist hier völlig fehl am Platz! Nein! Ich will hier vor Ort niederknien vor dir, meinen Kopf senken und die Ehre und die Vollmacht empfangen, die du mir zusagst! *Ich will mein Herz samt den Händen zu dir, dem Gott des Himmels erheben* (nach Klagelieder 3,41).

Diesen Landstrich will ich in deinem Namen betreten:

....

....

26. September

TatenDurstLöscher

taktlos
taumelnd
treiben
tatendurstige
Tänzer den
Herztakt an
Es kann
höher, heller
taktlos
schöner, schneller
taktlos
humpeln
hastige
Herztöne
hinterher

Ich brauche eine Erfrischung des Herzens
Einen Rastplatz am lebendigen Wasser

Jahwe ist mein Hirt, mir fehlt es an nichts. Er bringt mich auf saftige Weiden, und führt mich zum Rastplatz am Wasser.

Psalm 23,1-2 (NeÜ)

27. September **Ich helf dir weinen**

Ich helf dir weinen
nicht weil ich keine Worte hätte
obwohl das schon zutrifft
ich habe keine Worte
die sagen könnten
was meine Tränen sagen

ich helf dir weinen
und sitze einfach nur hier
nicht weil ich sonst nichts zu tun hätte
ich habe eine Menge zu tun
aber nichts was wirklich zählt
angesichts deiner Trauer
ich helf dir weinen
und bringe deinen Namen
vor den höchsten Tröster
nicht weil ich mir sonst
nicht zu helfen wüsste
obwohl das schon zutrifft
sondern weil ich ihn zu dem trage
der dir zu helfen weiß
und vielleicht ist mein Weinen mit dir
schon ein kleiner Teil
seiner Tröstung

Jesu Augen füllten sich mit Tränen. „Seht, wie lieb er ihn gehabt hat!", sagten die Juden.

Johannes 11,35-36 (NGÜ)

28. September **Unrechtsbewusstsein**

Lass meinen Gang in deinem Wort fest sein und lass kein Unrecht über mich herrschen.

Psalm 119,133 (LUT)

Mein geliebtes Kind

Unrecht hat das Bestreben, die Herrschaft zu übernehmen. Es ordnet sich nicht gern unter. Lügen ziehen neue Lügen nach sich. Unterdrückung ruft Hass hervor, aus Gleichgültigkeit wird schnell Hartherzigkeit. Gewalt bringt neue Gewalt, so, wie Hass nach Rache schreit. Wenn du dem Unrecht den kleinen Finger reichst, wird es nach dem ganzen Arm grapschen. Das ist ein schleichender Prozess, der oft leise und subtil beginnt.

Welches Unrecht birgt die größte Verlockungsgefahr für dich? Gib gut acht, dass du diese Eintrittspforte im Blick behältst. Nicht umsonst heißt es: „Wehret den Anfängen!" Ich sehe, dass du beim Lesen kleinlaut geworden bist? Meinst du, ich wüsste nicht um deine Achillessehne? Mein Kind, ich freue mich über dein gerade gewonnenes Unrechtsbewusstsein! Ich will dir helfen, aus diesem unseligen Herrschaftsbereich wieder herauszukommen! *Der Gerechte wird aus Glauben leben.* (Habakuk 2,4) Auf „wird leben" liegt die Betonung! **Lege die Scham ab und traue mir die Rettung zu!** Mit meiner Hilfe kannst du dem Unrecht die Stirn bieten!

Dieser Eintrittspforte muss ich mehr Beachtung schenken:

....

....

29. September **Herzschmerzen**

Der König wird ihnen dann antworten: Das will ich euch sagen: Was ihr für einen meiner geringsten Brüder oder für eine meiner geringsten Schwestern getan habt, das habt ihr für mich getan!

Matthäus ***25,40 (HFA)***

Mein geliebtes Kind

Weißt du noch, dass du damals, als du noch klein warst, mit den Obdachlosen auf Augenhöhe warst? Du konntest nicht an ihnen vorübergehen, ohne den Schmerz in ihren Augen zu bemerken. Bilder von hungernden Kindern im Fernseher haben dich tagelang verfolgt. Dein zartes Herz weinte mit dem traumatisierten Mädchen aus Hiroshima, wie mit den halbverhungerten Flüchtlingskindern in Afrika.

Was ist nur seitdem passiert? Du hast dir eine Speckschicht um das Herz zugelegt. Ich weiß, es tut weh, wenn der Schmerz dort ungehindert Zugriff hat. Aber deine Herzschmerzen sind ein kleiner Preis im Gegensatz zu dem, was die Armen dieser Welt bezahlen müssen! Sie haben es verdient, dass du hinschaust. Sie warten darauf, dass du die Stimme für sie erhebst. Das ist mir viel wichtiger, als jedes frommes Gerede oder Getue oder ein schlechtes Gewissen! **In einem jeden dieser Armen schaut dir mein Gesicht entgegen.** Der schönste Gottesdienst ist der Dienst an den Armen, mein Kind!

Das kann ich tun, um etwas von dem Leid um mich herum zu lindern:

....

....

30. September **Die Sanftmut der Weisheit**

Wer ist weise und verständig unter euch? Er zeige aus dem guten Wandel seine Werke in Sanftmut der Weisheit.

Jakobus 3,13 (ELB)

Mein geliebtes Kind

Wie schön, dass du dich nach Weisheit und Verständnis ausstreckst! Ich habe dich als denkendes Wesen geschaffen und gewollt. **Die hohe Kunst des Denkens beginnt jedoch immer mit der Einsicht über ihre eigene Begrenzung.** Das Wort Einsicht trägt diese tiefe Weisheit schon im Namen: Einsicht ist die eine Sicht der Dinge! Aus deinem Bezugsrahmen heraus, mit deiner Prägung, deiner Erfahrung und deinen Schlussfolgerungen! Jemand anderes kommt beim Nachdenken über den gleichen Sachverhalt, beim Lesen der gleichen Quellen, unter Umständen zu einer anderen Einsicht als du. Das zu respektieren und zu verstehen nenne ich die „Sanftmut der Weisheit".

Wer von sich denkt, dass er weise genug ist, andere zu lehren, der steht in der Gefahr, hochmütig zu werden. Wenn er sich über den anderen erhebt, betoniert er seinen Standpunkt als den absoluten und einzig Richtigen fest. Weise und verständig jedoch wirst du, wenn du flexibel bleibst in deinem Denken und Lernen. Willst du dir eine Meinung bilden? **Bildung ist immer ein Prozess, der nach hinten nicht abgeschlossen ist.** *Weisheit ist heilsam für dein Leben. Hast du sie gefunden, dann hast du auch Zukunft, und deine Hoffnung schwindet nicht.* (Sprüche 24,14)

Hier wünschte ich mehr Einsicht und Weisheit:

....

....

1. Oktober **von oben herab**

Meine Feinde stellen mir den ganzen Tag nach,
ja, viele bekämpfen mich von oben herab.

Psalm 56,3 (ELB)

Lieber Vater im Himmel

Ich habe ja gelernt, dass man nicht petzen soll. Von klein auf hörte ich, dass ich mich selber wehren soll. Weißt du noch, wie hilflos ich mich dabei oft fühlte? Wie sollte ich allein gegen die Übermacht bestehen können? Aber du warst schon damals immer in meiner Nähe und hast mein verzagtes Herz getröstet. ***Was ist denn der Glaube? Er ist ein Rechnen mit der Erfüllung dessen, worauf man hofft, ein Überzeugtsein von der Wirklichkeit unsichtbarer Dinge.*** (Hebräer 11,1) Nicht immer war ich mir dessen so sicher, aber ich gab mir dennoch Mühe, dir zu vertrauen.

Heute sind meine „Feinde" nicht mehr aus Fleisch und Blut. Aber ihre Stimmen haben sich mir eingebrannt. Manchmal höre ich sie noch immer und dann fürchte ich mich genauso wie früher. Von oben herab beurteilen sie mich, werten mich ab und klagen mich an. Sie tun so, als wären sie befugt und bevollmächtigt, das sagen zu dürfen. Dabei weiß ich heute, dass sie mir nichts anhaben können. Du hast mich freigesprochen und du bist die oberste Instanz! Du hast mich freigeliebt und mir Königswürde verliehen. Sie haben jede Berechtigung verloren, von oben herab auf mich zu sehen. **Der einzige, der von oben herab auf mich schauen darf, bist du, aber du blickst voller Liebe, Barmherzigkeit und Mitgefühl.** Es ist so gut, so gesehen zu werden!

Dieser Stimme werde ich heute den Mund verbieten:

....

....

2. Oktober **Der Sturmbezwinger**

Der diese Dinge bezeugt, spricht: Ja, ich komme bald. Amen, komm, Herr Jesus!

OFFENBARUNG 22,20 (ELB)

Lieber Vater im Himmel

Die Entwicklungen auf der Erde machen mir Angst. Nicht nur der globale Klimawandel besorgt mich, vor allem auch der soziale Klimawandel! Die Völker bekämpfen sich gegenseitig, anstatt gemeinsam die Ungerechtigkeit auf dem Planeten zu bekämpfen. Es wird wieder Platz gemacht für rechtes Gedankengut in vielen Ländern. Nicht nur, dass die Menschheit unsere Erde retten muss, sie muss sich vor allem vor sich selber retten. Wie aber soll sich im Sturm ein Ertrinkender selber retten? So wie Petrus rufe ich: *Herr, rette mich!* (Matthäus 14,30)

Komm und rette uns und weise den beängstigenden Sturm in seine Grenzen! Du bist unser Retter! Der, nach dem die Erde in höchster Not schreit. **Wir können uns nicht selber retten, aber wir dürfen zu dem schreien, der sich der Friedefürst nennt, der Vollbringer und Wunderwirker, der Sturmbezwinger.** *Hoffen wir aber auf das, was wir nicht sehen, dann harren wir aus in Geduld. So nimmt sich auch der Geist unserer Schwachheit an. Denn wir wissen nicht, was wir in rechter Weise beten sollen; der Geist selber tritt jedoch für uns ein mit unaussprechlichen Seufzern.* (Römer 8,25-26) Danke für dein beherztes Eintreten für uns!

Jesus, komm heute in diesen Sturm:

....

....

3. Oktober **beängstigend**

Seid nüchtern, wacht! Euer Widersacher, der Teufel, geht umher wie ein brüllender Löwe und sucht, wen er verschlingen könnte.

1. Petrus 5,8 (ELB)

Mein geliebtes Kind

Angst macht blind und unbeweglich. Wenn du starr vor Entsetzen bist, kannst du weder denken, noch eine gute Schutzstrategie entwickeln.

Ich sage: „Seid nüchtern!“ und nicht: „Nimm den Löwen nicht so ernst!“ Lass dich nicht verwirren von Ammenmärchen über den brüllenden Löwen. Dass er mächtiger sei als das Lamm oder dass du keine neuen Strömungen zulassen darfst, weil sie sicher vom Widersacher wären. All diese geschickt inszenierten Schauerszenarien sollen deine Angst puschen. Aber je mehr Angst du hast, desto mehr wirst du von Fluchtgedanken getrieben sein, anstatt nüchtern deine Schritte zu überdenken.

Ich sage nicht: „Hab keine Angst!“, denn die Angst ist durchaus berechtigt. Ich sage stattdessen: „Wende dich an mich IN deiner Angst!“ **Wenn du auf mich und das mir zur Verfügung stehende himmlische Heer schaust, wird deine Angst in ihre Grenzen gewiesen.** Sie wird dich und deine Gedanken, Worte und Schritte nicht bestimmen dürfen. Widerstehe der Angst standhaft im Glauben und im Vertrauen auf mich. Wirf deine Sorge auf mich, ich werde sie für dich tragen und dich mutig machen. Dieser Mut ist Angst, die auf meine Stärke geschaut hat!

In dieser beängstigenden Sache schaue ich heute auf dich:

....

....

4. Oktober **mehr als genug**

Es ist allerdings die Gottesfurcht eine große Bereicherung, wenn sie mit Genügsamkeit verbunden wird. Denn wir haben nichts in die Welt hineingebracht, und es ist klar, dass wir auch nichts hinausbringen können. Wenn wir aber Nahrung und Kleidung haben, soll uns das genügen!

1. Timotheus 6,6-8

Lieber Vater im Himmel

Genügsamkeit und Gottesfurcht? Ich finde, das klingt nicht so richtig erstrebenswert. Im Gegenteil. Geiz ist doch geil und ganz ehrlich: Für wen bist du heutzutage noch ein Grund zum Ehr-fürchten?

Vater, wenn diese Zeilen auch heute noch gelten, nicht nur den superfrommen Mönchen und Nonnen damals, dann will ich sie mir zu Herzen nehmen. Am besten sogar hinein ins Herz.

Nahrung und Kleidung habe ich satt und reichlich. Ich erfülle also eigentlich die Minimalanforderung für die Empfindung „Genügsamkeit". Dennoch lebe ich meist mit dem Gefühl: Es ist noch nicht genug! Weder im materiellen noch im immateriellen Bereich. **Mir drängt sich der Gedanke auf: Je mehr ich habe, desto weniger bin ich fähig, Genügsamkeit zu fühlen.**

Ich habe viel mehr als genug! Ich bin mehr als genug! Ich möchte lernen, genau das jeden Tag staunend und dankbar zu bemerken. Auch heute werde ich allen Anforderungen, die die Welt an mich stellt, nicht genügen. Auch heute wird mein Menschenherz nach mehr als genug gieren. Das, um was ich heute bitten will, ist Dankbarkeit, Genügsamkeit und Ehrfurcht.

Ich sage heute Danke für:

....

....

5. Oktober

WankelMut
Ich häng zwischen den Seilen
sitz zwischen den Mühlen
bin hin und her verbissen
Wankelmut
sagt man wohl dazu
wackeliger Mut ist vielleicht immer noch besser
als eisenharte Angst oder eiskalte Wut?
Ich werde den kleinen Wankelmut also
aus dem Kinderparadies abholen,
ihn an die Hand nehmen und ihm beim Wachsen zusehn
bis irgendwann der Tag gekommen ist
an dem er mich nicht mehr vermisst
und auf eigenen Beinen stehn kann
und allein gehn kann wohin er will
Und ich krieg dafür
einen fix und fertigen Großmut
der soll sich dann
um meine kleinen Macken kümmern.

Lasst uns festhalten an dem Bekenntnis der Hoffnung und nicht wanken; denn er ist treu, der sie verheißen hat.

Hebräer 10,23 (LUT)

6. Oktober **Ein geschenkter Tag**

Dies ist der Tag, den der Herr macht; lasst uns freuen und fröhlich an ihm sein.

Psalm 118,24 (LUT)

Lieber Vater im Himmel

Diesen Tag, Vater, habe ich als Geschenk bekommen. Manchmal vergesse ich das, wenn ich frühmorgens aufstehe und die Last des noch müden Tages nach mir greift. Ich sehe nur auf das, was er von mir will, anstatt auf das, was er mir schenken will!

Diesen Tag, Vater, habe ich als Geschenk von dir bekommen. Ich will ihn fröhlich begrüßen und gespannt auspacken! Ich will dir unterstellen, dass du dir etwas Geniales bei diesem Geschenk gedacht hast. Auch wenn ich noch müde bin, bleibt das so.

Diesen Tag, Vater, habe ich als Geschenk bekommen. Ich will dir meinen Dank dafür bringen, schon bevor ich weiß, was der Tag mir bringt. Ich will dich ehren am frühen Morgen, weil ich einfach weiß, dass du es gut mit mir meinst.

Diesen Tag, Vater, will ich heute Abend wieder in deine Hände legen. Mit allem, was gelungen ist und mit Erfolg gekrönt wurde. Aber auch mein Scheitern gebe ich dir, denn ich weiß, dass ich heute siegen UND scheitern werde.

Vater, ich will diesen Tag vor dem Abend loben, denn …

7. Oktober **lebensmüde?**

Allein wanderte er einen Tag lang weiter bis tief in die Wüste hinein. Zuletzt ließ er sich unter einen Ginsterstrauch fallen und wünschte, tot zu sein. „HERR, ich kann nicht mehr!“, stöhnte er. „Lass mich sterben!“

1. Könige 19,4a (HFA)

Mein geliebtes Kind

Wer allein bis tief in die Wüste hinein wandert, muss lebensmüde sein. Du kennst das von dir, oder? Nach dem freien Fall aus einer wunder-vollen Zeit landest du unsanft auf dem Boden der Entmutigung. Selbstmitleidig schaust du auf deine nicht mehr vorhandene Energie und Lebensfreude. Du beklagst dich über die ungerechten Umstände, die undankbaren Feedbacks oder die untreuen Freunde. Ent-Täuschung ist jedoch eine wichtige Voraussetzung für Weiterentwicklung! Alte Gefühle springen dich an wie die hungrigen Wölfe deiner Vergangenheit. Die Erinnerung lässt eigentlich vernarbte Wunden wieder aufplatzen. Plötzlich ist der ganze Schmerz wieder da.

„Wozu soll diese Wüstenwanderung gut sein?“, fragst du dich. Ich weiß um die Entmutigung, die sich deiner bemächtigen will. Ich weiß, wie lebensmüde du dich fühlst. Aber in der Entmutigung und Enttäuschung steckt auch eine Chance: **Versuch in ihr ein Hinweisschild auf dem wüsten Weg zu sehen, auf dem steht: „Hier entlang geht’s zur alten Verletzung!“** Wenn Entmutigung dich so ohne Vorwarnung überfällt, dann sind meistens diese unbewussten Dinge daran schuld. Ich will dich ermutigen, mit mir genau da anzusetzen und die Ursachen der Wunden zu behandeln.

Hier reagiere ich ganz besonders empfindlich auf Entmutigung:

....

....

8. Oktober **auf Staub pusten**

Wenn Gott auf Staub pustet
fliegt dieser ihm nicht ins Gesicht
sondern wird zu einem erstaunlichen Geschöpf

Wenn Gott aus Staub etwas formt
zerfällt dieser nicht sofort wieder
sondern wird zu einer beseelten Kreatur

Wenn Gott aus Staub etwas bildet
entsteht nicht nur ein Kunstwerk
sondern es wird ein Mensch daraus

Erstaunlich dieser Gott!
Aber das Erstaunlichste ist,
dass aus dem Geschöpf
ein lebendiges Wesen wird
sobald der Schöpfer-Atem in ihm ist!

Da nahm Gott, der HERR, etwas Staub von der Erde, formte daraus den Menschen und blies ihm den Lebensatem in die Nase. So wurde der Mensch ein lebendiges Wesen.

1. Mose 2,7 (HFA)

9. Oktober **Die Beziehungsformel**

Freut euch mit den Fröhlichen, weint mit den Weinenden.

Römer 12,15 (LUT)

Mein geliebtes Kind

So einfach könnte es sein mit den Beziehungen! Im Grunde ist damit ja alles gesagt, aber manchmal sind die leichten Aufgaben besonders schwer.

Mit den Weinenden weinen – da sehe ich einen guten Willen bei dir. Die Traurigkeit deines Mitmenschen fühlst du mit. Ich sehe die Tränen, die du für ihn weinst, aber sieht er sie auch? Was ist das für eine seltsame Scham, die dich davon abhält, einfach mitzuweinen und stattdessen vergeblich nach den „richtigen Worten" zu suchen? Manchmal trösten Tränen besser als Worte! Geteiltes Leid lässt euch aneinanderrücken.

Mit den Fröhlichen mitfreuen – das klingt so logisch und doch fällt das vielen noch schwerer als das Mitweinen. Neid und Eifersucht sind die Gegenspieler der Mitfreude. Unterschätze diese hinterlistigen Beziehungskiller nicht! Sich ehrlich über den Erfolg, die Freude, den empfangenen Segen, die Figur, (…) des anderen mitzufreuen, ist der Schlüssel zu einer guten Beziehung. Prüfe dein Herz, mein Kind, und erkenne, wo du dich nicht von Herzen mitfreuen kannst. Sieh hin, wo deine Gleichgültigkeit angesichts der Trauer eines anderen dich beschämt oder wo du jemandem aus Scheu nicht beigestanden bist in seiner Not. Mach dein Versagen offen vor mir! Ich verurteile dich nicht, sondern setze dich frei.

Das will ich heute umsetzen:

....

....

10. Oktober **Tröstliche Nähe**

Du Gott bist da
In meiner Zerbrechlichkeit
In meiner Bedürftigkeit
In meinem verängstigen Herzen
Meine Seele ruht in deinem Schoß
Du hältst mich warm
Du deckst mich zu
und tröstest das Aufgeschreckte

Du Gott bist da
Bist mein guter Hirte
Mein Schutz mitten im Kampf
Mein treuer Begleiter
Meine Hoffnung ruht in deinem Schoß
Du beschirmst sie
Du machst ein Licht an
und fütterst sie mit Mut

Meine Seele ist stille zu Gott, der mir hilft.

Psalm 62,2 (LUT)

11. Oktober **Beherzte Gnade**

Denn er ist gnädig, barmherzig, geduldig und von großer Güte, und es reut ihn bald die Strafe.

Joel 2,13b (LUT)

Mein geliebtes Kind

Hast du schon einmal davon gelesen, dass ich eine Verheißung zurückgenommen hätte? Hörtest du schon einmal von einem Versprechen, das ich dann gebrochen hätte?

Ich bin kein Mensch, dass ich menschlich empfände. Ich bin Gott – und die sich in der Heiligen Schrift wiederholenden Beschreibungen meiner vorrangigen Eigenschaften sind Gnade und Barmherzigkeit. Mein Wesen ist nicht geprägt von Liebe, sondern ICH BIN DIE LIEBE! **Wenn ich etwas bereuen sollte, dann NIEMALS die dir zugedachte Gnade.** Du kennst das von deinen menschlichen Beziehungen: Wenn dich jemand enttäuscht hat, dann bereust du es, dass du ihm vertraut hast. Dass du ihm dein Herz geöffnet hast oder ihm etwas Kostbares geschenkt hast.

Ich aber bin Gott – ich empfinde nicht menschlich! Du kannst mich nicht enttäuschen, weil ich dich eh durch und durch kenne! Ich wusste schon vorher von deinem Versagen – und ich liebte dich dennoch! Das ist Gnade! Niemals werde ich davon etwas zurücknehmen wollen.

Vater, erinnere mich hier an das beherzte Eingreifen deiner Gnade:

....

....

12. Oktober **Nachtwanderung**

Und jetzt sieht man das Licht nicht, das durch die Wolken verdunkelt ist; aber ein Wind fährt daher und fegt den Himmel rein.

Hiob 37,21 (ELB)

Lieber Vater im Himmel

Weißt du noch, als wir mitten in der Nacht zum Nachbarort gehen wollten? Sobald wir die letzte Laterne hinter uns gelassen hatten, war es stockfinster! Man konnte nicht einmal mehr die Straße sehen. Selbst die reflektierenden Begrenzungspfähle waren keine wirkliche Hilfe, denn Reflektoren brauchen schließlich Licht, um zu leuchten.

Schutzsuchend hielt ich mich an deiner Hand fest. Obwohl – auch das war ein bisschen unheimlich, denn ich konnte dich überhaupt nicht sehen. Ich spürte nur die Wärme deiner Hand und hörte deine Stimme.

Und ganz plötzlich riss der Himmel auf! Die Wolken machten die Sicht frei auf einen überirdisch schönen Sternenhimmel! Vielleicht weil die Nacht vorher so dunkel war, konnten wir das Strahlen nun viel intensiver wahrnehmen?

Heute wurde ich wieder an diese Nachtwanderung erinnert. *Und ob ich schon wanderte im finsteren Tal, fürchte ich kein Unglück, denn DU BIST BEI MIR!* (Psalm 23,4) Auch wenn ich dich nicht sehen kann!

Ich bitte darum, dass du mir heute so den Blick zum Himmel öffnest:

....

....

13. Oktober **Ich habe gehört**

Ich habe gehört, ich solle an mich glauben, dann könne ich alles erreichen, was ich will. Also habe ich versucht an mich zu glauben, aber bin trotzdem gescheitert.

Ich habe gehört, dass Geiz geil ist und wenn jeder für sich selber sorgt, für alle gesorgt wäre. Also habe ich für mich gesorgt und habe was ich wollte, aber bin allein.

Ich habe gehört: „Kopf hoch – das wird schon wieder!“ und dass ich mich nicht so anstellen soll. Und ich stellte mich wirklich nicht so an, aber es wurde nicht schon wieder.

Ich habe gelesen: *„Meine Kraft kommt in deiner Schwachheit zur Vollendung!“* (2. Korinther 12,9) Also gab ich meine Zerbrechlichkeit zu und traute mich, bei dir schwach zu sein. Und was passierte?

Du glaubtest an mich und an meine Begabungen, und dass ich über mich hinauswachsen würde an deiner Hand.

Du sorgtest für mich und hast mich damit freigesetzt, auch für andere zu sorgen.

Du sagtest zu mir: „Hebe deine Augen zu den Bergen: Woher kommt dir Hilfe?“ *Meine Hilfe kommt vom HERRN, der Himmel und Erde erschaffen hat* (nach Psalm 121,1-2).

14. Oktober **Rauchmelder**

Wo aber unter die Dornen gesät ist, dieser ist es, der das Wort hört, und die Sorge dieses Zeitalters und der Betrug des Reichtums ersticken das Wort, und er bringt keine Frucht.

Matthäus 13,22 (ELB)

Mein geliebtes Kind

Weißt du, wovon ich rede, wenn ich dich vor dem „Betrug des Reichtums" warne? Jedes Zeitalter wird herausgefordert durch eine spezifische Sorge. Auch du und deine Zeitgenossen leben in der Gefahr, einer Lüge zu trauen, die ein großes, zerstörerisches Potential hat: Man will euch weismachen, dass äußerer Reichtum Erfüllung bringt und dass er dir zusteht. Aber auch die gewaltigen Ressourcen der Erde sind irgendwann erschöpft. Nichts ist unendlich multiplizierbar. **Wo jemand über die Maßen reich ist, hat auf der anderen Seite jemand Mangel.** Wo ein Volk mehr verbraucht als ihm zusteht, raubt es anderen indirekt ihren Anteil.

Das ist der Betrug des Reichtums deiner Zeit, vor dem ich dich warnen will! Er kommt subtil daher und vernebelt seinen Ursprung, damit das eingebaute Rauchmeldersystem des Menschen nicht Alarm schlägt: das schlechte Gewissen. Dieses Kontrollsystem ist nicht dein Feind, der bekämpft werden muss! Es ist ein hervorragendes Frühwarnsystem in der Seele jedes Menschen. Aber es ist anfällig für Störungen. Wo eine Atmosphäre des Geizes, der Gier und der Selbstgerechtigkeit herrscht, werden die Signale aus dem Gewissen blockiert. Darum rate ich dir dringend, deine Rauchmelder zu warten, zu prüfen und auf die Alarmtöne zu hören!

Die Prüfung hat ergeben, dass ...

....

....

15. Oktober

Nebeltag

Ich krieg den Knoten
in meinem Gehirn nicht mehr entwirrt
Verhedderte Gefühle
Ist mein Blick vernebelt
oder wabert tatsächlich überall
grauer, kalter Dunst
der das Lachen der Nachbarskinder verschluckt
und die Vogelstimmen?

Ich wünschte
ich könnte das Unbegreifliche begreifen
sonst greift es nach mir
Das Geheimnis entjungfern
Die Berechnung fordert eine Lösung ein
und geht leer aus

Vater, du allein
kannst aus den Leerstellen meines Lebens
Lehrstellen machen
Lehre mich die Hoffnung zu hüten
und den Glauben zu hegen
Lehre mich Geduld
an Nebeltagen

Wenn wir aber auf das hoffen, was wir nicht sehen, so warten wir darauf in Geduld.

Römer 8,25 (LUT)

16. Oktober **Kein unerhörtes Gebet**

Als meine Seele in mir verschmachtete, dachte ich an den Herrn. Und mein Gebet kam zu dir, in deinen heiligen Tempel.

Jona 2,8 (ELB)

Lieber Vater im Himmel

Heute komme ich mit einer Bitte zu dir: Bitte schenke mir einen Glauben, wie Jona ihn hatte! Ich weiß, dass er gekniffen hat, als du ihm deine Pläne vorstelltest. Er war kein Held. Und doch hatte er so viel Mut, „seinen Mann zu stehen", als es galt, Verantwortung für seinen Ungehorsam zu übernehmen. Lieber wollte er sich ins Meer werfen lassen, als dass alle anderen wegen ihm in Gefahr kämen.

Und dann betete er drei Tage und drei Nächte zu dir in einer Weise, als hättest du ihn schon erhört! Er war sich in seiner finsteren Nacht sicher, dass du diesen Zustand beenden wirst. Er sprach von Rettung, als könne er den Lichtstreif am Horizont schon sehen. Dabei war er noch im Bauch der Todesangst gefangen.

Ach Vater, ich wünschte, ich hätte so ein kleines bisschen vom Gottvertrauen meines großen Bruders Jona in dieser Stunde. Danke, dass jedes ernst gemeinte Gebet zu dir in deinen heiligen Tempel aufsteigen wird. Wie dunkel und ausweglos es auch in der Seele gerade aussehen mag!

Hierfür will ich beten, als hättest du mich schon erhört:

....

....

17. Oktober

Ode an den Tropfen auf den heißen Stein

Du
fällst
nicht vergebens.
Du zerplatzt nicht wie die
Seifenblase: Scherben aus farbigen Spüli.
Du höhlst den Stein stetig, trotzig, beständig
und trägst so das feinheilige Erbe der Hoffnung in dir
das sich im Fallen noch an das tröstliche Wissen klammert
nicht vergeblich zu leben, sich hinzugeben. Nicht lebensmüde.
Nein. Ganz im Gegenteil! Du bist der Inbegriff für Zuversicht.
Dein hoffnungsfroher Glaube hat dich gerettet!

Es ist aber der Glaube eine feste Zuversicht dessen,
was man hofft, und ein Nichtzweifeln an dem,
was man nicht sieht.

Hebräer 11,1 (LUT)

18. Oktober **Fenster putzen**

Liebe Brüder und Schwestern, erinnert euch daran, was unsere Vorfahren während ihrer Wüstenwanderung erlebten. Gott schützte sie durch eine Wolke und leitete sie so sicher durch das Rote Meer.

1. Korinther 10,1 (HFA)

Mein geliebtes Kind

Erinnerungen sind wie die Häuser der Kindheit. Manche mit ordentlichen Räumen, aufgeräumten Schränken und geputzten Fensterscheiben. Aber es gibt auch die Häuser, die verdreckt, verstaubt und mit schweren Vorhängen verdunkelt sind. Letztlich entscheidest du, wie du deine vorherige Wohnstadt verlassen hast und wie du sie in Erinnerung behalten willst.

Ich weiß, dass nicht alles hell, gepflegt und leicht war für dich! Ich weiß auch um die dunklen Abstellkammern. Niemand würdigt die Schmerzen deiner kindlichen Seele so wie ich! Dennoch fordere ich dich heraus zu einer Übung: **Putz die Fenster deines Hauses!**

Durch die verdreckten Scheiben ist alles grau und taub. Wenn du aber beginnst, die Scheiben zu reinigen, dann kann wieder Licht hinein in die Räume und alte Farbe kehrt zurück. Du siehst auf einmal Dinge, die dich glücklich gemacht haben und dankbar. Vielleicht siehst du auch die Dinge klarer, die dich zum Weinen gebracht haben, aber sei ganz getrost: Ich bin mit dir dort! Und deine Tränen werden reinigende Wirkung haben! Ich begleitete dich wie eine Wolke: unfassbar, aber spürbar. Ich leitete dich bei der Durchquerung deines Roten Meeres: Du gingst mitten hindurch. Durch diese Zeit hast du erfahren, dass ich Wunder tue. Erinnere dich immer wieder daran!

Daran will ich mich heute erinnern:

....

....

19. Oktober **Salz für den Eintopf der Welt**

Ihr seid das Salz der Erde. Wenn das Salz seinen Geschmack verliert, womit kann man es wieder salzig machen? Es taugt zu nichts mehr, außer weggeworfen und von den Leuten zertreten zu werden.

Matthäus 5,13 (EÜ)

Lieber Vater im Himmel

Ich frage mich, wie du wohl von mir und meiner Salzigkeit denkst? Salz findet seine Bestimmung ja nicht in sich selbst. Eine Suppe ausschließlich aus Salz und Wasser wäre ungenießbar. Sogar dann, wenn es lebendiges Wasser wäre. Salz gehört untergemischt unter andere Zutaten. Wo es fehlt, wird man das sofort spüren und schmecken. **Das Salzige von uns Christen ist die Hoffnung im Eintopf der Welt!**

Wir dürfen nicht nur, wir sollen uns sogar unters Volk mischen. Salz löst sich auf, damit es seine Kraft entfalten kann. Das hört sich nach Demut an. Aber nach einer kraftvollen, würzigen Demut! Wenn die Christenheit vergisst, zu was sie in der Welt ist, wird sie von den Leuten zertreten. Das kann man ihnen noch nicht einmal übelnehmen, denn das Salz hat dann seine Bestimmung verloren.

Vater, ich sollte aufhören, zu gering von meiner kleinen Kraft zu denken und zu reden. Stattdessen will ich meiner Bestimmung gerecht werden und salzig für meine Umwelt sein!

So soll sich meine Salzigkeit heute zeigen:

....

....

20. Oktober **gottgewollte Schmerzen?**

Seht doch, wie vieles gerade dieser gottgewollte Schmerz bei euch ausgelöst hat: eifriges Bemühen um Wiedergutmachung, Erklärung eures damaligen Verhaltens, Empörung über das, was geschehen war, Furcht vor Gottes Zorn, Sehnsucht nach einem Wiedersehen mit mir, leidenschaftlicher Einsatz für mich und schließlich sogar Bestrafung des Schuldigen.

2. Korinther 7,11a (NGÜ)

Mein geliebtes Kind

Bist du verwirrt über das, was du liest? Gottgewollte Schmerzen waren sicher nicht auf deiner Wunschliste. Es geht mir hier nicht um eine Bestrafung! Es geht um einen Schmerz, der sich einstellt, wenn man den Finger in die Wunde legt. Dieser Seelenschmerz wurde durch menschliches Versagen hervorgerufen. Er ist ein Hinweis darauf, wo etwas noch auf Heilung wartet oder auf Vergebung und Wiedergutmachung.

Schmerzhafte Risse in Beziehungen können zu eitrigen Entzündungen des gesamten Systems führen. Darum ist es gut, sie fachgerecht zu versorgen. Bemühe dich eifrig, die Heilung zu fördern! Ohne Erklärungen wird das nicht gehen. Was hat zur Verwundung geführt? Was tut dir von Herzen leid? Sehnst du dich nach Wiederherstellung? Hört einander wirklich zu! **Geht nicht davon aus, dass der andere doch wissen muss, wie es in euch aussieht.** Er weiß es nicht! Darum müsst ihr miteinander reden, weinen, euch vergeben und manches Mal auch die Konsequenzen tragen. *Der Schmerz, wie Gott ihn haben will, ruft eine Reue hervor, die niemand je bereut.* (2. Korinther 7,10a)

Dieser Schmerz will mich hinweisen auf das, was ich klären möchte:

....

....

21. Oktober **Klimawandel der Seele**

Zerreißt eure Herzen und nicht eure Kleider! Ja, kehrt um zu Jahwe, eurem Gott! Denn er ist gnädig und barmherzig, voller Güte und Geduld. Das Unheil schmerzt ihn doch selbst.

Joel 2,13 (NeÜ)

Mein lieber Jesus

Es zerreißt mir das Herz! Diese Ungerechtigkeit auf unserem Planeten erschüttert mich. Ich schäme mich, dass ich unverdient reich bin und meine Privilegien dennoch viel zu wenig für andere einsetze. Jesus, es zerreißt mir das Herz, wenn ich die Bilder von den Kindern sehe, die als Sklaven gehalten werden. Wenn ich sehe, wie Menschen wie Masttiere eingepfercht in „Auffanglagern" dahinvegetieren. Wenn ich sehe, was wir mit der uns anvertrauten Erde anfangen, dann schäme ich mich, zur „Krone der Schöpfung" zu gehören. Mir geht es wie deinen Zuhörern damals: *Die Zuhörer waren bis ins Innerste getroffen. „Was sollen wir jetzt tun?", fragten sie* (nach Apostelgeschichte 2,37a).

Aber das Schlimmste ist, dass meine Erschütterung, so schnell wie sie kommt, auch wieder verschwindet. Ich habe mich daran gewöhnt. **Ich brauche einen nachhaltigen Klimawandel in meiner Seele!** Bitte mach meine Augen wieder sensibel für die Not! Erwecke das Mitleid aus seinem Winterschlaf. Erbarm dich unser und lege Erbarmen in unsere Herzen!

Gewöhn mein Herz an die Wahrheit!
Heute werde ich hier hinschauen:

22. Oktober **außer Atem**

Ich habe eure ganze Schuld vergeben; sie ist verschwunden wie der Nebel vor der Sonne. Wendet euch mir zu, denn ich werde euch befreien.

Jesaja 44,22 (GNB)

Mein geliebtes Kind

Weißt du noch, als wir zusammen diesen hohen Berggipfel erklimmen wollten? Erinnerst du dich, wie du beim Aufstieg gestöhnt und gekeucht hast? Du warst total außer Atem und der Nebel ließ uns nur wenige Meter weit sehen. Du musstest dich an mir festhalten, weil du immer Angst hattest, vom Weg abzukommen und in die Tiefe zu stürzen. Ganz plötzlich aber waren wir oberhalb der Wolken und standen im gleißenden Sonnenlicht. Der neblige Weg lag hinter uns und wir hatten eine grandiose Aussicht. Nirgends gibt es so schnelle Wetterwechsel wie in den Bergen. Binnen kürzester Zeit waren die Wolken verflogen.

Ich erinnere dich heute daran, weil du wieder einmal denkst, dass der Nebel die Macht hat, dich zu schlucken! Deine Schulden behindern wie damals der Nebel deine Sicht. Sie erschweren deine Atmung und legen sich auf dein Gemüt. Komm zu mir in die Schuldnerberatung und lass dir versichern: *Ich aber habe dich längst erlöst! Ich habe deine Sünden im tiefsten Meer versenkt* (nach Micha 7,19). Sie werden nie wieder auftauchen! Halte dich an mir fest, wir gehen zusammen weiter, bis du das Licht wieder sehen kannst.

Diese Sache erschwert meine Atmung:

....

....

23. Oktober

Kopf und Herz

Wer mit dem Herzen glaubt,
sollte auch mit dem Herzen Entscheidungen treffen.
Wer aus voller Seele glaubt,
sollte auch aus voller Seele Weisheit erstreben.
Warum trennen wir so oft beides voneinander?

Kopf und Herz
Gefühle und Gedanken
Seele und Intelligenz
Liebe und Leben

Und wenn ich prophetisch reden könnte und wüsste alle Geheimnisse und alle Erkenntnis und hätte allen Glauben, sodass ich Berge versetzen könnte, und hätte der Liebe nicht, so wäre ich nichts.
1. Korinther 13,2 (LUT)

Vater, lehre mich, mit ganzen Herzen zu glauben
und dich mit meinen Entscheidungen zu ehren!
Lehre mich, aus voller Seele zu vertrauen
und meine Fragen nicht abzuwehren!
Lehre mich deine Geheimnisse, die Wahrheit über mich.
Wer bin ich, andere zu belehren?
Lehre mich, deiner Liebe zu erlauben,
sich durch meine Hand und durch meine Worte zu vermehren.

24. Oktober **Ganz der Papa**

Ich aber sage euch: Liebt eure Feinde und bittet für die, die euch verfolgen, damit ihr Kinder seid eures Vaters im Himmel.

Matthäus 5,44+45a (LUT)

Mein geliebtes Kind

„Ganz der Papa!" Kinder hören diesen Satz nicht immer gern. Solang sie klein sind, finden sie das toll. In diesem Stadium ist ihr Papa auch noch verklärt. In ihren Augen ist er der Tollste, Schönste, Stärkste … Aber spätestens in der Pubertät werden die Eltern ihren Kindern oft peinlich. In welchem Stadium bist du gerade? Bist du schon über diese jugendliche Rebellionszeit hinweggekommen? Dann solltest du stolz sein, wenn man dich mit mir vergleicht!

An der Liebe zueinander wird jeder erkennen, dass ihr meine Jünger seid (nach Johannes 13,35). An der Liebe zu euren Feinden wird man erkennen, dass ihr meine Kinder seid. Daran, dass ihr für eure Verfolger bittet, wird man erkennen, dass ihr von mir abstammt! Ein Apfel fällt nicht weit vom Stamm!

Diese Liebe ist nicht Bedingung für deine Aufnahme in meine Kinderschar, sie ist ihr Erkennungszeichen! *Ich beschenke euch so reichlich, dass ihr nicht nur jederzeit genug habt für euch selbst, sondern auch noch anderen reichlich Gutes tun könnt.* (2. Korinther 9,8) Falle heute mit dieser geerbten Liebe in deiner Umgebung auf!

Ich bekenne, dass ich in diesem Merkmal dir ähnlicher werden muss:

....

....

25. Oktober **Hunger!**

Als sie aber gesättigt waren, spricht er zu seinen Jüngern: Sammelt die übriggebliebenen Brocken, damit nichts umkomme!

Johannes 6,12 (ELB)

Lieber Vater im Himmel

Danke, dass du mich sättigst! Hunger ist so ein elementares Bedürfnis! Das kann man auf Dauer nicht übergehen. Du weißt um meinen Hunger und sättigst meinen Leib und meine Seele.

Ich bekomme so reichlich, dass ich gar nicht alles aufnehmen kann. So, wie ein Zuviel an Nahrung Übergewicht verursacht, so macht mir vielleicht auch ein Zuviel an geistlicher Nahrung eine Art religiöses Bauchfett? **Vater, ist deine Kirche überernährt und dreht sich viel zu sehr um sich?** Dann brauche ich heute die Erinnerung daran, dass ich mich sattessen darf, aber die „Reste" dann an die verteile, die nichts haben. Mir fallen da ein paar Menschen ein, die offensichtlich großen Hunger haben. Hunger nach Anerkennung, Liebe, ein wenig Mitgefühl oder Freundschaft. Wir Menschen sind getrieben davon.

Das, was du gibst, reicht für alle! Es liegt an meiner Gleichgültigkeit, wenn ich den anderen nicht sehe. Ich gestehe, dass ich mich zu viel um mich und meine Bedürfnisbefriedigung gekümmert habe. Darum, dass ich satt werde und vielleicht noch etwas für später zurücklegen kann, anstatt den Hunger in den Augen meines Nächsten zu sehen. Ich will die übriggebliebenen Reste nicht verkommen lassen, sondern großzügig teilen. So, als gäbe es kein Morgen.

Diesen Hunger meines Nächsten nehme ich wahr und ernst:

....

....

26. Oktober **Glaube = Liebe**

Ihre vielen Sünden sind vergeben, denn sie hat viel geliebt. (...) Jesus sprach zu der Frau: Dein Glaube hat dich gerettet. Geh hin in Frieden!

Lukas 7,47+50 (ELB)

Mein lieber Jesus

Ist diese Gleichung nicht zu einfach? Lieben nicht alle Menschen irgendwie und irgendwen? Manche kennen dich nicht und sind mir dennoch ein großes Vorbild in dieser Sache! Wer viel liebt, dem wird viel vergeben? Und im nächsten Atemzug kommt dann sogar noch Rettung und Frieden hinzu! Und das alles passiert einer Frau, die ganz öffentlich nur „die Sünderin" genannt wird. Augenblicklich verbünde ich mich mit ihr. Ich bin auch eine wie sie. Eine Sünderin. Und es ist egal, ob das öffentlich oder heimlich wahr ist.

Sie bringt ihre ganze Liebe demütig zu dir. Sie gibt nichts auf das, was die anderen denken. Sie verschenkt das Kostbarste, was sie hat, an die Füße ihres Herrn. Das muss Liebe sein! Liebe, die gespeist ist aus einem grenzenlosen Vertrauen in deine Barmherzigkeit. **Wie sie ist, will ich mehr und mehr werden, Jesus, sodass meine Liebe zu dir überfließt und mich unabhängig macht von dem, was andere denken.** Und dass ich mein Kostbarstes an dich zurückgebe: mein Herz!

Und am Ende meiner Tage wünsche ich mir nichts sehnlicher als dass du dann zu mir sagst: *Dein Glaube hat dich gerettet. Geh hin in Frieden!*

Hierin soll sich meine Liebe zu dir heute zeigen:

....

....

27. Oktober **Brandstifter**

Genauso ist es mit unserer Zunge. So klein sie auch ist, so groß ist ihre Wirkung! Ein kleiner Funke setzt einen ganzen Wald in Brand.

Jakobus 3,5 (HFA)

Mein geliebtes Kind

Als ich dem Menschen die Sprachfähigkeit gab, hatte ich all die guten Worte im Sinn, mit denen ihr euch aufbauen und ermutigen würdet. Ich freute mich besonders darauf, diesen Satz mit den drei Worten aus deinem Mund zu hören: „Ich liebe dich!" Was für ein Feuer der Sinnlichkeit liegt darin! Oder diesen hier: „Gott sei Dank!" Er würde dein Herz mit mir in Beziehung bringen. Die Dankbarkeit würde dein Herz erwärmen und erhellen.

Stattdessen nutzt der Mensch die Macht des Feuers zum Brandstiften. Die Worte versengen die Felder, die ich bis zur Ernte gesegnet und beregnet hatte. Und als wäre das nicht schon schlimm genug, richtet der Mensch böse Worte sogar gegen sich selbst. Er wertet den ab, den ich doch über alles liebe. Ach, liebes Kind, ich bin bereit, die Brandstiftung zu vergeben! Dennoch wirst du mit manchen Konsequenzen der von dir gelegten Flächenbrände leben müssen. Um die verkohlten Schneisen der Zerstörung zu heilen, gebe ich dir diese Weisung: **Gib acht auf deine Zunge! Was du sagst, hat gewaltige Auswirkungen!** Im Negativen wie im Positiven. Nutze deine Stimme für das Lob und du wirst erfahren, wie froh dein Herz dabei wird. Nimm dir um deinetwillen vor: *Ich will den HERRN loben allezeit; sein Lob soll immerdar in meinem Munde sein* (Psalm 34,2).

Für diese Brandstiftung werde ich mich heute entschuldigen:

....

....

28. Oktober **Der Seele einen Korb geben**

Doch schließlich konnte sie ihn nicht mehr verbergen. Sie nahm einen Korb aus Schilfrohr und dichtete ihn mit Erdharz und Pech ab. Dann legte sie das Kind hinein und setzte es im Schilf am Nilufer aus.

2. Mose 2,3 (HFA)

Mein geliebtes Kind

Mutterseelenallein warst du nie! Keine Mutter gibt ihr Kind einfach so her. Vielleicht fühlst du dich dennoch ähnlich ausgesetzt wie Mose, verloren im Wasser treibend. **Als hätte jemand deiner Seele einen Korb gegeben und sie ausgesetzt und nur der Himmel sieht zu.** Nur der Himmel hört die Schreie des hungrigen Menschenkindes.

Wenn die Wogen der Heimatlosigkeit gierig nach deinem Herzen greifen, wenn du dich mit einem diffusen Gefühl des Verlorenseins herumschlägst, dann fragst du dich vielleicht: *Mein Gott, mein Gott, warum hast du mich verlassen, bleibst fern meiner Rettung, den Worten meines Schreiens?* (Psalm 22,2) Diese Frage ist berechtigt! Ich würdige den Schmerz. Aber wer nicht hoffen will, mag vielleicht auch nicht gerettet werden? Hast du dich eingeigelt in deinen Klagekorb, ihn vielleicht zu deinem Zufluchtsort gemacht?

Auch wenn es gefühlsmäßig für Mose keinen Unterschied machte: Seine Mutter liebte ihn! Sie tat alles, damit er leben konnte! So wie Mose in dem Körbchen treibend geliebt und gerettet war mitten in den Wogen, so ist auch deine Seele geliebt und gerettet in meinen Armen, mein Kind! Ich höre auf dein Schreien!

Danke, dass ich diesen Schmerz hinausschreien darf:

....

....

29. Oktober **mutwillig**

Und als Jesus von dort wegging, sah er einen Menschen am Zoll sitzen, der hieß Matthäus; und er sprach zu ihm: Folge mir! Und er stand auf und folgte ihm.

***Matthäus* 9,9 (LUT)**

Mein Jesus

So einen Mut will ich
Und er stand auf und folgte ihm!
Einfach so?
Ist das nicht furchtbar naiv
oder sogar mutwillig infantil?
Aber ist es besser
am Zoll sitzen zu bleiben
und sich die Taschen voll
und das Herz leer zu machen?
Wenn mein Vertrauen nicht reicht
ist die Sehnsucht vielleicht
noch nicht groß genug?
Oder der Mut zu klein?
Mut will ich
diesem Jesus zu folgen
Einfach so
Mut endlich aufzustehn
nicht den andern nur zusehn
wie sie über die Grenze hinübergehn
selber losgehn ist vielleicht nicht so schwer
Jesus hinterher
einfach so
mutwillig vertrauensselig

30. Oktober **Mutspendedienst**

Jeder von uns soll das Wohl des anderen im Blick haben und so leben, dass er ihn zum Guten ermutigt und im Glauben stärkt.

Römer 15,2 (HFA)

Mein geliebtes Kind

Mutspende kann Leben retten! Denke nicht klein von deinen Möglichkeiten, sondern denke groß von meinen! Du musst den Mut ja nicht erfinden! Aber du darfst ihn entgegennehmen und etwas davon weitergeben. Ihn teilen mit denen, die ihn gerade überlebensnötig haben! So viele Menschen in deiner Nachbarschaft leiden an Mutarmut und sehnen sich nach echter Zuversicht und nachhaltiger Hoffnung.

Deine Mutmenge nimmt nicht ab, wenn du zum Spenden gehst. Ich habe dich wunderbar geschaffen und sorge für einen Ausgleich. Ich werde nicht zulassen, dass deine Mutspende in einem spirituellen Aderlass endet! Es ist nicht in meinem Sinne, wenn du auf Kosten anderer ausblutest. Jesus hat sein Blut gegeben und das ist ein für alle Mal genug! Du musst deinen Nächsten also nicht retten. Aber du darfst ihm aufhelfen, ihn an die Hoffnung erinnern, ihm Aufmerksamkeit und freundliche Nächstenliebe entgegenbringen. *Macht also einander Mut und baut euch gegenseitig auf, wie ihr es ja auch jetzt schon tut.* (1. Thessalonicher 5,11)

Diesen Mutspendetermin werde ich wahrnehmen:

....

....

31. Oktober **Schluss mit der PlageGeisterStunde**

Er aber sprach zu ihr: Meine Tochter, dein Glaube hat dich gesund gemacht; geh hin in Frieden und sei gesund von deiner Plage!

Markus 5,34 (LUT)

Mein geliebtes Kind

Du warst unberührbar. Nicht, weil dir das Feingefühl fehlte. Nicht, weil du es so gewollt hättest. Nicht, weil dein Herz die Sehnsucht nach Nähe nicht kannte. Nein, sondern deine „Plage“ machte das mit dir. Ohne dein Zutun oder dein Einverständnis. Aber selbst wenn da ein tiefsitzendes Gefühl von „selber schuld“ in dir herumlungert, brauchst du ihm ja nicht noch ein Kissen bringen. Auch wenn das gefräßige Minderwert-Monster alles feiert, was dich runterzieht, musst du ihm ja nicht noch Futter bringen.

Meine Tochter! Darf ich dich so nennen? Das soll nicht übergriffig sein, sondern ich lege all meine väterliche Liebe und Fürsorge in diese Anrede. Meine Tochter! Mein Sohn! Bitte glaube ihnen nicht, diesen Plagegeistern. Bitte glaube stattdessen an mich! Wenn du mir glaubst, dann wirst du auch meinen Worten Vertrauen schenken. Sie lauten: Ich bin ein anfassbarer Gott. Ich berühre, aber begrapsche dich nicht. Jede von dir gesetzte Grenze akzeptiere ich. In meinen Augen bis du nie unrein gewesen. Im Gegenteil! *Was Gott für rein erklärt hat, nenne du nicht unrein!* (Apostelgeschichte 10,15) Dein Glaube an mich und meine wahren Heilandworte machen dich gesund! Vertraue darauf, auch wenn dieser Prozess sich länger hinzieht.

Diesem alten Plagegeist möchte ich keinen Raum mehr geben:

....

....

1. November **Wer bist du?**

Dann aber redete der HERR mit Hiob. Er antwortete ihm aus dem Sturm: „Wer bist du, dass du meine Weisheit anzweifelst mit Worten ohne Verstand?“

Hiob 38,1-2 (HFA)

Lieber Vater im Himmel

Du fragst aus dem Sturm: „Wer bist du?" Und ich erschauere zutiefst, weil ich die Antwort nicht kenne. **Wenn ich ehrlich bin, verstehe ich noch nicht einmal die Frage so richtig.** Denn ich hatte mich in meiner Selbstgerechtigkeit eingerichtet. Ich hatte, weiß Gott, meinen Verstand doch benutzt! Und nun weiß Gott es doch besser?

Du fragst aus dem Sturm: „Wer bist du?" Und ich schäme mich zutiefst, denn ich hatte keinen Grund für Zweifel. Ich hatte noch nicht einmal genug Verstand, den Grad deiner Weisheit zu erahnen. Du bist Gott und wer bin ich?

Du fragtest aus dem Sturm: „Wer bist du?" *Und Herr, ich kannte dich nur vom Hörensagen, jetzt aber habe ich dich mit eigenen Augen gesehen!* (Hiob 42,5) Herr, ich erkenne, dass du ALLES zu tun vermagst. Ich verneige mich vor dir und deiner Weisheit. Und ich weiß nun, dass ich deine Stimme heraushören kann aus dem Sturm. Nicht, weil meine Ohren so großartig wären, sondern weil du dich in großer Barmherzigkeit offenbarst!

Meine Selbstüberschätzung zeigt sich gern in diesem Bereich:

....

....

2. November **Liebe ist das Gesetz**

Als die Menschen hörten, was im Gesetz stand, begannen sie zu weinen.

Nehemia 8,9a (HFA)

Mein geliebtes Kind

Wann hast du das letzte Mal geweint, als dir bewusst wurde, um was es mir eigentlich geht? Kannst du dir vorstellen, was mich wirklich traurig macht? Wenn mein Gesetz dahingehend interpretiert wird, dass es das Wichtigste ist, moralisch einwandfrei zu leben, die richtigen Bibelverse zu kennen und zu wissen, was verboten ist. Wenn dieses vermeintliche „Wissen“ dann noch dazu genutzt wird, deine Mitmenschen abzuwerten oder zu übersehen, dann kannst du sicher sein, dass du noch nicht verstanden hast, was in meinem Gesetz steht: *Sie aßen und tranken und teilten mit denen, die selbst nichts besaßen, denn sie hatten verstanden, was man ihnen verkündet hatte.* (Nehemia 8,12)

Liebe ist das Gesetz! Liebe, die den anderen sieht, der weniger hat als du! Liebe, die dem andern zuhört, der mit anderen Herausforderungen zu kämpfen hat als du. Liebe, die mit dem teilt, der Mangel hat – woran auch immer. Du darfst essen und trinken und mit Freude dein Leben leben. Ich habe NICHTS davon, wenn du dir nichts gönnen magst. Aber alle haben etwas davon, wenn ihr miteinander teilt.

Ich habe so viel! Meiner Dankbarkeit werde ich heute Ausdruck verleihen mit …

3. November **Heraus-Forderung**

Noch einmal sagte David zu seinem Sohn Salomo: „Geh mutig und entschlossen an diese Aufgabe heran! Lass dich nicht beirren und hab keine Angst, denn der Herr, mein Gott, wird dir beistehen. Er wird sich nicht von dir abwenden und dich nicht im Stich lassen, sondern wird dir helfen, alle diese Arbeiten an seinem Tempel zu vollenden.“

1. Chronik 28,20 (GNB)

Mein geliebtes Kind

Herausforderungen sind keine Feinde! Nimm dich in Acht vor der vernichtenden Entmutigung oder vor der gierigen Angst, aber befreunde dich mit deinem Problem. Bleib mit ihm im Gespräch! Herausforderungen, denen du nicht ins Gesicht sehen magst, lähmen dich. Sie machen dich handlungsunfähig. Dabei liegen sie dir im Weg, um dich herauszulocken aus deiner Komfortzone, wollen deine Kreativität schulen, dein Vertrauen trainieren und deine Fähigkeiten fördern. Sie sind wie weise Väter, die ihrem Kind einiges zumuten, um sie auf das Leben vorzubereiten. Du traust dir nicht genug zu?

Erst mit dem Annehmen dieser Herausforderung wirst du in deine ganze Stärke hineinwachsen. *Ich lehre dich, die Waffen zu gebrauchen!* (2. Samuel 22,35) Unterschätze nicht die Multiplizierung deiner Kraft durch meinen väterlichen Segen, der sich über deinen vertrauensseligen, mutigen Schritten ausbreitet. Zuversichtlich darfst du in deinen Tag gehen und den Herausforderungen herausfordernd ins Auge sehen.

Ich nehme die Herausforderung an, dass …

....

....

4. November **Nicht von dieser Welt**

Was ich euch hinterlasse, ist mein Frieden. Ich gebe euch einen Frieden, wie die Welt ihn nicht geben kann. Lasst euch nicht in Verwirrung bringen, habt keine Angst.

Johannes 14,27 (NeÜ)

Lieber Vater im Himmel

Wenn du mich mit deiner Gegenwart überraschst, wird das Laute leise werden. Du hinterlässt Frieden, der nicht von dieser Welt ist. ***Du legst deine rechte Hand auf mich und sagst: „Fürchte dich nicht! Ich bin der Erste und der Letzte, und ich bin der Lebendige."*** (nach Offenbarung 1,17) Weil du Stille in mein Herz füllst, muss der Lärm in mir schweigen, der sich so gern dort breit macht. Weil du mit Wahrheit den Raum füllst, ist dort kein Platz mehr für Lüge und Abwertung. Weil du Frieden bringst, muss das Gezerre um Anerkennung aufhören. Weil Gnade dein Gastgeschenk an mich ist, müssen die Anklagen verstummen.

Weil Barmherzigkeit zäher und stärker ist als jeder Angriff des Bösen, will ich mein Herz weicher machen und nicht noch härter. Es soll große Poren haben, durch die die Liebe frei hin und her diffundieren kann. Wenn ich so bei dir bin, geschieht das, was man wohl Heilung nennt. Du in mir! Du machst das Schwache stark. Du liebst das Verwundete gesund. Du tröstest das Traurige. Du machst das Laute leise. Wo du bist, da ist Hoffnung und Frieden!

Im Lärm des Tages will ich mir das wieder in Erinnerung rufen:

5. November **quellfrische Hoffnung**

Möge Gott, die Quelle der Hoffnung, euch im Glauben mit Freude und Frieden erfüllen, damit eure Hoffnung durch die Kraft des Heiligen Geistes immer stärker wird.

Römer 15,13 (NeÜ)

Mein geliebtes Kind

So wie die Erde ohne Wasser nicht bestehen kann, so kann der Mensch nicht ohne Hoffnung leben. Ich lade dich ein, zur Quelle zu kommen! Dein Herz ist zu schwer geworden und quält sich mit Sorgen herum. Das, was auch in deinem Glauben dir schmerzlich fehlt, ist Freude und Frieden.

Hast du vergessen, dass dein Glaube gerade das in dein Herz schwemmen soll? Ich kenne doch die Lebensumstände, die dich besorgen und belasten. Es gibt kein wirksameres Gegenmittel dafür als widerspenstige, trotzige Hoffnung! Hoffnung, die sich nicht zerhacken lässt von Zweifeln, Sorgen oder Misserfolgen. Hoffnung, die mehr verspricht als reine Existenzsicherung und die ihre Versprechungen auch hält. Hoffnung, die gespeist ist aus der Quelle selbst und darum nicht versiegen wird. Hoffnung, die durch die Kraft meines Heiligen Geistes sich in deinem Herzen vermehren wird. *In dieser Hoffnung wirst du nicht enttäuscht, denn ich habe mit dem Heiligen Geist auch meine Liebe in den Herz ausgegossen* (nach Römer 5,5). Lebe nun heute erfrischt von der Quelle als Hoffnungsspender in deiner Welt!

Diesen Zugang zur Hoffnungsquelle will ich (wieder) finden:

....

....

6. November

Vater

Bei dir berge ich mich, wenn die Angst überhand nehmen will.
Bei dir berge ich mich in meiner Zerbrechlichkeit,
meiner Verzweiflung, meinen Fehlern.
Es ist gut, diesen Ort bei dir zu haben!
Ich weiß, du empfängst mich mit offenen Armen.
Du stellst keine Bedingungen,
machst deine Liebe nicht abhängig von meinem Verhalten.
Darum lege ich vor dir nieder, was mich ängstigt.
Ich lege vor dir nieder, was mich beschämt hat.
Ich lege vor dir nieder, was mir die Hoffnung geraubt hat
und das Vertrauen.
Ich lege auch das Unaussprechliche vor dir nieder.
Das, was nach Frieden seufzt und
das, was nach Rache schreit.
Ich lege alles nieder in deine Hand,
die den Schmerz kennt
und die Ohnmacht
Ich lege alles nieder vor dir, mein Gott.

Doch wenn ich Angst bekomme, vertraue ich auf dich.

Psalm 56,4 (NeÜ)

7. November **Die Wahrheit in Person!**

Jesus spricht zu ihm: Ich bin der Weg und die Wahrheit und das Leben. Niemand kommt zum Vater als nur durch mich.

Johannes 14,6 (ELB)

Mein geliebtes Kind

Die Wahrheit ist keine abstrakte Weisheit. Sie ist nicht das Gegenteil der Lüge. Wahrheit ist auch nicht das, was übrigbleibt, wenn mein Wort geprüft und gefiltert wurde. Sie ist nicht das Ziel der Suche nach Sinn und Erleuchtung und Erkenntnis. Die Wahrheit ist eine Person!

Jesus Christus, der für dich lebte, liebte, starb und auferstand, er verkörpert die Wahrheit: Dass ich der Gott bin, der den Menschen sieht! In seinem Sehnen nach Wahrheit, nach Annahme und Sinn. Ich bin ein Mensch geworden. Damit die Wahrheit nicht abstrakt bleibt, sondern anfassbar wird. In Jesus kannst du sehen und verstehen, wie ich bin. *Meine Liebe zu dir ist sichtbar geworden, als ich meinen einzigen Sohn in die Welt sandte, damit du durch ihn leben kannst* (nach 1. Johannes 4,9).

Wenn Jesus Christus die Wahrheit ist, dann gibt es keinen Grund, sie länger zu fürchten. Denn er ist ebenso die Liebe in Person! Warum solltest du also irgendetwas zurückzuhalten oder verbergen wollen? Je mehr Wahrheit du in deinem Herzen zulässt, desto freier wird es werden. Meine Wahrheit hat die Macht, dein Leben zu verändern.

Ich lege dich Befürchtung ab, dass …

....

....

8. November **meilenweiter**

Und wenn jemand von dir verlangt, eine Meile mit ihm zu gehen, dann geh zwei mit ihm.

Matthäus 5,41 (NGÜ)

Mein geliebtes Kind

Eine Zumutung ist diese Aufforderung, findest du? Wenn er jedenfalls höflich gefragt hätte! Aber diese Leute bitten nicht, sie verlangen! „Je mehr er hat, je mehr er will!" Das weiß doch jedes Kind. Und wenn man ihm heute zwei Meilen anbietet, dann wird er morgen vier verlangen. Ich will nicht, dass man deine Freundlichkeit ausnutzt! Dieser Satz ist kein Freibrief für Grenzüberschreiter!

Aber vielleicht ist heute der Tag, an dem du das erste Mal feststellst, dass du nicht immer derjenige bist, der großzügig eine weitere Meile verschenkt, sondern du bist auch der, der andere überfordert?! Du bist der, dem mehr geschenkt wurde, als er dachte, dass es ihm zustünde. **Ich bin mit dir weit gegangen.** Aus freien Stücken. Erinnerst du dich?

Wenn das Wissen um diese geschenkte Liebe in deinem Herzen angekommen ist, dann wird sie dich verändern. Du wirst mir ähnlicher werden wollen und freiwillig meilenweiter gehen, als man es je von dir verlangt hätte.

Diesem Menschen will ich heute eine Meile „schenken":

....

....

9. November

WildGänseHaut-Gefühl

Ich trage die Novemberbluse heute hochgeschlossen
Die Farben sind vom Sommer bleich, das Pulver längst verschossen
Mein Herz mit schwarzem Trauerrand klappert mit losen Zähnen
Wir geben sachte uns die Hand: „Ich werd‘ die Kälte zähmen
Ich hege dich und halt dich warm, bin Hüter deiner Seele
Ich halte dich in meinem Arm, wenn ich die Schäfchen zähle
die Nacht um Nacht komplizenhaft dir Seelenruhe stehlen

Ich weiß, du frierst, ich seh‘ den Frost in rauhgereiften Augen
Kein Winter und kein grauer Rost soll dir die Hoffnung rauben
Ich stricke Seelensocken dir für kalte Wintertage
und Schal und Mütze für dein Herz gegen Novemberklage
Mein Herzchen und dann mach dich leicht
ich werd‘ dich, bis die Kälte weicht
in meinen Armen tragen.“

Er wird seine Herde weiden wie ein Hirte. Er wird die Lämmer in seinen Arm sammeln und im Bausch seines Gewandes tragen und die Mutterschafe führen.

Jesaja 40,11 (LUT)

10. November **Leibwächter der Nacht**

Während der Nacht, in der sie der Herr aus Ägypten herausführte, wachte er über sie. Seitdem ist diese Nacht für alle in Israel eine Nacht, in der sie zur Ehre des Herrn wach bleiben.

2. Mose 12,42 (GNB)

Mein geliebtes Kind

Weißt du noch, wie die Nacht dich früher geängstigt hat? Wenn du manchmal wach lagst und auf die Geräusche hörtest, ergriff dich die Angst. Du konntest dich nicht dagegen wehren. Sie war in der Dunkelheit einfach auf einmal bei dir. Der Tag war dann eine für dich unerreichbare Dimension. Ich wachte bei dir und ließ dich keinen Moment allein. Selbst in den Momenten, in denen du dich total verlassen und verloren fühltest, war ich der Leibwächter in der Nacht. Ich führte dich heraus aus der Dunkelheit deiner Angst. Sie musste dich ziehen lassen.

Wenn die Angst dich wieder einmal zurückhaben will, dann verweigere ihr das Bleiberecht in deinem Herzen! Erinnere dich an den Auszug aus der Sklaverei. Die Sklaventreiber und Ankläger deiner Seele mussten sich geschlagen geben vor meiner Macht. Wenn die Angst heute wieder einmal zurückkommen will, dann trete mutig vor sie und sage ihr ins Gesicht, dass du ihr nicht mehr gehörst. Rufe deinen Leibwächter zu Hilfe! Wenn du heute Nacht wach liegst, dann nutze die Stille zum Ausruhen in meinen Armen.

Diesen Satz lerne ich auswendig, um mich in Angstnächten daran zu erinnern:

....

....

11. November **Die Schwäche entmachten**

Als aber Jesus sie sah, rief er ihr zu und sprach zu ihr: Frau, du bist gelöst von deiner Schwäche!

Lukas 13,12 (ELB)

Mein lieber Jesus

„Du bist gelöst von deiner Schwäche", sagst du, aber ich hänge noch an dem alten Gefühl fest. Nicht, dass ich es gern hätte – es ist wohl mehr zu einer Gewohnheit geworden. Schon als du mich ansahst, hätte ich die Kraft spüren müssen, die von dir ausgeht. Gesehen zu werden nimmt der Schwäche die Macht.

„Du bist gelöst von deiner Schwäche", sagst du, aber ich weiß noch nicht, was an ihre Stelle dann rücken soll. Wird es mir gefallen, oder habe ich mich mit der Schwäche schon arrangiert? Gefällt sie mir sogar vielleicht ein bisschen? **Bin ich überhaupt glücklich mit der mir frisch zugedachten Stärke?** Einsicht nimmt der Schwäche die Macht.

„Du bist gelöst von deiner Schwäche", sagst du und ich richte mich ganz langsam auf. Zaghaft. Das erste, was ich zu sehen bekomme, ist das Lächeln in deinen Augen. Und den Frieden, der mir entgegenstrahlt. *Ich will singen von deiner Stärke und am Morgen jubelnd preisen deine Gnade; denn du bist mir eine Festung gewesen und eine Zuflucht am Tag meiner Not.* (Psalm 59,17) Das nimmt der Schwäche die letzte Macht.

Könntest du mich hierin heute bitte aufrichten?

12. November **müde**

Mach dich auf, meine Freundin, meine Schöne, und komm! Denn siehe, der Winter ist vorbei, die Regenzeit ist vorüber, ist vergangen. Die Blumen zeigen sich im Lande, die Zeit des Singens ist gekommen, und die Stimme der Turteltaube lässt sich hören in unserm Land.

Hoheslied 2,10b-12 (ELB)

Lieber Vater im Himmel

Wie jedes Jahr sehe ich voller Bewunderung den Eichhörnchen beim Schätzesammeln zu. Emsig sammeln sie Nüsse und Eicheln vor meinem Fenster. Wie viele gute Erntejahre habe auch ich schon erlebt? Du schenktest Jahre voller goldener Schätze und meinen Händen die Kraft, sie zu bergen. Aber in diesem Herbst komme ich mir vor wie ein Eichhörnchen mit müden Füßen und schweren Pfoten. Du lässt zwar Früchte reifen und um mich herum sammeln auch alle fleißig. Nur ich wünsche mich sehnlichst in den Winterschlaf. Ich habe keine Motivation, den angefrorenen Boden aufzubuddeln, um die Beute zu sichern.

„Meine Liebe", höre ich da deine zärtlichen Worte in meinem Herzen. „Es wird nicht ewig Winter sein! Schenke deiner Seele die Ruhe, nach der sie dürstet. Komm und iss von den reichen Vorräten. Sei dir auch nicht zu schade, andere zu bitten, dir etwas abzugeben von ihrem Segen. Wie oft hast du in der Vergangenheit mit anderen voller Freude geteilt. **Bringe sie nun nicht um eben diese Freude!** Und dann richte deine Hoffnung auf das Kommende! Die Zeit des Singens und der Blumen wird auch in deinem Herzen wieder einziehen."

Diesen Freund werde ich heute bitten, mir etwas abzugeben:

13. November

Faust-Pfandrückgabe

Ich gebe das Faustpfand ab
und mein ungutes Recht auf Rache
Kein fauler Kompromiss
sondern Entgegenkommen und Begegnen und Verstehen

Ich gebe das Faustpfand ab
und meine geizigen Hintergedanken
kein notgedrungenes Erpressen
sondern Großzügigkeit und Unterstellung guter Motive

Ich gebe das Faustpfand ab
und mein hartnäckiges Schweigen
kein kalter Krieg
sondern Dialog und Mauerfall und Händereichen

Ich gebe das Faustpfand ab
und trage nichts mehr hinterher
aus freien Stücken
um unsere Herzen zu befrieden

Geht nachsichtig miteinander um und vergebt einander, wenn einer dem anderen etwas vorzuwerfen hat. Genauso, wie der Herr euch vergeben hat, sollt auch ihr einander vergeben.

Kolosser 3,13 (NGÜ)

14. November **Schattenschätze**

Nur als ein Schattenbild wandelt der Mann einher, nur um Nichtigkeit lärmen sie, er häuft auf und weiß nicht, wer es einsammeln wird.

Psalm 39,7 (ELB)

Lieber Vater im Himmel

Ich will nicht nur ein Schatten meiner selbst sein! Ein Schatten lebt nicht, kann nichts aus sich heraus tun und nimmt anderen auch noch das Licht zum Leben. Ich will nicht, dass mein Leben vorüberzieht wie ein Schattentheater, von dem nichts bleibt. Nicht einmal Fußspuren. Alles in mir schreit, wenn ich von meiner Vergänglichkeit höre! Nichts von dem, was ich hier angesammelt habe an Schätzen oder Erfolgen, wird Bestand haben. Wenn ich mir das vor Augen halte, revolutioniert das meine Prioritäten und rückt meine Gedanken zurecht.

Vater, bitte erlöse mich aus dem Schattendasein und mache mich mehr und mehr zu einem Kind des Lichts! Licht wirft keinen Schatten. Licht macht nur heller. Je mehr deine Liebe in mir wohnt, desto mehr Platz wird für dein Licht in mir sein. Licht, das bis hinüber in die andere Wirklichkeit reicht. Licht, das mich einmal begleiten wird in deine Dimension. Licht, an dem andere sich orientieren können und an dem sie sich wärmen können. Licht, das sie neugierig macht auf dich.

Dieser Schatten liegt noch auf mir und sehnt sich nach Licht:

15. November **Sonderangebot**

Deshalb müssen wir alles daransetzen, dass keiner von uns das Ziel verfehlt. Denn Gottes Zusage, uns seine Ruhe zu schenken, ist noch nicht erfüllt. Auch uns gilt ja diese gute Botschaft, die Gott unseren Vorfahren gab. Ihnen freilich nutzte dies nichts; denn sie haben Gottes Zusage zwar gehört, aber sie vertrauten Gott nicht.

Hebräer 4,1-2 (HFA)

Mein geliebtes Kind

Jedes meiner Gebote für dich ist zugleich auch ein An-Gebot! Und dass du ruhen sollst am siebten Tag ist sogar ein ganz besonders wertvolles Sonder-Angebot, denn es ist nur der Menschen wegen in Kraft getreten. Ich möchte nicht, dass du dich völlig verausgabst und dich als meinen Diener siehst. Du bist doch mein Kind und ich will nur das Allerbeste für dich!

Dass in diesem Angebot eine kostbare Verheißung steckt, ist vielen nicht bewusst. **Warum vertraust du deinem Gutdünken mehr als meinem Gut-denken?** Ich habe Gutes mit dir im Sinn und möchte in einer Liebesbeziehung zu dir leben. Das ist die Verheißung, die in diesem Sonder-Angebot versteckt ist: Die Zeit, die wir gemeinsam in der Ruhe sind, hat das Potential, dein Leben reicher zu machen als jeder Arbeitslohn das je könnte. Ich schenke dir Ruhe, aber es kostet dich Vertrauen. Vertrauen, dass dieses Geschenk so wertvoll ist, dass du alles daransetzen solltest, es zu bekommen. Bitte vertrau mir, mein Kind! Du bist es mir wert, dass ich mir für dich jederzeit frei nehme werde.

Hierin will ich dir mehr vertrauen:

....

....

16. November **ebenbürtig**

Dann sprach Gott, der HERR: Es ist nicht gut, dass der Mensch allein ist. Ich will ihm eine Hilfe machen, die ihm ebenbürtig ist.

1. Mose 2,18 (EÜ)

Mein geliebtes Kind

Es ist nicht gut, wenn der Mensch allein ist! Er braucht den andern. Jemanden auf Augenhöhe, an dem er sich reiben kann. Mit dem er sein Herz und seine Rippe teilen kann. Jemanden, der ihn ergänzt, bestätigt und in Frage stellt. Jemanden, mit dem er lachen kann und weinen. Der Mensch braucht keine Haushaltshilfe! Aber er braucht diese Hilfe, die ihm ebenbürtig ist, gleich-wertig, aber dennoch vollkommen anders.

Es ist nicht gut, wenn der Mensch allein ist! Du brauchst jemanden, der dich rettet, wenn du das Beten verlernt hast. Du brauchst jemanden, der dich zum Arzt begleitet, wenn du selbst zu schwach zum Weitergehen bist. Du brauchst jemanden, der die Stimme für dich erhebt, wenn Not sie dir verschlagen hat. Du brauchst jemanden, der dich daran erinnert, weiter zu atmen, wenn deine Welt stehen geblieben ist. Du brauchst jemanden! Und jemand braucht dich! *Was ihr umsonst bekommen habt, das gebt umsonst weiter!* (Matthäus 10,8)

Für diesen Menschen will ich heute so eine Hilfe sein:

....

....

17. November **Hinters Licht führen?**

Nein, das Evangelium ist uns von Gott selbst anvertraut, der uns geprüft und für zuverlässig befunden hat, und wir verkünden es in der Verantwortung vor ihm. Es geht uns nicht darum, Menschen zu gefallen, sondern ihm, der unser Innerstes kennt und prüft.

1. Thessalonicher 2,4 (NGÜ)

Lieber Vater im Himmel

Weißt doch noch, dass ich dir früher meine kindlichen Ausreden auftischen wollte? Ich dachte damals wohl wirklich, dass man dich hinters Licht führen kann! Das Licht selbst in den Schatten zu stellen ist aber unmöglich und aberwitzig. *Du aber enthüllst die unergründlichsten Geheimnisse und weißt, was im Dunkeln verborgen ist, denn du selbst bist vom Licht umgeben* (nach Daniel 2,22).

Heute bin ich froh, dass du mein Innerstes kennst! Ich kenne mich dort nämlich oft selbst nicht aus. **Vater, bitte erhelle mein Innerstes mit deinem Licht. Bitte hilf mir beim Ordnung machen in meinen Gedanken und Gefühlen.** Bitte prüfe mich und weise mich auf die Dinge hin, die wir zwei angehen müssen, damit ich meinem Auftrag besser gerecht werden kann. Ich staune darüber, dass du mir dein Evangelium anvertraust! Was für eine Ehre für einen Menschen wie mich, der so viele Fehler macht. Du hast mein Innerstes geprüft und hast mich für zuverlässig befunden, in meinem Umfeld dein Sprachrohr zu sein. Das verblüfft mich. Lass mich heute in deinem Namen ein Segen sein!

Damit ich der Prüfung standhalten kann, möchte ich …

....

....

18. November **klugscheißen verboten**

Alles ist erlaubt, aber nicht alles erbaut.

1. Korinther 10,23b (ELB)

Mein geliebtes Kind

Du weißt, dass Freiheit die Grundbedingung für Vertrauen ist. So wie ich dich nicht zwingen kann, mir zu vertrauen, so kannst du auch anderen nicht das aufzwingen, was du an Erkenntnis hinzugewonnen hast. **Ich schreibe mit jedem seine eigene Geschichte.** Ihr Menschenkinder werdet NIE gleichzeitig an derselben Stelle eures Lebensdrehbuches arbeiten. Das, was du gerade an Weisheit gewinnen darfst, muss nicht zwingend für deinen Nächsten auch gerade wichtig sein. Das zu respektieren erfordert ein gewisses Maß an Demut von dir!

Alles ist dir erlaubt, aber nicht alles erbaut! Lebe und rede so, dass andere an dir meine Liebe und Barmherzigkeit erkennen können. Selbst wenn du in deiner Freiheit manche Erkenntnis hinzubekamst, heißt das nicht, dass du tun und lassen solltest, was du willst. Um deinetwillen, aber auch um deines Nächsten willen, bitte ich dich, unanstößig zu leben. Halte dein Gewissen rein und deine Worte und Gedanken heilig. Und wo das nicht gelingt, zögere nicht, um Vergebung zu bitten. Gnade ist in unbegrenzter Menge vorhanden! Dieser heutige Tag ist eine wunderbare Gelegenheit, die neue Erkenntnis auszuprobieren.

Vater, in dieser Sache überfordere ich meine Mitmenschen oft:

19. November **Am Anfang des Flehens**

Am Anfang des Flehens ist ein Wort ergangen und ich bin gekommen, um es dir mitzuteilen. Denn du bist ein Vielgeliebter.

Daniel 9,23 (ELB)

Mein geliebtes Kind

Schon bevor dein Mund sich öffnete, um die Bitten vor mich zu bringen, habe ich die Antwort darauf in Auftrag gegeben. Ich warte nicht erst, bis du ausgeredet hast. Du muss mich nicht erst umstimmen mit deinem Flehen.

Ich sehe ja, wie es dir geht. Du bist doch mein vielgeliebtes Kind! Wer sagt, dass Liebe blind macht, hat das Wesen der Liebe nicht verstanden. Sie sieht, was für andere unsichtbar ist. Sie erkennt, was sonst niemand versteht und sie fühlt, dass sie weiß, was sie fühlt.

Gerade in deinen Klagen und Fragen lasse ich dich doch nicht allein. Meine Nachricht soll dir zeigen, wie sehr ich dich liebe. Ich schicke Menschen mit Engelsworten, die dir diese Botschaft bringen. Auch verschiedene Zeichen meiner barmherzigen Fürsorge lasse ich dich sehen. Für dich offenbare ich mich darin! Am Anfang deines Flehens schon habe ich das beschlossen. Du darfst getrost auf mein Eingreifen warten. *Deine Geduld vertieft deinen Glauben, und das wiederum stärkt deine Hoffnung* (nach Römer 5,4). Ich bin dein Vater, der dich zärtlich, leidenschaftlich und bedingungslos liebt und der dich wild entschlossen verteidigt gegen das, was dich bedrängt.

Diese Zeichen habe ich gesehen, aber nicht erkannt:

....

....

20. November

TränenReichtum

Gute Tröster diese
Trauer Tränen
Treiben den Schmerz hinaus
tröpfchenweise
leise
steter Tropfen
höhlt den steinernen Schutzwall
schwemmt den Schmutzschwall
aus der wunden Seele

Schütt dein Herz aus
lass es laufen und rinnen
Heilung keimt innen
Salzwasser kommt und geht
schon seit Urgezeiten
in Wellen
die Flut wird abschwellen
geläuterte Klagezeit heilt alle Wunden
Leid feilt an den Schrunden
und wird dann
tränenreich
gesunden

Zähle die Wege meiner Flucht; fasse meine Tränen in deinen Krug. Ohne Zweifel, du zählst sie.

Psalm 56,8 (LUT)

21. November **Geschwisterliebe**

Und noch etwas möchte ich euch sagen, und das gilt für alle: Haltet einmütig zusammen! Nehmt Anteil am Leben des anderen und liebt einander als Geschwister! Geht barmherzig miteinander um und seid nicht überheblich.

1. Petrus 3,8 (HFA)

Mein geliebtes Kind

Du findest, dass das selbstverständlich ist? Es wäre wunderbar, wenn es so wäre! Geschwisterliebe ist kostbar, aber zerbrechlich. Wie oft hängen alte Verletzungen noch in den Knochen und haben Auswirkungen auf die Beziehungen unter Brüdern und Schwestern? Wie oft drängen sich Streitigkeiten um Geld zwischen die Liebenden? Wie oft stellt sich der eine über den anderen und meint, im Recht zu sein?

Überall, wo **Liebe am kostbarsten ist, wird sie auch zerbrechlich sein!** Alles, was kostbar ist, kostet auch viel. Die kostbarsten Dinge sind jedoch unbezahlbar: Liebe, Treue, Ehrlichkeit, Vertrauen, Hoffnung, Humor, Freiheit, Frieden ... und: Freundschaft! Wie damals Jonathan zu seinem brüderlichen Freund David sagte: *„Doch ich habe auch eine Bitte an dich: Sei mein Leben lang so gütig zu mir, wie der HERR es dir gegenüber ist“* (1. Samuel 20,14a), so will diese Bitte Richtschnur für deine Beziehungen zu deinen Geschwistern und Glaubensgeschwistern sein! Weil ich unendlich gütig zu dir bin, darum gebe ich dir die Kraft zur Barmherzigkeit. Gib ihr heute die Möglichkeit, sich zu zeigen.

Ich bekenne, dass ...

....

....

22. November **Schranke hoch!**

Und er blickte zum Himmel, seufzte und spricht zu ihm: Ephata! Das ist: werde aufgetan!

Markus 7,34 (ELB)

Mein geliebtes Kind

Auch heute, wenn ich zu den Schranken in deinen Ohren sage „Ephata!“, werden sie sich öffnen. Du kannst meine Stimme hören! Dein Herz hat alles, was es braucht, um zu hören. Mein heiliger Geist spricht zu deinem Herzen. Da gibt es nicht einige wenige Heilige, die nur Ohren haben. Nein! Mein Ephata gilt dir! Die Frage ist aber, ob du „auf Empfang“ sein magst. Oder siehst du es als „lästige Christenpflicht“, anzubeten? Dann hast du mich noch nicht auf die Art reden hören, dass es dich im Tiefsten gepackt hätte.

Ich spreche so mit dir, wie es zu dir passt; in deiner Liebessprache! Mit einigen Kindern rede ich mithilfe der Natur, mit anderen in der stillen Kammer, wieder andere erleben mich in der Beziehung zum Mitmenschen. Manche Ohren reagieren besonders gut auf Musik und manche auf Lob. Manche auf das geschriebene, pure Wort und manche haben noch andere, persönliche Türöffner. Heute, wenn ich mit deiner Erlaubnis zu den Schranken vor deinem Herzen „Ephata!“ sage, dann werden sie aufgetan. Ich liebe es, mit dir in Beziehung zu treten, mein Kind! Auch heute wird es dieses Beziehungsangebot für dich geben.

In dieser Liebessprache höre ich Gottes Wort am leichtesten:

23. November **Zuhause bei mir**

Lass deine Augen offen stehen über diesem Hause Nacht und Tag, über der Stätte, von der du gesagt hast: Da soll mein Name sein.

1. Könige 8,29a (LUT)

Lieber Vater im Himmel

Vater, ich weihe mein Herz dir. Diesen Ort, an dem du mit mir wohnen willst. Lass ihn eine Stätte des Friedens und der Barmherzigkeit sein. Dein Name, dein ICH BIN DER ICH BIN, gibt mir im Zentrum meiner Seele ein starkes Fundament. Ich darf sein, weil du bist und weil es dein ausdrücklicher Wunsch ist, dass ich bin.

Du, der du gesagt hast ICH BIN DIE TÜR, gibst meiner Sehnsucht ein Zuhause und meinen Träumen Hoffnung. Du bist ein Gott, der die Gefangenen befreit. Darum vertraue ich mich dir an und proklamiere meinen Gedanken diese Wahrheit: Du bist ein Gott, der mich liebend ansieht, was auch immer der Ankläger gegen mich vorbringen wird. ***Du bist ein Gott, der mir sicheren Halt gibt und mich aus Not heraus in die Freiheit führt. Du hast mich gerettet. So viel bedeute ich dir!*** (nach 2. Samuel 22,20)

Wie gut, lieber Vater, dass nichts deinen wachsamen Augen entgeht. So kann ich des Nachts friedlich schlafen und mich am Tag in allem dir anvertrauen.

Auch diese Seite an mir siehst du liebevoll an:

....

....

24. November

Tiefstapeln
Ist rausreden aus der Verantwortung
Das können andere doch besser
Dieses Raus-aus-der-Komfortzone-Gerede nervt
Und stört beim Sofakissenplattsitzen
Ich bin doch nicht faul
Ich bin bloß einfach nicht so begabt

Hochstapeln
Ist Vortäuschung falscher Tatsachen
Vielleicht auch scheinheilig sein
Bewunderung kassieren
Aber keinen Gegenwert bereitstellen
Dieses Große-Klappe-nichts-dahinter-Gerede nervt
Und stört das Hochglanzleuchten
das ich so gern von mir sehe

Tiefstapelei ist keine Demut
Echte Demut macht Menschen nicht klein
sondern Gott groß!
Hochstapelei ist kein Kavaliersdelikt
Der allwissende Gott
drückt nicht ein Auge zu
sondern Reumütige an sein Herz!

Demütigt euch vor dem Herrn, so wird er euch erhöhen.

Jakobus 4,10 (LUT)

25. November **Der geringste Widerstand**

Befiehl dem Herrn deinen Weg und vertrau auf ihn, so wird er handeln.

Psalm 37,5 (ELB)

Mein geliebtes Kind

Wohin willst du auf dem Weg des geringsten Widerstandes? Was ist das Ziel? Weißt du: Je weniger Kraft du hast, desto sicherer solltest du sein, was die Richtung angeht. Umwege kosten dich unnötig viel Energie, und ein Weg, der auf den ersten Blick betrachtet bequem erscheint, kann sich nach den ersten Kurven verändern.

Bei anstehenden richtungsweisenden Entscheidungen frage nicht: „Wo ist der geringste Widerstand?“, sondern: „Bringt mich dieser Weg näher an mein Ziel?“ Hilfreich ist auch die Frage, ob andere, an denen du dich orientieren kannst, vor dir diesen Weg mit Erfolg gegangen sind. Befiehl mir deinen eingeschlagenen Weg an und vertraue darauf, dass ich dich nicht nur begleite, sondern auch schon vor dir die Strecke abgelaufen bin. Ich weiß, was dich erwartet und werde dein Wandergepäck ausstatten mit allem, was du brauchen wirst. **Nicht jedes Hindernis, das auf dem Weg liegt, ist der Nachweis dafür, dass du auf dem falschen Weg bist.** Manche Stolpersteine machen dein Herz einfach widerstandsfähig und stärken deine Herzmuskulatur im Vertrauen auf mich.

Diese Hindernisse auf meinem Weg irritieren mich immer wieder:

....

....

26. November **Herzinsuffizienz**

Der Hohn hat mein Herz gebrochen, und es ist unheilbar.

Psalm 69,21a (ELB)

Mein müdes Herz trottet mir humpelnd hinterher
wie mein altersschwacher, roter Kofferer z
„Der hat ja ein Rad ab!"
kichert die kleine Rothaarige neben mir
Ja – und er hat Übergewicht
Alles, was unweigerlich noch mitmusste
hab ich im letzten Moment noch hineingestopft
„Koffer-Cellulitis!" denke ich betroffen
und wuchte das verbeulte Gepäckstück auf die Waage
„Zu schwer!" attestiert die Blonde
mit dem akkuraten Zopf und den frischlackierten Nägeln ungerührt
„Da müssen sie jetzt ordentlich draufzahlen!"

Oder ich packe aus und werfe Ballast ab
und nehme die Last nicht mehr auf die leichte Schulter
Es ist gar nicht so leicht unbeschwert zu sein
Aber ich liebe meinen treuen, roten Koffer
„Kannst du mir noch einmal verzeihen?
Dass ich dich überladen habe, überstrapaziert und überfordert?
Kannst du mir vergeben
dass ich dein Seufzen bergauf überhörte?"

Nahe ist der Herr denen, die ein gebrochenes Herz haben. Er rettet alle, die ohne Hoffnung sind.

Psalm 34,19 (NGÜ)

27. November **angenommen**

Darum nehmt einander an, wie Christus euch angenommen hat zu Gottes Ehre.

Römer 15,7 (LUT)

Mein geliebtes Kind

Bist du bei dir angekommen, hast du dich angenommen mit deinen Stärken und Schwächen? Bist du versöhnt mit deinem individuellen Gabenspektrum? Nur wer sich selbst annimmt, kann auch andere annehmen. Wie soll jemand, der sich selbst nicht leiden kann, einen anderen ohne Vorbehalte akzeptieren?

Liebe deinen Nächsten wie dich selbst! (Galater 5,14b) Das ist zuerst eine Anleitung zur Selbstannahme. Weißt du, als ich dich erdachte, da habe ich etwas Besonderes geplant: Du solltest nach meinem Ebenbild geschaffen sein! (1. Mose 1,27) Verstehst du nun, warum es eine Sünde ist, dich selbst abzuwerten? Du stellst damit MEIN Schöpfungswerk in Frage und das ist keine Demut! Wenn du den ablehnst, den ich liebe, wertest du beide ab: Den Schöpfer und das Geschöpf.

Ich wünschte, du würdest dich weniger auf das konzentrieren, was du bist oder nicht bist, und mehr auf das, **dass du bist**! Dein Leben ist Gnade. Du bist ein Geschenk, das ich mir gemacht habe! Und dir! Du ehrst mich, indem du dich selbst annimmst. Mach uns die Freude und ehre die Gabe und den Geber.

Hier hapert es mit meiner Selbstannahme noch:

28. November **überreich beschenkt**

Ich versichere euch: Wer sich Gottes Reich nicht wie ein Kind schenken lässt, der wird ganz sicher nicht hineinkommen.

Markus 10,15 (HFA)

Lieber Vater im Himmel

Weißt du noch, wie ich mich früher immer geziert habe, ein Geschenk anzunehmen? Je wertvoller es war, desto mehr Schwierigkeiten hatte ich damit. Immer denke ich, dass ich es dann irgendwie „mit gleicher Münze heimzahlen muss". Ich will auf eigenen Beinen und nicht in der Schuld von jemandem stehen. Nein, das ist gegen meine Ehre, denke ich.

Ein Geschenk aber ist ein Geschenk! „Wieder holen ist gestohlen!", haben wir als Kinder gesungen. Und damit war es klar: Ein Geschenk ist unwiderruflich ein Geschenk! Kinder wissen das und sie wissen das vor allem zu schätzen!

Jeden Tag nehme ich das wertvollste aller Geschenke entgegen: deine unwiderrufliche Liebe zu mir! Ich kann in deinem Reich leben! Ich darf mich dein Kind nennen! Es ist nicht beschämend, in deiner Schuld zu stehen, sondern befreiend. Du beglückst mich, einfach weil du es willst! Auch dieser Tag ist ein neues, wertvolles Geschenk, über das ich mich freuen will.

Vater, staunend nehme ich entgegen, dass du …

29. November **antastbare Menschenwürde**

Die Würde des Menschen ist antastbar!
Es ist nicht wahr, dass Herzen nicht geplündert
und ausgebeutet werden.
Gerechtigkeit für jeden?
Solange es Menschen gibt auf Erden,
wird es auch Piraten geben,
die einfach nehmen, was ihnen nicht gehört.
Die bedrängen und beschämen, begrapschen und beschmutzen.
Die es nicht im Geringsten stört
MenschenWürdenTräger zu benutzen,
um sich selbst zu bereichern, gierige Triebe zu befrieden
schmierige Diebe, die alles kriegen, was sie wollen!
Was ist der Mensch wert?
Mein Gott! Höre das Schreien der Versklavten,
die verschollen auf deine himmlische Hilfe hoffen!
Störe mein sanftes Ruhekissen,
mein entspanntes Gewissen,
dass ich eh nichts ausrichten kann.
Mach meine Selbstherrlichkeit betroffen
ich bin vom Luxus besoffen.
Kann es denn sein, dass wir so seelenblind sind?
Was ist der Mensch, oh Gott?!
Doch dein über alles geliebtes Kind!

Was ist da schon der Mensch, dass du an ihn denkst? Wie klein und unbedeutend ist er, und doch kümmerst du dich um ihn.

Psalm 8,5 (HFA)

30. November

Ein Herz aus Angst

macht Gefangene: Freiheit, Hoffnung, Frieden.
Sperrt sie weg hinter dicken Mauern.
Hornhaut auf der Seele sagt:
Kommt mir nicht zu nah!
Erzählt doch keine Lügen!
Lasst mir meinen Frieden!
Echt jetzt?
Wer dem Herz aus Angst glaubt
ist verraten und verkauft.
Man kann keinen Frieden schließen
mit so einem Herzen.
Man kann ihm nicht die Hand reichen,
geschweige denn sie schütteln.
Man kann nur die Angst entmachten
und Vertrauen an seine Stelle lassen.
Ein Wagnis? Ganz sicher!
Aber die einzige Chance für
Freiheit, Hoffnung und Frieden
mit der Berechtigung inclusive
einen Papa zu bekommen!

Der Geist, den ihr empfangen habt, macht euch ja nicht wieder zu Sklaven, sodass ihr wie früher in Furcht leben müsstet. Nein, ihr habt den Geist empfangen, der euch zu Kindern Gottes macht, den Geist, in dem wir „Abba! Vater!" zu Gott sagen.

Römer 8,15 (NeÜ)

1. Dezember **Das Kind in dir**

Hütet euch davor, hochmütig auf die herabzusehen, die euch klein und unbedeutend erscheinen. Denn ich sage euch: Ihre Engel haben immer Zugang zu meinem Vater im Himmel.

Matthäus 18,10 (HFA)

Mein geliebtes Kind

Lass es auf meinen Schoß klettern, dein inneres Kind! Dass ich es halten und trösten kann, ihm Schutz gebe und die Aufmerksamkeit, die es so schmerzlich vermisste. Lass es mich stillen, wie eine Mutter ihr Kind stillt.

Keinen Tag war es ohne meine Liebe. Gerade dann nicht, wenn es sich verloren fühlte, hilflos oder überfordert war! Gerade dann nicht, wenn andere seine Grenzen missachteten. Ich habe nie weggesehen und nie aufgehört hinzuhören. Ich würdigte jeden Schmerz und jede Träne und hätte niemals gesagt, dass es sich nicht so anstellen soll. Warum auch?

Ich habe es so zart gemacht mit dieser wunderbaren, sensiblen Seele. Sollte ich ihm gerade das vorwerfen? Lass dein inneres Kind auf meinen Schoß klettern! Lass uns die Beschämung von seiner Seele nehmen! Sagen wir ihm, dass es wundervoll ist, schön und über alles geliebt! Sagen wir ihm, dass jedes Gefühl okay ist, dass es „Nein“ sagen darf und dass es laut lachen und noch lauter weinen darf. Sagen wir ihm, dass es frei und heilig ist in seiner Würde. Sagen wir ihm, dass Engel beauftragt sind, es zu schützen. Und dann lassen wir es raus in den neuen Tag, zum Spielen.

So werde ich das Kind besser schützen:

....

....

2. Dezember **Von der Erschaffung der Herrlichkeit**

Das Wort wurde Mensch und lebte unter uns. Wir selbst haben seine göttliche Herrlichkeit gesehen, eine Herrlichkeit, wie sie Gott nur seinem einzigen Sohn gibt. In ihm sind Gottes Gnade und Wahrheit zu uns gekommen.

Johannes 1,14 (HFA)

Lieber Vater im Himmel

Solltest du wirklich bei dem Menschen auf der Erde wohnen? (2. Chronik 6,18) Ich verstehe das mit meinen menschlichen Gedanken nicht. Materielles braucht doch Materie, wenn es entstehen soll. Chemische Verbindungen brauchen Elemente, die miteinander verknüpft werden. Oft unter Einwirkung von Wärme. Dann kann Neues werden. Das ist logisch, nachvollziehbar und kalkulierbar. Wie aber soll aus etwas Abstraktem wie einem Wort ein Mensch werden? Bei dieser besonderen Metamorphose wurde Herrlichkeit freigesetzt. Gnade und Wahrheit sind Nebenerzeugnisse beim Entstehungsprozess des Menschensohnes. Diese Rechnung verstehe ich mit meinen menschlichen Gedanken nicht.

Vater, kannst du meinem Herzen dieses Geheimnis übersetzen? Ich will es angemessen lobpreisen – dieses Wunder der Liebe! Ich will staunen über die freigesetzte Herrlichkeit, so wie es dir gebührt. Aber ich stoße an meine Grenzen. **Lehre mein Herz, deine Herrlichkeit zu erahnen.** Lehre es, dankbar zu sein für dein Entgegenkommen. Lehre es zu staunen über das, was es niemals fassen kann: Dass der Gott des Universums aus reiner Liebe Mensch wird!

Staunend halte ich still, denn …

....

....

3. Dezember **Iah – im Auftrag des Höchsten**

Siehe, dein König kommt zu dir, ein Gerechter und ein Helfer, arm und reitet auf einem Esel.

Sacharja 9,9b (LUT)

Lieber Jesus

Du kommst zu mir! Ich muss nicht erst heiliger werden oder die Erleuchtung suchen. Ich muss nicht erst höher, schneller, weiter oder besser werden. Der König kommt zu mir! Auf einem lächerlichen Esel. Ich hatte gewartet auf den strahlenden Prinzen, reitend auf einem weißen Schimmel, der die Prinzessin rettet. Bis mir wieder einfiel, dass ich gar keine schöne Prinzessin bin und es nicht wert bin, einem Königssohn in die Augen zu sehen.

Iah – im Auftrag des Höchsten! Aber dann saß der Königssohn auf einem Esel. Das war deine Idee, oder? Ich wette, du hast mit dem Esel gelacht, als du ihn losgeschickt hast mit seiner wertvollen Fracht! Was würden die Menschen für Augen machen?

Das Iah des Esels rüttelt an meinem Herzen. Es rückt Vorbehalte zurecht. Er kommt im Auftrag des gerechten Vaters, der ein Herz hat für Menschen wie mich! Für den Königssohn auf dem Esel muss ich nicht erst heiliger werden, um ihm in die Augen zu sehen. Ich darf, einfach so wie ich bin, aufsteigen.

Heute halte ich so Ausschau nach dem Königssohn auf dem Esel:

....

....

4. Dezember

ahnst du es
im Murmeln der Dämmerung
benebelte Morgenstunden seufzen
und ziehen die braune Strickjacke
fester um die Schultern
fern ein blickdichter Himmel
voll überirdischer Stimmen

ahnst du es
im Klagen der Glocke
knirschende Schritte stocken
und heben fragende Blicke
aus tiefschwarzen Augen
vergessen der verheißene Himmel
voll überirdischer Stimmen

ahnst du es
im Schwelgen der Erinnerung
auf links gestülpte Träume hängen
steifgefroren wartend
an überspannten Leinen
unter einem lichtlosen Himmel
und auf einmal ist die Nacht
voll überirdischer Stimmen

Ehre sei Gott in der Höhe und Friede auf Erden!

Lukas 2,14 (LUT)

5. Dezember **Heilige Wohngemeinschaft**

Mein Gebet ist, dass Christus durch den Glauben in euch lebt. In seiner Liebe sollt ihr fest verwurzelt sein; auf sie sollt ihr bauen.

Epheser 3,17 (HFA)

• •

Mein geliebtes Kind

Wer liebt, will möglichst nah beim Geliebten sein. Am besten Hautkontakt und Blickkontakt. Auf Distanz ist Liebe voller Schmerz und unerfüllter Sehnsucht. Mir geht es mit dir genauso. Ich liebe dich mit großer Leidenschaft. Eine Trennung ist für mich ebenso schmerzhaft wie für dich. Du bist als mein Gegenüber geschaffen und unsere Liebe ist wie gemacht für ein vertrautes Miteinander. Es ist kein Wunder, dass du dich verloren fühlst ohne mich. Es ist kein Wunder, dass da dieses heimwehähnliche Gefühl in deinem Herzen herumlungert.

Darum wurde Jesus geboren: Dass diese nahe Beziehung wieder hergestellt werden kann. Damit wir beiden unserem Gegenüber begegnen können. Liebes, bringe meinem Sohn jeden Tag neu dieses Vertrauen entgegen, damit er in deinem Herzen wohne! Wir haben eine heilige Wohngemeinschaft dort, einen Ort der nahen Begegnung. In Jesus Christus hast du ein Ebenbild für den liebenden Gott. Er macht sich anfassbar und begibt sich auf deine Augenhöhe. *Er ist das Bild des unsichtbaren Gottes, der Erstgeborene aller Schöpfung.* (Kolosser 1,15) Damit du in Haut- und Blickkontakt zu mir leben kannst. Ich sehne mich nach dir!

• •

Jesus, ich danke dir von Herzen für:

....

....

6. Dezember **Zur Ruhe kommen**

Nur auf Gott vertraue still meine Seele, denn von ihm kommt meine Hoffnung.

Psalm 62,6 (ELB)

Lieber Vater im Himmel

Vater, ich sehne mich nach Ruhe! Advent ist die Zeit der stillen Hoffnung und der Besinnung, sagt man. Alle wollen irgendwie gerade zur Ruhe kommen. Ich auch. **Aber wenn ich dann da bin, in der Ruhe, dann überfordert sie mich schnell.** Ich habe das Gefühl, dass die Stille manchmal schriller ist als die Ablenkung. Mache ich etwas falsch oder ist dieser Wunsch vom „Zur Ruhe kommen" nur ein schöner Wunschtraum?

Ich spüre ein leises Summen in mir hochstiegen: *„Macht hoch die Tür, die Tor macht weit. Es kommt der Herr der Herrlichkeit!"* Und auf einmal geht meine Seele auf die Knie, beugt sich vor dem Herrn der Herrlichkeit. Nimmt staunend seine Gegenwart im viel zu lauten Hier und Jetzt wahr. Dahin, wo ich die Stille eben hineingefleht hatte, kommt ein anderes Gefühl: Ehrfurcht! Vielleicht sind die beiden verwandt? Ich weiß es nicht, aber mein Herz ist gestillt, nach dieser inneren Begegnung mit dem Herrn der Herrlichkeit. Hoffnungsfroh gehe ich in meinen Tag.

Das hilft mir, um zur Ruhe zu kommen:

....

....

7. Dezember

Den Kleinen

Die körperlose Stimme spricht
zur Not der Unerhörten
der Kleinen, der Gebeugten:
Efrata, bitte fürchte dich nicht
vertraue meinen Worten
die wahrheitstreu bezeugten

Da ist ein Licht ein Hoffnungsstreif
ein Morgenschimmer landet
im Dunkel deiner Fragen
Der Stern mit seinem hellen Schweif
hat dich in Licht gewandet
du musst nicht mehr verzagen

Und der Engel sprach zu ihr: Fürchte dich nicht, Maria!

Lukas 1,30a (ELB)

8. Dezember **Es wird Zeit**

Er, der das Wort ist, wurde ein Mensch von Fleisch und Blut und lebte unter uns. Wir sahen seine Herrlichkeit, eine Herrlichkeit voller Gnade und Wahrheit, wie nur er als der einzige Sohn sie besitzt, er, der vom Vater kommt.

Johannes 1,14 (NGÜ)

Mein geliebtes Kind

Es wird Zeit, dein Herz an die Herrlichkeit zu gewöhnen. Eine unvergleichliche Symbiose aus Gnade und Wahrheit – das ist die Herrlichkeit meines Sohnes. Ich habe meinen Worten Taten folgen lassen. Eine Liebesbezeugung ohne die Bereitschaft, sie dann auch ganz praktisch zu beweisen, wäre wertlos. Wie viele „Ich-liebe-dich" sind gesprochen worden, nur um später als „Ich-brauche-dich" entlarvt zu werden.

Mein ewiger Liebesschwur an die Menschheit erfüllt sich in der Personifizierung von Gnade und Wahrheit: Mein Wort wurde Mensch und lebte als einer von euch. Er ist die wahr gewordene Verheißung, das erfüllte Versprechen. **Die Herrlichkeit vom Vater manifestiert sich in einem hilflosen Baby.** Die Wahrheit ist, dass Gnade der Schlüssel zur himmlischen Herrlichkeit ist. Es wird Zeit, dass du dein Herz an die Herrlichkeit der dir zugedachten Gnade gewöhnst! Heute! Heute ist ein neuer Tag, an dem du mein „Ich liebe dich" erspüren kannst.

Einer vollen Hingabe meines Herzens für die Gnade steht noch im Weg, dass …

....

....

9. Dezember **Erwartungen**

Das Volk, das im Dunkeln lebt, sieht ein großes Licht. Die im Lande der Finsternis wohnen, Licht leuchtet über ihnen.

Jesaja 9,1 (ELB)

Mein geliebtes Kind

Welche Erwartung hast du an mich? Bin ich in deinen Augen verantwortlich dafür, dass du ein glückliches und friedevolles Leben führen kannst? Hat man dir vielleicht sogar versichert, dass „alles besser wird“, wenn du mein Kind wirst? Im Tiefsten erwartest du, dass du ein Recht darauf hast, gesund und behütet und satt zu sein. So, als hättest du deinen Teil der Abmachung erfüllt und ich nun für den Meinigen zuständig wäre.

Aber so „funktioniert“ die Beziehung zwischen dir und deinem souveränen, heiligen, allmächtigen Schöpfer nicht! Die menschliche Realität ist vielfach geprägt vom Leben im Dunkeln, von Sorgen, Angst und Schmerz. Die im Land der Finsternis wohnen, sehnen sich vor allem nach Licht! Wer das nicht versteht, begreift auch nicht den revolutionären Umbruch, der mit der Geburt meines Sohnes Jesus Christus eingeläutet wurde. Ins Dunkel deiner Erdenrealität scheint das ewige Licht meiner unendlichen Liebe! Lebe in der Erwartung, dass dieses Licht einmal jeden Todesschatten auslöschen wird. An Weihnachten hat dieser Freiheitskampf begonnen. Unaufhaltsam wird er sich ausbreiten und den Sieg über das Dunkel davontragen. Lebe in der Erwartung, dass schon heute die Vorboten dieser Lichtüberflutung sichtbar werden!

In dieser Erwartung lebe ich:

10. Dezember **Ich in dir**

Juble und freue dich Tochter Zion! Denn siehe, ich komme und werde in deiner Mitte wohnen, spricht der Herr.

Sacharja 2,14 (ELB)

Mein geliebtes Kind

Der Himmel beugt sich nieder, um in deiner Mitte zu wohnen. Dein Herz ist der Stall, der das neugeborene Kind beherbergen darf. Du bist erwählt, dem Friedensfürst Unterschlupf zu gewähren.

Schau dich um in deinem Herzen! Siehst du, was du bis zu meiner Ankunft noch in Ordnung bringen willst? Die Vorbereitungen, die du für dein Zuhause triffst, nehmen viel von deiner Zeit und deiner Energie ein. Das ist okay, aber bereitest du MEINE Herberge mit der gleichen Sorgfalt vor?

Maria „bewegte alle meine Worte in ihrem Herzen". Das ist eine wunderbare Vorbereitung, finde ich. Ich mag deinen Körper und ich mag deine Mitte, aber ich LIEBE dein Herz! Es ist mir die größte Freude, wenn du gut für es sorgst. **Erinnere dich heute im Laufe des Tages an mich in dir.** Vielleicht magst du dabei eine Hand auf die Brust legen und mich dort willkommen heißen? Und noch eine ganz kleine Bitte zu deiner Mitte: Schau sie nicht immer so abfällig im Spiegel an! Ich liebe diesen Teil von dir und wenn ich komme, werde ich dort wohnen.

Für heute nehme ich mir vor:

11. Dezember **klatschnass**

Urflut ruft der Urflut zu beim Brausen deiner Wassergüsse; alle deine Wogen und deine Wellen sind über mich hingegangen.

Psalm 42,8 (ELB)

Lieber Vater im Himmel

Bevor du sagtest „Es werde Licht!", beherrschten die Fluten die Welt. Tief unter ihnen harrte eine sehnsüchtige Erde auf ihre Erschaffung. Auf dein Wort hin mussten die Wasser weichen und dein Wille geschehen. Wie im Himmel, so auf Erden!

Auch heute noch überfluten so manches Mal die Wogen der Urflut mein verzagtes Herz. Es schreit um Hilfe zu dir: Lass doch meinen Willen geschehen! Auf dein Wort hören doch selbst die finsteren Untiefen mit ihrem Schrecken. **Sprich doch endlich dein „Es werde Licht!" über meinem Ertrinken aus und rette mein klatschnasses Herz!**

Und der Engel sprach zu ihr: Fürchte dich nicht, Maria! Du hast Gnade bei Gott gefunden. (Lukas 1,30) So will ich mich also nicht fürchten vor den Wogen und den Wellen. Ich werde es zumindest versuchen und vielleicht Gnade mitten in den Wassergüssen finden! Und dann werde ich dir weiter in den Ohren liegen, mit meiner Bitte um mehr Licht.

Es werde Licht in dieser meiner Angst:

....

....

12. Dezember **Krippenplätze**

sind knapp
heute wie damals

Kinder werden abgeschoben, nicht ernst genommen, abgewertet, missbraucht, vergessen, allein gelassen, übersehen, ausgenutzt

Ein Wunder
dass der Gott des Lichtes als Kind in die Welt kommt
um in einer Krippe zu liegen?

Auf Augenhöhe mit den Ausgestoßenen, Kleinen, Fremdlingen, Verlorenen, Einsamen, Schmerzgeplagten, Ängstlichen

Kein Wunder
dass der Gott der Liebe als Kind in die Welt kommt!

Und sie gebar ihren erstgeborenen Sohn und wickelte ihn in Windeln und legte ihn in eine Krippe, weil in der Herberge kein Raum für sie war.

Lukas 2,7 (ELB)

13. Dezember **Kniefall**

Mit eigenen Augen habe ich das Heil gesehen.

LUKAS 2,30 (NGÜ)

Lieber Vater im Himmel

Ein König, der sich niederkniet – kann man den ernstnehmen? Ein Herrscher, der sich selbst erniedrigt, um auf Augenhöhe mit seinen Untertanen zu sein, macht der sich nicht unglaubwürdig? Das ist doch unter seiner Würde!

Vater, aber vielleicht ist genau das Teil deines göttlichen Geheimnisses, dass du uns nicht als Untertanen siehst, sondern als Kinder! Und vor Kindern geht man in die Knie, damit sie einem in die Augen sehen können. Vertrauen entsteht über diesen Augenkontakt!

Ich staune, dass du in Jesus vor mir niederkniest. Ich staune über deine Herrlichkeit, die sich in Form von Hingabe manifestiert und nicht über königlichen Glanz und Pracht und Stärke. **Meine Augen dürfen in deine Augen schauen.** Ich sehe nichts als Liebe und Gnade darin geschrieben. Was für eine Ehre lässt du mir zuteilwerden! Erinnere mein Herz im Laufe des Tages an diesen Augen-Blick!

So nehme ich mir heute Zeit, diesem Jesus in die Augen zu schauen:

....

....

14. Dezember **Heilsamen**

Und der Engel sprach zu ihnen: Fürchtet euch nicht! Denn siehe, ich verkündige euch große Freude, die für das ganze Volk sein wird. (...) Und dies sei euch das Zeichen: Ihr werdet ein Kind finden, in Windeln gewickelt und in einer Krippe liegend.

Lukas 2,10+12 (ELB)

Mein geliebtes Kind

Hast du dich nie gefragt, wie lächerlich diese Begründung in den Ohren der rauhbeinigen Hirten geklungen haben muss? Nicht, dass sie keine Angst kannten! Oh doch, denn nachts konnte es draußen auf den Feldern ganz schön gruselig sein. Es war ein gefährlicher Job. Aber sich nicht zu fürchten, weil da ein Baby geboren wurde?! Sollte das Baby sie dann schützen und ihnen in gefährlichen Momenten zur Seite stehen? Sollte ein Kind sie in ihren Verzweiflungen trösten?

Genau das haben sie wohl ganz tief gespürt: Dass durch dieses Baby ein Heilsamen in ihr Herz gesät wurde. Da, wo er keimt und Raum zum Wachsen findet, wird er Frieden bringen, der höher ist als alle Vernunft und tiefer als alle Sehnsucht.

Fürchte dich nicht, du Menschenkind! Denn auch in deinem Herzen will dieser Friede keimen! Fürchte dich nicht, deine Angst zuzugeben und dich vor mir zu zeigen, wie du bist.

Diese Angst, Vater, ist dir nicht verborgen:

....

....

15. Dezember

SprechStunde

Macht hoch die Tür, die Tor macht weit!
Komm rein, was kann ich für dich tun? Was fehlt dir heute?

Ach Gott, ich hab' verlernt zu ruhn,

ich bin wie all die Leute:

Wir hetzen durch die stille Zeit

und hätscheln unser Selbstmitleid

Was kannst du mir verschreiben,

damit es schleunigst besser wird

und alles wieder funktioniert?

So kann es doch nicht bleiben!

Herzrasen wird nicht therapiert mit noch mehr Stress und Eile.
Dein SeelenMuskelKater friert und gibt bald auf zu hoffen.
Advent ist Warten, lange Weile, ein Wunder, das nur still passiert!
Die Sprechstunde ist offen!

Durch den Heiligen Geist war ihm auch gezeigt worden, dass er nicht sterben werde, bevor er den vom Herrn gesandten Messias gesehen habe.

Lukas 2,26 (NGÜ)

16. Dezember **Sternenlicht**

Aber ihr seid ein ausgewähltes Geschlecht, eine königliche Priesterschaft, ein heiliges Volk, das Gott selbst gehört. Er hat euch aus der Finsternis in sein wunderbares Licht gerufen, damit ihr verkündigt, wie unübertrefflich er ist.

1. Petrus 2,9 (NeÜ)

Lieber Vater im Himmel

Wenn ich ein Stern wäre, würde ich da sein wollen, wo Nacht ist! Weißt du noch, dass wir früher oft zusammen in den Sternenhimmel geschaut haben? Du hast meine Seele das Staunen gelehrt damals. Die Momente da draußen haben etwas in mir verändert. Licht lässt Menschen wieder an die Hoffnung glauben.

Der Stern von Bethlehem war so ein Hoffnungsstreif am Horizont der Menschen damals. Der Horizont unserer modernen Welt braucht eben dieses Hoffnungsleuchten genauso dringend. Wir sind so beschränkt in unserer Sichtweise. Unsere Augen haben sich an die Dunkelheit gewöhnt.

Vater, lass Advent werden in mir! Dass ich dein Ankommen in meiner Welt erwarte! *Lass dein Angesicht leuchten über mir, hilf mir in deiner Gnade!* (Psalm 31,17) Gewöhne meine Augen an dein Licht! Lass andere in ihnen diesen hellen Widerschein sehen. Sie sollen die Sehnsucht nach der Lichtquelle spüren und zum Himmel aufschauen. Ich möchte so gern ein Stern sein, der in ihr Dunkel blinkt und sie an dich erinnert!

Hier will ich heute leuchten:

....

....

17. Dezember **Auf den Knien**

Denn nicht mit ihrem Schwert nahmen sie das Land, es half ihnen nicht die eigene Kraft. Nein, dein Arm hat ihnen geholfen und das Licht deiner Gegenwart. Denn du fandest Gefallen an ihnen.

Psalm 44,4 (NeÜ)

Lieber Vater im Himmel

Jetzt sitze ich schon wieder hier mit dem Kerzenlicht und der Aufforderung im Ohr, ich „solle Licht sein". Gerade in der Adventszeit geht es den Einsamen schlecht. Gerade in der Adventszeit suchen meine Mitmenschen Ruhe und Sinn und sehnen sich nach Frieden. Gerade jetzt ist die Zeit, Licht zu sein! Sie sollen doch von deiner Verheißung hören: ***Ich segne sie und das ganze Land rund um meinen heiligen Berg. Zur rechten Zeit lasse ich heilsamen Regen fallen.*** (Hesekiel 34,26)

Jetzt sitze ich schon wieder hier und weine, weil du so liebevoll mit mir umgehst. Weil du meine Kraftlosigkeit siehst und mich nicht verurteilst deswegen. Ich darf mein Land einnehmen. Aber Vater, du erkämpfst es für mich! **Mein Kampf findet heute auf den Knien statt.** Auf deinen Knien! Ich darf auf deinem Schoß sitzen und im Licht deiner Gegenwart auftanken. Und er findet auf meinen Knien statt: Ich knie vor dir nieder, mein Herr und Meister, und gebe dir mein Herz, meine Liebe und meine Dankbarkeit. Danke, dass dein Arm mir hilft! Danke, dass du mein Land einnimmst – um es mit Licht zu fluten und mit deiner Liebe!

Dieser Teil meines Landes sehnt sich besonders nach dir:

....

....

18. Dezember

Blätter, die die Welt bedeuten

Segensworte fallen
friern im kalten Wind
Wenn Bäume in der Mauser
herbstkonfettig sind

Kleinlaut setzen Farben
Moderschimmel an
Knistergold zerknittert
verrottet irgendwann

Ich nehm eins mit in mein Zuhaus
im Bibelbett liegt wohl bewahrt
Ein Blatt zwischen den Blättern
gepresst, getrocknet, aufgebahrt

„Ich kann nicht alle retten!“

Der Nebel nickt und schluckt das Land
zerkrümelt Blattgoldsegen
Fast zärtlich streichelt seine Hand
auf kalten Wanderwegen

Je kleiner Segen krümelt
je tiefer er versinkt
so besser wird der Dünger
der neue Hoffnung bringt

Ich will mich an etwas anderes erinnern, damit meine Hoffnung wiederkommt: Von Gottes Güte kommt es, dass wir noch leben. Sein Erbarmen ist noch nicht zu Ende, seine Liebe ist jeden Morgen neu und seine Treue unfassbar groß.

Klagelieder 3,21-23 (GNB)

19. Dezember **Wegweiser zum Licht**

Denn du sollst sein Zeuge sein und allen Menschen von dem berichten, was du gesehen und gehört hast.

APOSTELGESCHICHTE 22,15 (NGÜ)

Mein geliebtes Kind

Ich bin ganz dicht bei dir, aber ich bedränge dich nicht. Ich habe Worte des Lebens und bin der Hüter der Wahrheit, aber ich zwinge sie dir nicht auf. *Mir ist gegeben alle Macht im Himmel und auf Erden* (Matthäus 28,18), aber ich bemächtige mich deiner Seele nicht gegen deinen Willen.

Du darfst den Wahrheitsgehalt meiner Worte prüfen. Du darfst meine Hilfe und Fürsorge am eigenen Leibe erfahren. Du darfst den Segen der Vergebung spüren. Du darfst dich sonnen im Licht meiner Liebe.

Wenn du offenherzig bist für meine Liebesbeweise, dann wirst du überreich gesegnet werden mit Vertrauen, Hoffnung und Liebe zu den Menschen. Du wirst ein Zeuge werden wollen, weil du es selber erlebt hast, wie freundlich und barmherzig und vollmächtig ich bin. Du wirst ein Wegweiser zum Lichtwerden in der Dunkelheit. Auch heute will die Hoffnung sich in deinen Worten und Taten zeigen.

Aus reiner Dankbarkeit will ich heute …

20. Dezember

Ohne Nö fehlt dir was!

Wer nicht Nein sagen kann
dem fehlt auch die Freiheit für ein frohes Ja

Wer nicht Nein sagen kann
dem fehlt auch die Bereitschaft für adventlichen Rückzug

Wer nicht Nein sagen kann
dem fehlt auch der Freiraum für spontanes Glück

Wer nicht Nein sagen kann
dem fehlt auch die Würde für selbstbestimmtes Leben

Wer nicht Nein sagen kann
dem fehlt auch der Mut für nötige Veränderung

Du hast die Chance, Nö zu sagen

Und Ja zur Zeit der Erwartung!

Da sagte Maria: „Ich gehöre dem Herrn, ich bin bereit. Es soll an mir geschehen, was du gesagt hast.“

Lukas 1,38a (GNB)

21. Dezember **Auf die Schnelle**

Heute ist euch in der Stadt Davids ein Retter geboren worden; es ist der Messias, der Herr. An folgendem Zeichen werdet ihr das Kind erkennen: Es ist in Windeln gewickelt und liegt in einer Futterkrippe.

Lukas 2,11-12 (NGÜ)

Mein geliebtes Kind

Vor der heiligen Stille war eiliges Treiben. Ein Kind wollte geboren werden. Wehen fluteten einen noch mädchenhaften Körper, überschwemmten ihn mit Schmerz. Da war keine Zeit für Lametta oder Lichterketten.

Du hörst von der „Stillen Zeit“ und willst „zur Besinnung kommen“, aber steckst noch mitten drin in den Wehen und Wogen deines Alltags? Dir ist „nicht nach Weihnachten zumute“? Wie war es wohl Maria zumute? Denkst du wirklich, dass ich dich tadelnd anschaue, wenn du nicht auf der Stelle und auf die Schnelle adventlich gestimmt bist?

Beginne doch heute damit, dein Leben abzubremsen. Berechne dabei den Bremsweg mit ein, denn du willst doch nicht wie vor eine Wand fahren! Achte auf die Zeichen der Zeit! Und am Ende wirst du das Kind in der Krippe finden. Es ist in Windeln gewickelt und vielleicht weint es oder hat gerade Bauchweh. Suche den Messias nicht in einer „HeiligenScheinwelt“, er lässt sich heute finden! Mitten in deinem Alltag will er dir begegnen.

Ich werde die Augen offen halten für:

....

....

22. Dezember

siehe

Hoher Besuch
kündigt sich herrlich an
Der König der Welt kommt nicht
urplötzlich unangemeldet aus dem Nichts
Sein Kommen verdient meine ganze Aufmerksamkeit
Ich will bereit und
vorbereitet sein
wenn er kommt
denn es soll keine
böse Überraschung
werden wenn der
Königssohn einzieht
in die weiten Tore
meines Herzens
Darum werde ich
Ausschau halten
und gut auf die
Engelsboten achten
die den Weg für
ihn vorbereiten

Siehe, ich will meinen Engel senden, der vor mir her den Weg bereiten soll.

Maleachi 3,1a (LUT)

23. Dezember **neu formatiert**

Denn in ihm ist alles in den Himmeln und auf der Erde geschaffen worden, das Sichtbare und das Unsichtbare, es seien Throne oder Herrschaften oder Gewalten oder Mächte: Alles ist durch ihn und zu ihm hin geschaffen.

Kolosser 1,16 (ELB)

Mein geliebtes Kind

Ich bin vor Allem gewesen. Ich bin der Unsichtbare, der Allmächtige, der Heilige, der Ideengeber und Erfinder des Lichtes und der Wahrheit. Der Schöpfer der Liebe und der Sehnsucht. Durch mein Wort erstand die Welt mit all ihren Wundern. Als Einziger, der außerhalb der Zeit ist, habe ich die Zeit erschaffen.

Ich bin vor Allem gewesen, was du dir vorstellen kannst. Und ich werde sein in Ewigkeit, jenseits deiner Zeitvorstellung. Ich war immer Derselbe. Schon immer war die Liebe die Triebfeder meines Tuns. Ihren Höhepunkt findet sie in Jesu Geburt. Dieses Ereignis ist so unvorstellbar, so jenseits der menschlichen Vorstellungskraft, dass sogar die irdische Zeit neu formatiert werden musste. **Mit Jesu Geburt beginnt nicht nur ein neues Zeitalter, sondern die Zeit wird auf 0 gestellt!** Auf ihren Ursprung: Gott, der Heilige, der die Liebe ist, zeigt sich in menschlichem Antlitz, um die Liebe zu erfüllen, die er einst erfand. Das bedeutet Weihnachten: Die Ankunft der ewigen Liebe in der irdischen Dimension. *Meine Barmherzigkeit, mein Frieden und meine Liebe erfülle dich mehr und mehr* (nach Judas 1,2), meine Hoffnung erhelle deinen Tag!

Diesen Gedanken will ich heute bewegen:

....

....

24. Dezember

Der heruntergekommene Gott

Keine heile Welt
in die Gott da absteigt.
Im Gegenteil!
Scheinheiligkeit statt Heiligenschein,
damals wie heute
streute man gern Glitzer auf glatte Fensterbänke,
während draußen irrlichternde Gestalten
vor den „Wir müssen leider draußen bleiben"-Schildern stehn
und in die Röhre sehn.

Keine heile Welt
für den heruntergekommenen Gott.
Im Gegenteil!
Er downgradet all seine Herrlichkeit,
allen Glanz und seine königliche Pracht
damit selbst der, der auf der Parkbank
seine Nächte verbracht,
ihm in die Augen schauen kann,
ohne Scham.
Er wird einer von uns, der aus der heilen Welt kam.
Der keine Angst hat vor Dreck und Streit,
der unsere Not kennt und Ungerechtigkeit,
der sich nicht für was Besseres hält.

Keine heile Welt
für den Held der heiligen Nacht.
Aber eine, die nach Frieden dürstet und Gerechtigkeit,
nach Wahrheit und echter Hoffnung.
So ein verlorener Ort
wird das Zuhause für das fleischgewordene Wort,
für den heruntergekommenen Gott!

Sie brachte ihr erstes Kind, einen Sohn, zur Welt, wickelte ihn in Windeln und legte ihn in eine Futterkrippe; denn sie hatten keinen Platz in der Unterkunft bekommen.

Lukas 2,7 (NGÜ)

25. Dezember **Sehr-Gut-Schein**

Aber der Engel sagte zu ihnen: „Habt keine Angst! Ich habe eine große Freudenbotschaft für euch und für das ganze Volk."

Lukas 2,10 (GNB)

Mein geliebtes Kind

Ich stehe vor deiner Tür und klopfe an. Wer meine Stimme hören wird und mir die Tür öffnet, zu dem werde ich hineingehen und mit ihm das Abendmahl halten und er mit mir (nach Offenbarung 3,20). Wir beide zusammen beim feierlichen Abendessen! Und ich habe dir auch etwas mitgebracht: Ein Geschenk, das alle anderen Geschenke übertrifft, die du dir wünschen könntest. **Aber wie das oft so bei Geschenken ist: Man muss sie auspacken, um den Wert zu erkennen und die Freude freizusetzen.**

Mein schönstes Liebesgeschenk an die Menschheit liegt jedoch oft wie ein achtlos zur Seite gelegter Gutschein unterm Weihnachtsbaum. Viele meiner Kinder denken: „Das kann ich mir später ja vielleicht mal angucken!" oder „Aha – ein Gutschein für ewiges Leben – hmm, ob ich wohl jemals dazu komme, den einzulösen? Typisch mein Vater, dass er mir nicht einfach schenkt, was ich mir gewünscht habe!"

Ich bitte dich um deinetwillen, mein geliebtes Kind: Löse den Gutschein ein! Was ich dir verheiße, ist nicht nur gut, sondern es ist sehr gut, vollkommen, makellos und unvorstellbar kostbar. Erinnere mich an mein Versprechen, packe das Segensgeschenk aus! Ich habe dir „Leben in ganzer Fülle" verheißen – nicht nur für später im Paradies, sondern schon hier. Heute ist dieser Sehr-Gut-Schein gültig.

Ich entscheide mich heute zur Dankbarkeit für ...

....

....

26. Dezember **Wunder-Rat-Gott-Held-Ewig-Vater-Friede-Fürst**

Wunder?
manchmal weiß ich mir einfach keinen
Rat
ich wünschte, da wäre jemand, den ich fragen könnte

Gott
ich suche nach einem, der mich
Held
gerade wenn ich so bedürftig bin, mich unendlich hilflos fühle

Ewig
dieses Schrei'n zum
Vater
warten, ob er wohl kommt und hilft, mich nicht im Stich lässt

Friede
weil du mich durchs tiefe Tal
Fürst

Denn uns ist ein Kind geboren, ein Sohn ist uns gegeben, und die Herrschaft ist auf seiner Schulter; und er heißt Wunder-Rat, Gott-Held, Ewig-Vater, Friede-Fürst.

***Jesaja* 9,5 (LUT)**

27. Dezember **Immanuel**

Den wird man Immanuel nennen. Immanuel bedeutet „Gott ist mit uns“.

Matthäus ***1,23 (HFA)***

Mein Jesus

Immanuel – du Sohn Gottes, der geborene Retter bist du! Du trägst die Liebe des Vaters in deinem Namen:

Gott ist mit uns! In meinen Stürmen, wenn Angst größer ist als Mut, und Zweifel stärker ist als Vertrauen, dann streckst du deinen Arm aus und sagst: Still! Und es wird still.

Gott ist mit uns! In meinen Hoch- und Tiefzeiten, wenn du Wasser zu Wein machst. Was wäre das für ein mickriger Freund, der zwar Mitleid hat, aber sich nicht von Herzen auch mitfreuen kann?

Gott ist mit uns! In meinem Suchen nach Wahrheit, Sinn, Erfüllung und Leben. Du gehst auch die Umwege mit, bist in Sackgassen an meiner Seite. Welcher sonstige Wegweiser weiß nicht nur den Weg, sondern IST selbst der Weg?

Gott ist mit uns! In meinem Hunger nach Wertschätzung. Gibt es einen größeren Liebesbeweis, als das einer sein Leben gibt für den anderen? Immanuel, du „Gott ist mit uns" – du bist geboren, um zu sterben. Bist gestorben, um zu leben. Mit mir. Danke!

Ich kann gar nicht genug danke sagen, weil du …

28. Dezember **Menschengedanken**

Als sie nun den König gehört hatten, zogen sie hin. Und siehe, der Stern, den sie hatten aufgehen sehen, ging vor ihnen her, bis er über dem Ort stand, wo das Kindlein war. Da sie den Stern sahen, wurden sie hocherfreut.

Matthäus 2,9-10 (LUT)

Lieber Vater im Himmel

Ich mit meinen Menschengedanken! Wie soll denn ein Stern direkt über einem winzigen Ort stehen bleiben? Das waren ja keine ungebildeten Dummschwätzer, sondern einige der klügsten Astrowissenschaftler der damaligen Welt! Sie wussten wohl, was sie gesehen haben. Man konnte sie doch nicht mit einem Trick blenden. Und warum waren sie überglücklich, als sie den Stern sahen? Entdeckten und erforschten sie nicht täglich den Sternenhimmel? Was machte sie an dem Stern für einen fremden Königssohn so glücklich?

„Mein Kind", höre ich deine lächelnden Worte in meinem Herzen. „Frag nur, was du fragen willst! Keiner deiner Gedanken ist mir lästig oder bringt mich in Erklärungsnot. Wie soll man mit Menschenworten Übernatürliches, Göttliches beschreiben? Macht man es damit nicht immer kleiner und begrenzter? Die Sterndeuter haben in ihrem Herzen verstanden, dass es einen Bezug dieses neuen Sternes zu ihnen geben muss. Der neugeborene König offenbarte sich ihnen in einer Art, die sie verstehen konnten! **Genauso baue ich noch heute Brücken aus meiner Dimension zu den Herzen der Menschen.** Damit sie überglücklich werden, weil es Licht gibt, das ihnen gilt! Auch für dich gibt es Hoffnung, mein geliebtes Kind!"

Auf die Erfüllung dieser Hoffnung warte ich, Vater:

....

....

29. Dezember **Mitten in der Nacht**

Da stand Josef mitten in der Nacht auf und machte sich mit dem Kind und dessen Mutter auf den Weg nach Ägypten.

MATTHÄUS 2,14 (ELB)

Lieber Vater im Himmel

Mitten in der Nacht mal wieder! Ich habe den Eindruck, dass viele wichtige Entscheidungen mitten in der Nacht getroffen werden. **Viele Aufbrüche haben ihren Anfang in den dunkelsten Stunden.** Josef nimmt sich nicht die Zeit, den Auftrag zu prüfen oder erst einmal auszuschlafen, um ausgeruht einen sinnvollen Fluchtplan zu schmieden. Ich bewundere sein unmittelbares Vertrauen in deine Stimme! Dank ihm und seiner beherzten Rettungsaktion konnte Jesus seine ersten Lebensjahre überstehen. Vater, ich wehre mich so oft gegen meine nächtlichen Ruhestörer-Gedanken. Um leistungsfähig und erfolgreich zu sein, bräuchte ich mehr Auftankzeit. Wie oft habe ich darum gebeten! Und nun lese ich von dem leisen Aufbruch mitten in der Nacht.

Vater, sprich mit mir mitten in der Nacht, denn ich will hören und dann tun, was du sagst. Mein Vertrauen soll weiterwachsen, so wie Baby Jesus unter dem Schutz von Josef unbeschadet (wenn auch nicht unangefochten) aufwachsen konnte. *So kann ich meinen Weg gehen in deiner Nähe, im Licht des Lebens.* (Psalm 56,14)

Diese Entscheidung wartet seit langem auf mich:

....

....

30. Dezember **Hoffnungskeim**

Wachse und gedeihe
Samen, den ich streue
Mut, den ich verschenke
tief im Grund versenke
Wenn auch ein Körnlein stirbt
ein Traum vielleicht, ein Sehnen
Wenn mancher Wunsch verdirbt
Ich sehe deine Tränen

Fange an zu keimen
im Leisen, im Geheimen
Mein Wort für dich gegeben
Mein Trost, mein Licht, mein Leben
Mit Segen übergossen
bis zarte Knospen sprossen
Nun treibe weiter himmelwärts
vertraue mir im Kleinen
Ich werde dein getreues Herz
mit Seligkeit bescheinen
Du darfst in deinem Garten stehn
und mit mir Früchte reifen sehn

Ich sage euch die Wahrheit: Ein Weizenkorn, das nicht in den Boden kommt und stirbt, bleibt ein einzelnes Korn. In der Erde aber keimt es und bringt viel Frucht, obwohl es selbst dabei stirbt.

Johannes 12,24 (HFA)

31. Dezember **Entscheide dich!**

Am letzten Tag, dem Höhepunkt des Festes, stellte sich Jesus vor die Menge hin und rief: „Wenn jemand Durst hat, soll er zu mir kommen und trinken!"

Johannes 7,37 (NeÜ)

Mein geliebtes Kind

Du entscheidest sehr viel mehr, als dir oft bewusst ist. Das beginnt schon am frühen Morgen, wenn du noch im warmen Bett bist. Wirst du liegen bleiben und weiterträumen, oder stehst du auf, um die Erfüllung deiner Träume voranzubringen? Du bist nicht das Opfer der Umstände um dich herum, sondern du hast Entscheidungsfreiheit und Gestaltungsmöglichkeiten. Sehr viel in deinem Leben beginnt mit einer einfachen Entscheidung und nicht mit einem großartigen Gefühl!

Am letzten Tag stelle ich die Frage noch einmal: Magst du mir in allem vertrauen? Willst du zu mir kommen mit deinem Durst und mit deinen Fragen, mit den Nöten und den Sehnsüchten? Magst du mir das neue Land weihen, das vor dir liegt? Jeder einzelne Tag wird Entscheidungen von dir verlangen. Manche werden unbedeutend sein, aber manche werden dein Leben grundlegend verändern. Hab Vertrauen zu mir, mein Kind, weil ich um die Kraft weiß, die dir zur Verfügung steht: Ich bin ja bei dir! Du musst das nicht alles allein bewältigen! Aber ich nehme dir die Entscheidungen nicht ab. Sei mutig und entschlossen! Lass dich nicht einschüchtern und hab keine Angst! *Denn ich, der Herr, dein Gott, bin bei dir, wohin du auch gehst.* (Josua 1,9) Ich stärke dein Vertrauen zum Weitergehen und mache dich wahrhaftig HOFFNUNGSVOLL!

Diese Entscheidung wartet längst darauf, getroffen zu werden:

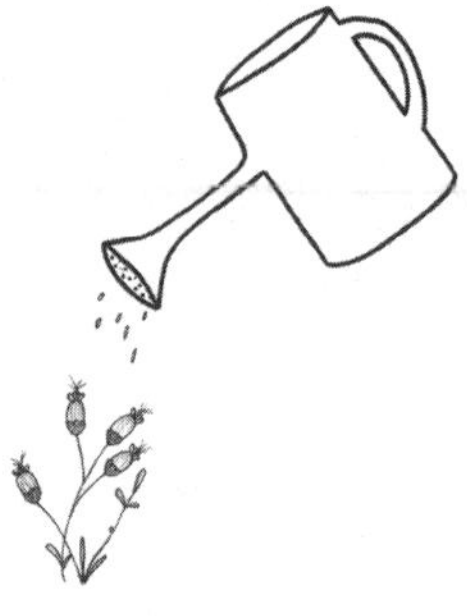

Ich bin darin guter Zuversicht,
dass der in euch angefangen hat das gute Werk,
der wird's auch vollenden
bis an den Tag Christi Jesu.

Philipper 1,6 (HFA)

Danke Rüdiger, Heike, Andy,
Anna, Claudia, Christina, Esther, Martin,
Diemut, Ingrid

und alle anderen Mitdenker und Mitbeter!

Inhaltsverzeichnis

1. April: Freunde oder Herrscher
2. April: Wenn der Mut sinkt
3. April: Gnade im Gepäck
4. April: Das Scheitern verleugnen
5. April: Ich steh in deiner Huld
6. April: Mehr als nur einen Schritt
7. April: frei-gesprochen
8. April: angekommen und angenommen
9. April: selbst Schuld
10. April: noch und dennoch
11. April: Über den Jordan
12. April: Freigesprochen
13. April: Wer kommt in meine Arme?
14. April: Kein Sterbenswörtchen
15. April: verraten und verkauft
16. April: Kindliche Verletzungen bringen
17. April: Der lebendige Gott
18. April: Himmel auf Erden
19. April: In wundgemalte Hände
20. April: schwerkraftlose Hingabe
21. April: mitgegangen – mitgehangen
22. April: WertBeben
23. April: verschlossene Türen
24. April: Raus aus dem Strudel
25. April: Regenland
26. April: Nicht wenn, sondern weil
27. April: Alle Zeit der Welt
28. April: Eine lebensweise Lebensweise
29. April: Kugelstoßen
30. April: Seelenhygiene

---

1. Mai: Entlastung für schmale Menschenschultern
2. Mai: Fertig-Frieden
3. Mai: Aus-Druck
4. Mai: Lebe das, was du sagst!
5. Mai: Gekrönt mit Ehre und Würde
6. Mai: Ein angemessener Preis
7. Mai: Sei verrückt!
8. Mai: Erbarmen für die Armen
9. Mai: Nicht mehr die Luft anhalten
10. Mai: gesegnet, um zu segnen
11. Mai: Ewigkeit im Herzen
12. Mai: Geerdet im Himmel
13. Mai: Bleib mir treu
14. Mai: Glauben schenken
15. Mai: herausreden
16. Mai: Danke für alles!
17. Mai: Allem gerecht werden
18. Mai: Auf der Schwelle
19. Mai: Das Irdische loslassen
20. Mai: Spiegel der Liebe
21. Mai: Verborgene Wahrheit
22. Mai: Weisheit in gute Hände abzugeben
23. Mai: Glück
24. Mai: verirrt und verwirrt
25. Mai: Fehleinschätzung
26. Mai: Tu es einfach!
27. Mai: himmlischer Rückenwind
28. Mai: Die ewige Wahrheit
29. Mai: unterjocht, um frei zu sein
30. Mai: Willkommen im Heil-Land
31. Mai: unerträglich lieblos

---

1. Juni: lichtgewebt
2. Juni: liebliche Erkenntnis
3. Juni: nicht mehr zusammenreißen
4. Juni: GnadenBrotZeit
5. Juni: geläutert
6. Juni: alte Liebe
7. Juni: Am Ziel
8. Juni: ungeschoren davonkommen
9. Juni: Transparentpapier
10. Juni: Gott-Vertrauen
11. Juni: tierliebe Kinder
12. Juni: Auf den Knien
13. Juni: Jubel im Himmel
14. Juni: Lass gut sein!
15. Juni: weiter als der Himmel
16. Juni: auftrumpfen
17. Juni: nicht auszuhalten!
18. Juni: Tu etwas!
19. Juni: permanent geliebt
20. Juni: hungrige Worte
21. Juni: Urvertrauen
22. Juni: verwurzelt
23. Juni: abgesegnet
24. Juni: Im Aufwind
25. Juni: leckere Worte
26. Juni: Du sprichst mir aus der Seele
27. Juni: Liebeserklärung
28. Juni: Dieser Tag heißt „Heute"
29. Juni: Misstrauen straft Gott Lügen
30. Juni: Du schaffst das!

---

1. Juli: Ich denke
2. Juli: Blinde Kuh
3. Juli: Barmherzigkeit zumuten
4. Juli: Rettervorhersage
5. Juli: Den Vater anrufen
6. Juli: sitzen gelassen?
7. Juli: Wie kommst du nach Hause?
8. Juli: Unterirdisch
9. Juli: bissige Hunde
10. Juli: Passwort Wahrheit
11. Juli: SegenRegen
12. Juli: Um alles in der Welt

Lieder von Valerie Lill

Heiliger Boden
CD; Bestell-Nr.: 52 07061

Von heute an
CD; Bestell-Nr.: 52 07060

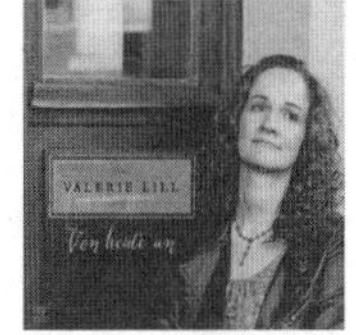

Musik in meinen Ohren
CD; Bestell-Nr.: 52 07062

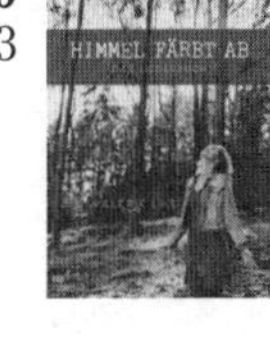

Himmel färbt ab
Liederbuch; Bestell-Nr.: 52 50483

Segen über dich
Segens- und Schlaflieder für Baby
CD; Bestell-Nr.: 52 03413
Liederheft; Bestell-Nr.: 52 53413

Fröhliche Lieder für jeden Tag
Lieder und Geschichten für kleine Kinder
CD; Bestell-Nr.: 52 05620
Liederheft; Bestell-Nr.: 52 55620

Hoffnung der Welt
Weihnachtsmusical
CD; Bestell-Nr.: 52 05845
Liederheft; Bestell-Nr.: 52 55845

Der allerkleinste Stern
Weihnachtsmusical
CD; Bestell-Nr.: 52 05621
Liederheft; Bestell-Nr.: 52 55621

Bücher von Valerie Lill

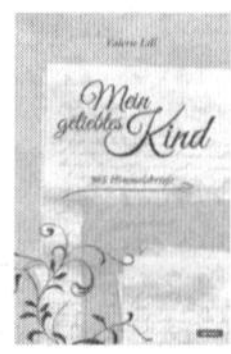

Mein geliebtes Kind
Andachtsbuch; Bestell-Nr.: 52 50437

Befreit zur Dankbarkeit
Anleitung zum Glücklichsein, viele Bilder;
Bestell-Nr.: 52 50481

Dornröschenmenschen
Gedichtbildband mit Hörbuch-CD;
Bestell-Nr.: 52 50451

Ein Freund für Tim
Kinderbuch; Bestell-Nr.: 52 50111
Hörspiel-CD; Bestell-Nr.: 52 00111

Ein Held wie Tim
Kinderbuch; Bestell-Nr.: 52 50113

Erhältlich im Buchhandel oder direkt:
cap-Verlag
Oberer Garten 8
72221 Haiterbach-Beihingen
07456-9393-0
bestellung@cap-music.de
www.cap-music.de

Einladung zu Konzerten, Frauenfrühstück und Lesungen:
www.valerielill.de